斛兵导博

HUBING DAOBO

王 峰 方 留◎主编

合肥工业大学出版社

图书在版编目(CIP)数据

斛兵导博/王峰,方留主编.—合肥:合肥工业大学出版社,2015.9
ISBN 978-7-5650-2338-5

Ⅰ.①合… Ⅱ.①王…②方… Ⅲ.①高等学校—辅导员—工作—文集 Ⅳ.①G645.1-53

中国版本图书馆CIP数据核字(2015)第177073号

斛 兵 导 博

王 峰 方 留 主编

责任编辑	张择瑞
责任校对	何恩情 顾雪寅
出版发行	合肥工业大学出版社
地　　址	(230009)合肥市屯溪路193号
网　　址	www.hfutpress.com.cn
电　　话	综合编辑部:0551—62903204 市场营销部:0551—62903198
开　　本	710毫米×1010毫米 1/16
印　　张	22 **彩 插** 1印张
字　　数	416千字
版　　次	2015年9月第1版
印　　次	2016年1月第1次印刷
印　　刷	安徽联众印刷有限公司
书　　号	ISBN 978-7-5650-2338-5
定　　价	50.00元

《斛兵导博》

编 委 会

前言 QIAN YAN

随着网络信息技术的飞速发展，网络日益成为意识形态的重要战场，深刻影响着大学生的价值观念和行为方式，落实立德树人的根本任务，需要紧紧抓住网络这一切入点和落脚点。辅导员博客是利用网络开展大学生思想政治教育的重要尝试，在博客上，辅导员将教育与管理凝练成一篇篇内涵丰富的博文，运用学生喜爱的语言和表现形式，线上线下充分互动，及时进行思想引领、学习指导、生活服务、成长解惑。合肥工业大学历来将辅导员博客作为网络思想引领和服务的重要阵地，注重加强对辅导员博客、微博等新媒体新技术的运用指导。2008 年，我校依托“工大学子门户社区”开设辅导员 CIC 博客专题网站，是全国高校中较早建设辅导员博客网站的高校之一。2011 年，利用教育部举办首届辅导员博客大赛的契机，我校 CIC 辅导员博客集体搬迁至中国大学生在线。目前，我校辅导员在中国大学生在线注册博客 100 余个，实现辅导员注册率 100%，还注册部分团体博客，发表 8000 余篇博文，学生访问量 360 万余人次，学生评论数 39268 条，成功打造出数个主题鲜明的“网络思想驿站”，涌现出一批特色鲜明、实效性强的精品博文和深受学生关注、互动良好的辅导员博客。在教育部主办的全国高校优秀辅导员博客网络评选中，我校共荣获17项“优秀博文奖”、3项“优秀博客奖”，同时荣获“优秀组织奖”，历年获奖数量均位居全国前列。

本书遴选学校辅导员原创优秀博文100篇，分为“启明灯”“导航塔”“知更鸟”“时光轴”“万花筒”“常青藤”“孺子牛”七个章节，分别收录了辅导员在价值塑造、舆论引导、情感励志、生涯辅导、文化活动、班团建设和学业学风等方面的优秀博文。在这里，辅导员通过文字与学生分享思想、学习、生活中的点点滴滴，用平实的笔触和真挚的情感与学生平等对话，用全方位的交流和关怀引领学生成长。在这些文章中，我们既能看到资深辅导员聚沙成塔的经验闪烁着知性的光芒，也能看到年轻辅导员灵动洒脱的思维跳跃着信念的火炬。

未来，学校将加强对大学生思想特点、成长规律、网络传播规律的研究，紧扣学生思想脉搏，顺应学生成长需求，完善管理、运行和激励机制，努力搭建更广阔的网络教育平台，坚持内容为王，丰富文化产品，增强网络文化的价值引导力、文化凝聚力和精神推动力，提升网络思想政治教育实效。

本书编委会

2015年11月

目录 MU LU

○ 明礼正德 塑核心价值

奉献我心为吾校 …… 003

关于培育和践行社会主义核心价值观教育的战略思考 …… 007

行者常至 为者常成——致大二学生的一封信 …… 011

红色青春在路上 …… 016

礼貌都去哪儿了? …… 020

年轻人做事不能只算经济账 …… 023

凝聚新生力,传递正能量

——大学生自觉树立和践行社会主义核心价值观 …… 026

捧出一颗心,建起一座桥——辅导员的 bridge …… 030

青春·色彩 …… 033

重拾丢失的信仰 …… 037

关于自由 …… 040

梦想与现实之间 …… 043

品读《大学》 …… 046

一本书,一个时代 …… 050

知行统一,行而知理 …… 054

青春,迸发无尽力量 …… 059

野百合也有春天 …… 063

做"渡"你的那个人 …… 066

○ 砥砺思辨　扬时代精神

把握人生出彩的机会 …… 071
不造谣，不信谣 …… 074
工科女的选择：事业 or 生活？ …… 076
寒门贵子 …… 080
网络世界里的信息监管 …… 083
新媒体环境下的 90 后大学生要“走心” …… 086
谁偷走了你的早晨 …… 090
网络信息的虚与实 …… 093
“网”不住你的心 …… 095
安息吧，我们的长春宝贝 …… 099
学生，请不要被网络所左右 …… 102

○ 美丽心灵　致青春无悔

同学们，这学期要有勇气告诉家长成绩 …… 109
我们应该怎样看待心理咨询 …… 112
家长，请放开紧抓着孩子的手 …… 115
瞧，咱数院的钢铁侠 …… 118
荏苒大学，梦——致 2013 级新生的一封信 …… 121
谁给我们父母最简单的爱 …… 124
改变不一定是痛苦，也可能是机遇 …… 127
我们的故事——大二：明天，你好 …… 130
美于心灵，帅在素养 …… 135
愿与你们共赴青春的约——致 2014 级的你们 …… 138
折磨，是一种别样的人生赐予 …… 140
致电源线君 …… 143
大师治愈系 …… 145
青春与梦想同行——致 2013 级新同学 …… 148
莫让“成长＝空白” …… 152
大学一年，你成长了么？ …… 158
雏凤清于老凤声 …… 162
同学们，要学会生活 …… 165
做一名“有灵气”的大学生 …… 168

○ 生涯坐标　绘人生蓝图

2014届毕业生——我想对你说 …… 173
不经意的一句回答赢得就业机会 …… 177
从毛泽东交友"三不谈"原则论时间利用 …… 180
简　历——寻找"纸"上行走的另一个你 …… 184
就业三字诀 …… 187
致大三孩子们的一封信 …… 190
时间，你都去了哪 …… 193
【不二大三】——能力提升篇 …… 196
【不二大三】——专业学习篇 …… 202
主动是一门语言，你学会了吗？ …… 206
大四，走起！ …… 209
面对就业季，我想对同学们说 …… 211
你最痛苦迷茫的时候，也是你成长最快的时候 …… 215
"大"与"小"的选择 …… 218

○ 百花齐放　览缤纷校园

多彩大学生活之社团 …… 223
辅导员眼中的铁拐李 …… 225
关于校园文化建设的几点思考 …… 229
铿锵玫瑰——记军训中那一朵忍痛绽放的花 …… 232
致2013级机汽学子 …… 235
致我最亲爱的你们 …… 239
让每个学生成长中都孕育眷恋 …… 241
写给那群大二学生的一封"情书" …… 243
感念"先锋"，志愿永恒 …… 247
高校科技类专业社团建设的措施及意义 …… 251
那些年，我们一起追过的大学社团 …… 256
我眼中的"大学关键字" …… 260
新生篮球赛和足球赛感想——成功与失败，公平与误判 …… 264

○ 聚魂励行　创和谐集体

学生干部要做到“一二三四五” …… 269
如何让党建工作“接地气”？ …… 273
犀利仁师“寝室矛盾”和谐篇 …… 276
我的班级“化整为零” …… 279
谈谈我的“三板斧” …… 282
莫让评奖评优伤了咱的心 …… 285
写给徘徊在十字街头、茫然失措的班委 …… 288
破除“三巨头垄断”，形成班委合力 …… 292
大学社团干部的“四项使命” …… 295
班级心理委员的“三心二意” …… 298
“六招”教你处理好寝室关系 …… 302
别让“被熬夜”使我们陌路 …… 306

○ 学海载舟　开彼岸征途

整理好自己，为自己找一个舞台 …… 311
你的“学习模式”是哪种？ …… 314
短缺学分的背后 …… 317
大三的寒假 …… 319
上大学，你真的准备好了吗？ …… 322
这七个学分，你修了吗？ …… 325
同学们，大学真不是梅园 …… 330
读大学，究竟读什么？ …… 333
大学生需要思考的三个问题 …… 336
“W-H-W”，你做到了吗？ …… 339
数学，我想对你说 …… 342
写给面临编下的你 …… 346
后　　记 …… 350

姓名：刘　萍

职务：仪器科学与光电工程学院
2013 级辅导员

博客名称：刘萍的 Blog

笔触校园点滴，文动学生心灵———坚持发掘学生在校园生活中存在的问题，针砭时弊，因材施教，将现象印入学生脑海，以惠风吹拂学生心灵。博文《谁偷走了我的早晨》激励学生把握晨光，惜时如金；《礼貌都去哪儿了》教诲学生要在日常行为中注意文明礼仪……结合每一个热点，关注每一种现象，将墨迹渗入学生的心房，拨动他们的青春。

姓名：闫志伟

职务：数学学院 2011 级辅导员

博客名称：一格.exe

书写好文章、传颂好故事———我始终相信文字的力量，它可以传播思想、表达观点、探索自我、感染他人。《做一名接地气的辅导员》要求自己爱岗敬业、勤于点滴，《做一名有灵气的大学生》帮助学生坚定信念、持续进取……创作好每一篇博文，斟酌好每一段文字，或许它会在不经意间润物无声般地帮助到别人。

姓名：朱玲利

职务：计算机与信息学院 2012 级辅导员

博客名称：燃烛勺语

以零星的笔墨，浅显的文字，暖心的话语，点亮人生航向。风吹雨成花，你年少的轻狂，依然紧握着么？云翻涌成夏，你我青春的故事，还记得么？心愿无限大，那一年初秋，有人迷路了么？正当年，我们行走在青春的道路上，知行之间，通达明理：勿忘最初的梦想，紧握在手上！

姓名：杨乾坤

职务：管理学院 2011 级辅导员

博客名称：杨乾坤的 Blog

博客建设“020 模式”，把线上博客建设与线下主题班会相结合，遵循“育人为本，德育为先”的工作理念，变“单向灌输”为“双向互动”，变“简单说教”为“平等对话”，形成思想教育合力，促进学生健康成长。《新媒体三部曲》更是告诉同学们在新媒体环境下要“走心”，增强网络环境下的社会责任感，携手共建和谐网络环境。

姓名：王　燕

职务：管理学院 2013 级辅导员

博客名称：耕墨堂

耕墨堂是我的心灵园地，我辛勤耕耘，悉心呵护。我坚信，我给岁月以荒芜，岁月便回馈我以生命的荒芜，我用心浇灌岁月，岁月就赠予我满园桃李。在耕墨堂，学生可以欣赏如《坚定为桨，努力做帆》般满是正能量的道德鲜花，也可以采撷《知行统一，行而知理》这样砥砺人心、催人奋进的真理果实。付出才会有收获，努力才能有成就，耕墨堂中的每一篇文章都是我用心灌溉而成的。我希望学生能用这里美丽的花朵编织出璀璨夺目的道德花环，能用丰硕的果实填补崇高而远大的精神领地。

姓名：成　建

职务：化学与化工学院 2012 级辅导员

博客名称：成建的 Blog

在当今网络时代，博客已成为师生间交流的重要平台。将同学们关心的学习生活、政治理论、心理健康、就业创业等问题，通过严谨的思考，写成一篇篇好的博文，给同学带来帮助，同时让自己工作水平不断提升，是我博客建设的动力之源。

姓名：范鹏飞

职务：仪器科学与光电工程学院
2011级辅导员

博客名称：范鹏飞的Blog

品读文字，荡涤心灵———博主努力成为学生的人生导师和知心朋友，通过博客引导理想信念，辅助党团建设，指导就业学习，解决生活问题。《青春·色彩》四种色彩的碰撞开出绚烂的青春之花；《亲恩永难忘———与青年学子谈父母》倡导学生追逐梦想之时勿忘父母养育之恩；博文日日更新，与学生形成良好互动。

姓名：牛姗姗

职务：管理学院2012级本科生辅导员
兼研究生辅导员、团委书记

博客名称：牛姗姗的Blog

辅学生成长，导生涯航向———学生们可能遇到的困惑一直是我的博文聚焦的主题。《大学的每个阶段，我该做什么?》让懵懂的新生豁然开朗；《写给大三的你们》为规划迷茫期的学子们指明了方向；《梦想与现实之间》引领同学们面对梦想时学会冷静思考，从容应对……写好每一篇博文，用心引领学生们的成长。

姓名：李正星

职务：化学与化工学院2013级辅导员

博客名称：李正星的Blog

博客是一个非常好的网络交流平台，在这个平台中，大家可以互相学习、探讨问题、交流情感、获悉通知新闻等等，重点帮助同学们解决生活、学习、工作、人际交往中遇到的困难，给学生提供参考意见，真正做学生的知心朋友。博文撰写中始终坚持相互理解、相互关爱的原则，永葆师生情谊。

姓名：张　栋

职务：电气与自动化工程学院2013级学生辅导员

博客名称：张栋的Blog

做事脚踏实地、做人明礼修身——对大学生而言，学习知识、提升技能等是要做的事。人生没有捷径，踏实的脚步是成功的基石。“礼”字传承几千年，知礼、懂礼、明礼是我们重要的修养。做一个有礼的人，会让我们的生活和事业蒸蒸日上。希望我的博文能够影响学生，脚踏实地、明礼修身，勤于事业、享受人生。

姓名：王锐琴

职务：土木与水利工程学院团委副书记

博客名称：王锐琴的Blog

记录校园事，传递正能量，用多板块的内容勾画老师与学生间的桥梁。【新闻速递】展示学院、班级最新动态，【文苑诗情】为学生提供展示自己的平台，【琴姐夜话】选取最贴近学生的话题向读者娓娓道来……当新世纪新媒体时代来临，用文字和网络记录学生和自己成长的点点滴滴。

姓名：李　澍

职务：外国语学院团委书记、2011级辅导员

博客名称：李澍的Blog

针对大学生面临的困惑或问题，坚持博文思想引领与具体实际相结合创作博文。已创作博文多篇，多是从小事、时事入手，展开分析并引发学生讨论，发挥读者主动性，开拓博主与阅读者共同参与的建设模式，博文设计以学生感兴趣的话题为主，力争做到以小见大，细节中提升感悟。

姓名：梁海涛

职务：交通运输工程学院 2011 级、2013 级辅导员

博客名称：叶随风

集点滴生活感悟，给学生些许帮助。苦口婆心的说教往往并不能真正打开学生的心灵之门，在夜深人静的时候读到一篇推心置腹、平淡朴实的文章也许能够发人深省。《青春不可挡》激励自己和同学们奋勇争先，一起向上；《年轻人做事不能只算经济账》提醒学生摒弃世俗，目光要放长远……当一串串单调的文字注入了“爱”的血液就能幻化成灵动的精灵，走进你我的心里，给予你帮助，回我以慰藉。

姓名：任　颖

职务：数学学院 2013 级、2014 级辅导员

博客名称：任颖的 Blog

生命的成长，繁花似锦。作为辅导员，要善于用发现的眼睛去记录工作生活中的点滴感悟与收获，用文字的力量引导学生、浸润心田，用博客的平台凝练经验，汇聚经典。《捧出一颗心，建起一座桥》，一路走来，希望自己可以成为一座通向学生内心的桥；《写给 2010 级》，对话学生，希望与每一位数学人共同珍藏独家记忆。

姓名：邢　松

职务：资源与环境工程学院 2014 级辅导员

博客名称：邢松的 Blog

用文字记录，用言语传承———不知从何时起，养成了每天用文字记录生活的习惯，用文字记录每天的感动与收获。《大学的你需要理想与信念》告诉你大学就应该用最执着的信念来编织最美的理想，《看日出而起·踏晚露而归》让你我明白大学其实就是一次时间规划……用博文记录每一天的成长和挫折，一起分享，一起成长。

姓名：王　猛

职务：材料科学与工程学院
2013级辅导员
博客名称：向前方

用文字记录点滴故事，让你我携手共同成长。在匆匆的时光中，博客让我能够拥有一段安静的时光整理思绪。经过了独特“艺术处理”的文字描绘着生活中难忘的画面。高数测验时，学生在聚精会神地答题；温暖午后，你我的促膝畅谈；骑着单车，共同去寻找那一抹晚霞……故事中的你我在沟通、分享中向着前方迈进。

姓名：叶　璟

职务：计算机与信息学院2011级辅导员
博客名称：一叶知秋

文字的力量不在华丽，触动心弦的往往是细腻的共鸣。《毕业即新的启程———写给毕业生的一封信》写在毕业季，淡淡的离愁中，给予今后生活中一些建议。《凝聚新生力，传递正能量———大学生，自觉树立和践行社会主义核心价值观》从学生日常生活中谈价值观践行。若爱与教育共鸣，传递的便会被内心所接受。

姓名：张　玺

职务：经济学院2013级辅导员
博客名称：闻香识君、煮字为药

不流于表面，不浮于水上，不天马行空。感受文字的魅力，在文字中升华，在思想中成长，聆听每一次花开的声音，感受每一朵含苞待放的酸甜苦辣，留下努力生长的印记。不忘初心，方得始终。

《孩子，我们坐下来聊一聊》系列篇，用家书装点温暖的港湾；《行者常至为者常成———致大二学生的一封信》让梦想插上翅膀……精心构造的每一篇博文，用心交流，用爱感染。

○明礼正德

塑核心价值

习总书记在北京大学考察时曾强调，青年的价值观养成十分重要，这就像穿衣服扣扣子一样，如果第一粒扣子扣错了，剩余的扣子都会扣错。“凿井者，起于三寸之坎，以就万仞之深。”青年要从现在做起、从自己做起，使社会主义核心价值观成为自己的基本遵循，并身体力行大力将其推广到全社会去。辅导员作为大学生精神家园的引领者，在这一篇章中，用朴实的语言、精彩的文字帮助学生正确认识自我，坚定理想信念，不断追求更高的目标，使学生自觉将社会主义核心价值观内化于心，外化于行。

□启明灯

奉献我心为吾校

作者：李正星（化学与化工学院）

导读：我们是建设者，我们是工程师，我们也是一块块砖，为这座伟大的工程奉献自己的力量。我希望在不久的将来，丽人湖平静祥和的湖面上倒映着“欢迎来到国际知名大学——合肥工业大学”的鲜红大字。到那时，我们都会觉得我们的奉献是值得的。

“为把合肥工业大学建设成国内先进、国际知名的高水平大学而不懈努力。”这是第十教学楼入口处屏幕上的一段话。每次看见这些鲜红如血、耀眼如火的字，我心里总是激情澎湃。书生意气，挥斥方遒，合肥工业大学定会成为一所高水平大学。

纵观世界高水平大学，像哈佛耶鲁、清华北大，哪一所不是精神面貌昂扬、学术氛围浓厚、人文气息弥漫？哪一所不是面向社会、广泛交流、开拓创新？高水平大学的本质就是高水平的人，无论是满腹经纶的教师还是莘莘学子，他们本身的辉煌就是学校的辉煌，他们本身的辉煌也造就了学校的高水平。

同学们，既来之，则安之。不论当初进入工大是否符合自己的期望，但现在既然是工大的一份子，就都会有这样一份决心——为把合肥工业大学建成高水平大学而不断努力。这份与生俱来的根的情怀让我们有了这份强烈的学校荣誉感。是的，工大现在也是我们的根。工大的每一个人都在不断努力，党员和入党积极分子更应做出表率作用，真心实意地奉上自己的一份力量，竭尽全力地发出自己最绚烂的光芒，使合肥工业大学光芒四射，不断发展、不断进步。

修德

商人只有有了良好的信誉才能游刃有余，一所学校只有有了良好的声誉才能为社会所赞许。良好的声誉最重要的就是学校整体思想道德素质高尚，试想如果一所学校培育的学生思想道德败坏，这所学校的教育水平越高，则会对社会危害越大，这是人人都不愿看到的。因此需要大力加强学生的思想道德建设。党员和入党积极分子在思想道德建设方面要起到“领头羊”的作用。

对内，我们要提高思想道德觉悟，为同学们服务，同时带动其他同学思想道德的提升。

首先，同学们要深入了解党的基本理论和指导思想，并且时刻关注时事，培养强烈的爱国主义情怀。我们学校目前有着关注时事之类的社团，我觉得此类社团可以再创立些，党员和入党积极分子应该积极创立此类社团，及时地报道国际形势，宣传党的政策。然后，党员和入党积极分子要全心全意地帮助同学，身边的同学有困难应及时给予帮助。我相信，只要我们真诚付出，定会感动其他同学，爱心的接力棒就会一直延续下去。最后，我们要爱护校园，校园是我们共同的家，需要我们去维护，创造出舒适安全的校园环境。党员和入党积极分子应做到爱护校园的一草一木，减少校园污染，在寝室不使用大功率电器，同时劝诫其他同学共同爱护校园，为营造和谐校园而努力。

对外，我们要帮助社会上的弱势群体；在社会上要低调做人，高调做事。

工大有很多公益性的社团，像春风社、阳光社、春蚕社等，他们帮助孤寡老人、关注残疾儿童、义务支教，这些社团为提升学校形象做出了很大的努力。大家应承担起社会责任，服务于社会。我们也可以加入这些社团或者说再创办些这样的社团，使工大的公益性事业做得更大更好。很多同学在社会上兼职，兼职的同学特别是党员、入党积极分子要有企业精神，接受了一份工作，就应当踏踏实实地做好，在公司中为工大树立起良好的形象。

其中，在工大全体同学共同努力下，打造思想道德第一品牌，在校内外都树立起良好的形象。

笃　学

高水平大学在专业教育方面的实力绝对一流，学生的专业素养在所有大学生中遥遥领先。工大想要建设成高水平大学，一方面师资力量要不断加强，另一方面学生要靠自身努力，牢牢掌握专业知识，不断创新。

党员和入党积极分子在全力加强思想道德建设的同时不能忽视专业知识的学习。党员和入党积极分子要带头学习提高，努力学习理论知识，课堂上积极活跃，课外多和老师交流，跟随老师做创新实验，将理论知识学以致用。党员和入党积极分子要督促周围同学认真学习，带动大家的学习积极性。

当然这儿并不是只让大家关注于专业知识，而不管其他方面知识的积累。工大是工科类院校，我们尤其要加强人文素质的提高，把工大建设成学术氛围浓厚、人文气息弥漫的高水平大学。

核心技术是关键，我们只有掌握了核心技术，才能创造出高质量的产品。牢牢掌握专业知识，同时提高人文情怀，为今后的工作、生活奠定良好基础。

希　望

大学是个开放的、积极的、活跃的天地。工大在往高水平大学迈进的路上，要不断地与其他高校以及社会交流合作，将工大的特色展示出来，同时引进外部先进的元素，落实好“走出去”和“引进来”两大方针，工大的高水平建设将不再遥远。

工大每年都有交换生和到外地学习访问的机会，大四又有到工厂实习的机会，这些机会就是我们展示自己的最佳时期。我们在外要自信但不高傲，要谦卑但不气短，充分展示自己的才华，留给别人深刻的印象。同时我们要积极地邀请外界学者、国际友人、外校同学到我校参观学习。同学们特别是党员和入党积极分子要做好接待工作，展示我们的风采，让他们在工大这片热土上感到舒心，从而为工大赢得更好的声誉。

同时我们要积极地参加省内外乃至国际的各项比赛，争取获得好名次，不断地把工大推向国际。

同学们，你们是学校获得高水平大学声誉的最强力量，要不断争取、不断努力。

为把合肥工业大学建设成国内先进、国际知名的高水平大学而不断努力，我们就是建设者，我们就是工程师，我们也是一块块砖，为这座伟大的工程奉献自己的力量。我希望在不久的将来，丽人湖平静祥和的湖面上倒映着“欢迎来到国际知名大学——合肥工业大学”的鲜红大字。到那时，我们都会觉得我们的奉献是值得的。

看到辅导员的文章，我很有感触，作为工大学子，我们应时刻牢记校训，要以建设者、主人公的身份为合肥工业大学的发展添砖加瓦。

在工大真的有很多出外交流和实习的机会，不仅丰富了我们的大学生活，而且锻炼了我们实践的能力。我们在实践中巩固了自己的能力，完成了理论知识到应用实践的蜕变。

作为一名党员，在学习和生活上要起到模范带头作用，要不断加强自身的道德修养，也要认真学习专业知识，为社会发展和科技进步贡献自己的一份力量。

工大许多服务性的社团让我学习到了要乐于帮助他人，要有一份社会责任感，有担当，有追求。在奉献社会，服务他人的同时实现自己的人生价值。

“为把合肥工业大学建设成国内先进、国际知名的高水平大学而不懈努力。”真的不仅仅是一句口号，这需要一代代工大人不断地为之奋斗。

工大是我们的根，我们要真心实意地奉上自己的一份力量，竭尽全力地发出自己最绚烂的光芒，使合肥工业大学光芒四射，不断发展、不断进步。

关于培育和践行社会主义核心价值观教育的战略思考

作者：李正星（化学与化工学院）

导读：践行社会主义核心价值观是大学生的价值追求、精神支柱和道德规范，在学校党支部、社团、班级、寝室中推行社会主义核心价值观是非常必要的，让学生在潜移默化中学到爱国思想、敬业思想、诚信思想、友善思想，内化到自己的日常行为中，做到辨别是非，奋斗光荣。

十八大报告提出，倡导富强、民主、文明、和谐，倡导自由、平等、公正、法治，倡导爱国、敬业、诚信、友善，积极培育社会主义核心价值观。“三个倡导”，涉及国家、社会、个人三个层次，其中“爱国、敬业、诚信、友善”是其他两个“倡导”的基础，是作为公民应该践行的基本价值追求和道德规范。它从个人的社会公德、职业道德、家庭美德及个人品德等方面强调作为一个社会主义社会的公民，应当具有的核心道德价值，这也正是我们对学生加强价值观教育的着力点和努力方向。

开展社会主义核心价值观主题教育活动，要坚持教育与实践相结合，重点抓好“爱国、敬业、诚信、友善”四个专题，打造“学生党支部、班级团支部、社团主要干部、党校培训班”四个主要阵地，搭建“网下展示、网上宣传”两个宣传平台，落实“安全稳定、价值引领、学风建设、文明修身、科技创新”五项工程，实现社会主义核心价值观“进支部、进社团、进班级、进寝室、进内心”五进目标。

一、抓好“爱国、敬业、诚信、友善”四个专题教育，提升学生对社会主义核心价值观的认识，增强学生对社会主义核心价值观的认同。

第一专题，“爱国”主题教育。爱国是义务和责任，是社会主义核心价值观的核心。“国家好，民族好，大家才会好”，个人的前途命运与祖国的前途命运息息相关。没有国家的安定团结和繁荣富强，个人的一切都无从谈起。十八大把爱国作为社会主义核心价值观的重要内容，目的就是要强化国人的爱国意识，树立全民的报国情操。我们每个人都要始终牢记“空谈误国，实干兴邦”，将强烈的爱国情怀转化成做好本职工作的动力，不断汲取知识，丰富自己的头脑，并将它转化为能力，具有报国之才，中华民族的伟大复兴梦想才能实现。

第二专题，“敬业”主题教育。敬业是兴业之要。每个人要想成就一番事业，就必须有勤奋敬业的精神，有了这种精神，才会数年如一日，奋发有为，自强不息，成就一番事业，于己实现自我价值，于国奉献个人才智。

第三专题，“诚信”主题教育。诚信是立身之本。做人，首先要诚信。诚实守信，是为人处世的基本原则，也是中华民族的基本道德。一个讲诚信的社会，是一个和谐稳定、安定团结、幸福温馨的社会。党的十八大明确提出要倡导诚信，就是要把诚信建设纳入社会主义核心价值体系，引导全体社会成员把诚实守信作为立身处世的行为准则。只有我们共同努力，凝聚诚信共识，才能把我们的社会建设成彼此信任、共谋发展、互利互赢的和谐美好家园。

第四专题，“友善”主题教育。友善是处世之道。我们每个人每时每刻都处在社会关系中。人人为善，就会家庭和睦，社会和谐，百业兴旺，国家强盛。中华民族是个睦邻友善的民族，把友善列入“三个倡导”，就是要通过倡导人与人、人与社会、人与自然友善共处的关系，形成齐心向上、团结互助的社会合力，营造共建小康、共同富裕的良好氛围，开创整个社会和谐大同的新局面。

二、打造“学生党支部、班级团支部、社团主要干部、党校培训班”四个主要阵地，磨砺学生骨干，发挥学生骨干的模范带头作用，造就一批社会主义核心价值观宣传践行的主要力量。

学生党支部是学习、宣传社会主义核心价值观的主要力量，是践行社会主义核心价值观的主要阵地。重视党支部教育，巩固和扩大保持共产党员先进性教育活动的成果，进一步做好党员发展，稳中求进，凝聚广大党员和学生入党积极分子，发挥党支部在学生工作和学校建设中的促进作用；党员在思想上领先，带头学习理论，不断提高自身的思想政治素质；在道德上示范，崇尚道德，信守良知，担当责任；在学习上引领，形成良好的学习习惯，带动周围同学共同进步；在文化上创新，积极为校园文化建设添砖加瓦，做践行社会主义核心价值观的先锋卫士。

班级团支部是高校开展学生思想政治教育的重要抓手，培育先进团员队伍对学生在校稳定、思想动态掌握、学生思想引领方面有重要推动作用，这要求团支部团员要有所创新，要有甘于奉献、吃苦耐劳的精神，敢于面对挫折和挑战，积极向上，学习雷锋精神，与时俱进；坚持不懈做好自己的事情，同学们要严格要求自己，从自身出发，目光长远，要有责任感和使命感，同时更要有一种紧迫感，用知识的力量武装头脑。

社团干部是学生工作中的骨干力量，骨干要充分认识维护稳定工作的重要意义，以高度的政治敏感性和强烈的工作责任感，不断提出新思路、新举措、新办法，把社会主义核心价值观应用到丰富多样的社团文化活动中，充实学生第二课堂，努力为学生营造“快乐学习、健康成长和全面发展”的环境氛围，着力培育良好的学风。

党校培训班是入党积极分子加强党的理论知识学习、要求积极进步的代表，在培训班学习有着重要的意义。在党校培训班中，要明确培训目标，提高思想认识，深入学习党的基本理论，用理想信念指引人生航向，做到理论联系实际，在实践中全面成长，在实际工作、学习、生活中奋发有为、率先垂范，为实现中华民族伟大复兴贡献青春与力量！

三、搭建“网下展示、网上宣传”两个宣传平台，多渠道宣传社会主义核心价值观，营造社会主义核心价值观宣传的良好氛围，使社会主义核心价值观内化到学生日常生活当中。

要拓宽网上、网下的宣传途径，开展好正面宣传，把社会主义核心价值观贯穿到日常形势宣传、成就宣传、主题宣传、典型宣传、热点引导中，弘扬主旋律，传播正能量；充分发挥学院班级班刊、社团社刊、校园刊物在宣传中的作用，利用学院宣传栏、公告栏、班级公告栏，对典型的人和事等进行报道，运用学生熟悉和喜爱的语言，传播社会主义核心价值观。

进行网络传播引导，充分利用学院辅导员博客、微博微信、班级团支部微博、博客、网络班主任博客、QQ 等网络阵地，开辟互动交流板块和话题专栏，开展网络宣传讨论；把社会主义核心价值观融入到网络服务和网络文化中，搭建网络文化交流平台，引导相关主题网络文化产品创作；成立专门的网络评论员队伍，积极关注学生相关网上言论，加强对学院学生的舆论引导，推动形成培育和践行社会主义核心价值观的良好网络环境和浓厚舆论氛围。

四、落实“安全稳定、价值引领、学风建设、文明修身、科技创新”五项工程，促进学生自我认知，提升学生综合素质，争做优秀学生。

实施“安全稳定工程”，千方百计确保学院学生安全稳定；实施“价值引领工程”，切实加强和改进大学生思想政治教育；实施“学风建设工程”，大力培育勤奋诚信创新的优良学风；实施“文明修身工程”，着力构建文明行为养成的长效机制；实施“科技创新工程”，培育学生创新意识、锻炼学生创新技能、凝结科研成果。

五、实现社会主义核心价值观“进支部、进社团、进班级、进寝室、进内心”五进目标，使社会主义核心价值观进入学生生活方方面面，内化到学生日常行为当中。

践行社会主义核心价值观是大学生的价值追求、精神支柱和道德规范，在学校党支部、社团、班级、寝室中推行社会主义核心价值观是非常必要的，让学生在潜移默化中学到爱国思想、敬业思想、诚信思想、友善思想，内化到自己的日常行为中，做到辨别是非、奋斗光荣。

希望这些战略性思考能够帮助大家在学生当中开展社会主义核心价值观教育。

我认为组织大学生学习、践行社会主义核心价值观是非常有必要的，当代大学生应当起到模范带头作用，主动地去宣传社会主义核心价值观，为社会做出自己的贡献。

博文中提到的这些战略契合实际，不是单纯地灌输，而是因地制宜，在实践中领悟，在当代大学生的接受范围内，很有教育意义。

爱国、敬业、诚信、友善这四个方面的社会主义核心价值观对学生未来的发展意义深远，每个学生都应该努力做到。

以学生喜闻乐见的形式对其进行教育，利用网络等学生比较喜爱的方式传播引导，不枯燥，一定能够被接受。

教育很全面，涉及学生生活的方方面面，而且教育形式比较新颖，相信一定能收到良好的效果。

相信学生党支部、班级团支部、社团主要干部、党校培训班这四个主要阵地一定能发挥带头作用，让全体同学都学习和践行社会主义核心价值观。

行者常至　为者常成

——致大二学生的一封信

作者：张玺（经济学院）

导读：当旧梦已经尘封，新的历程已经启航，在当今大时代的激流中，究竟是乘风破浪、激流勇进，还是沉寂萧然、随波逐流，一切就看你们现在的选择，未来永远掌握在你们自己的手中，行者常至，为者常成！

春华秋实，岁月轮转。从进入大学的那一天起，已经一年有余，当时我看着你们被大二学长学姐带领完成一系列的新生注册报到手续，而今，却是你们带领新生，不知有何感受？个中滋味，只能说一声，你们也已经大二了。

在进入大学前，你曾听说过大学里的各种美好，宽松的环境，优美的校园，以及对自由的掌控，并且你还怀揣着各种梦想，希冀交到一群至好的朋友，拿到奖学金，或者是拼得什么职位，诸如种种，不知如今的你可还记得当初对自己许下的诺言？诚然，你的大学生活也许不尽如你想象的那般美好，这只能说明你没有去争取，去改变。你依旧是过着从宿舍到食堂再到教学楼的三点一线式生活，虽然比之高中轻松很多，但是这样的生活却毫无乐趣，所以你感到很疲惫，很厌烦。

下定决心，万千书中寻未来

要知道，“university”的谐音绝不是“由你玩四年”，大学在我看来，其实无异于是一个小社会，虽然其中利害关系表现得不如真正的社会那般复杂，却是有着基本的构架，在这里，同样并存着机遇与风险。而你若是还抱有着幻想却不着实于眼前，那么终将被社会的激流所淘汰。

在大一的时候，或许你还很懵懂，还不是很熟悉大学生活的节奏，亦或许需要释放下被高中生活压抑着的心情，再或者你想体验一种不同的新生活，所以你很恣意。不能否认，绝大多数的同学都是这样的，但是，我相信你们也曾听学长学姐说过，大二了，是时候去真正地、好好地规划下自己的未来了。也许你会选择考研，或者选择毕业后找到一份好的工作，无论怎样，这个时候，对你尤为关键，你经历过成人宣誓，就代表你已经成人了，所以你需要懂得担当，为自己谋得一份前途。此时的你，当真不应该再处于迷茫的状态，不应该再有依赖父母的心理，是时候清醒了，是时候去给自己下个决心了。

大学时代，是人生的盛夏，我希望每位同学都能有一个属于自己的精彩大学生活，切莫碌碌无为，只是以为将大学四年过完，拿到文凭就 OK。一年的生活经历，你们也感受到了大学不同于初高中的模式，你不再是知识的被动接受者，而是主动探索者。大学这个阶段是充实自己的最好时间了，想想，当 26 岁后的你，既要为生计奔波，又要考虑娶妻生子，那时的你，还会静静地坐下来，再去品读一本书么？

说到读书，自然会想到图书馆，学校提供了百万册的经典书籍，不是用来珍藏的，是用来看的，书中自有黄金屋，书中自有颜如玉。我知道你爱打游戏，但是一把游戏的胜利能让你了解到亚历山大是如何征服欧洲的吗？我深深记得上次俞敏洪来宣讲时说过的一句话："一秒钟我们差不多能读 3 个字，一本 200 页的书四五个小时就能读完。这样算下来，一个人一天可以读 2 本书。"很明显，你一下午的游戏时间，就是抛弃掉了一本书，而这本书，却能让你知道更多，了解更多。

所以，有很多的过来人一再强调图书馆的重要性，每所高等院校也对图书馆的建设十分重视，无外乎想给每位同学提供一个舒适良好的读书环境。常去图书馆，永远也不是一件坏事，那里同样有着你想要的阅历，有着你想要的答案，有着精彩无比的故事，所以十分敬佩那些曾经头悬梁，锥刺股，夜挑灯花苦读书的古人们，所谓"不在三更早、五更迟，只怕一日暴，十日寒。读书者当观此。"

摆正态度，敢问敢学有效率

掌握一门过硬的专业知识永远是金饭碗，无论你将来用到抑或是用不到。有道是"活到老，学到老"，为学永远是一条不吃亏的路。大学里丰富的教育资源为何不去利用呢？你要知道，学校里的一些老师教授们在研究一些问题时简直如疯子一般，所以他们巴不得你去向他们问问题或者与他们探讨一些问题，因为他们在为你解惑的同时，也想从你的问题中发现一些灵感。莫要胆怯，你要勇敢地把自己不明白的地方搞明白，无论是通过问还是通过查，只有把不明白变为明白，这才是真正的治学。“父母岁有裘葛之遗，无冻馁之患矣；坐大厦之下而诵《诗》《书》，无奔走之劳矣；有司业、博士为之师，未有问而不告，求而不得者也；凡所宜有之书，皆集于此。”宋濂当时何等环境尚且如此为学，而处于现在优越环境下的你们，有着父母作为坚实的后盾，博学的教授为你们答疑解惑，若真是学无所获，真的只能怪自己不专一了。

曾有这么个公式，在 Hard work，Knowledge，Love，Luck，Attitude 这五个单词中，以每个单词中的每个字母的所在序列排序数求和，只有 Attitude 才是满分。态度决定一切，这句话到如今依旧鲜明。我希望每位同学都能正视自己，正视现在已经大二了，再不努力，再不拼搏更待何时？我希望每位同学都能明确自己的目标，究竟要做什么，要怎么去做，将自己的态度真正面对到未来而不是当下的享受，还有 3 年，说实在的，真的只是眨眼间的事情，你不也在未曾感觉中大一就过去了吗？经济学中有一种叫机会成本的概念，它是指为了得到某种东西而所要放弃另一些东西的最大价值，而对我们来说，每天只有 24 小时，而事实上只有 12 小时左右能为我们所用，所以，这 12 小时究竟要如何安排，如何投入才会产生最高的效益？所以，你现在要做的就是设计自己，把有限的时间换作最大化的效益。

不知你们是否还记得开学典礼上优秀学长学姐交流时，有一位学长曾对你们说“如果你的大学能做到每晚 12：00 准时上床休息，早晨 7：00 准时起床，那么你的大学将会是成功的”，莫要将时间虚度掉，尽早打算，及时安排。你要想象，三年之后，也许你就要上“战场”了，那时你将没有机会再去夯实基础了，所以你只有现在，在这条件资源尚且充足的时间里，去不断学习，不断积累，打造自己。“不积跬步，无以至千里；不积小流，无以成江海。骐骥一跃，不能十步；驽马十驾，功在不舍。锲而舍之，朽木不折；锲而不舍，金石可镂。”也许，这对你们来说，很痛苦很煎熬，但是唯有经历过这番阶段，才能破茧成蝶，才能在以后一帆风顺。厚积薄发，有利无弊。

锻炼能力，理论实践相合一

当然，我也不愿你们全身心地都投入到学习中，那样的生活如书呆子一般，也违背了大学的原则。大学之大，何以为大？“30％的课本知识＋20％的社会实践＋50％的为人处事＝100％的大学生活。”这是我在一本书中曾经看到的，前面曾提到，大学就是一个小社会，所以为人处世，当为重中之重，立学先立本，立本先立人。如何立人？对同学们来说，当先自立，倘若连自立都做不到，又如何去与人处事呢？大学，也要为自己培养出交流技巧、书面表达技巧、组织领导能力、创新能力以及信息收集与分析能力等，这些将会是以后在社会上处事时必不可少的经验。我还是希望同学们能加入一些社团，也许有人说它浪费时间，但我更不希望你把时间浪费在宅在寝室睡觉或者玩游戏，社团或多或少总会锻炼一些你的能力，我希望见到的是你每晚走在路灯下时有这么一种感受：今天真的很充实。

无论何时，理论都少不了实践，正如邓小平所言：实践是检验真理的唯一标准。每位同学都要敢为人先，敢于去尝试，去实验，去发现，而不是一心扎堆于圣贤书中。个中精彩只有切身体会，才会有所感，有所悟，去看别人的故事，永远不如自己去亲身写一本的舒坦。所以我鼓励同学们去参与一些比赛，而且是积极地去参与、去竞争、去发挥自己的实力，激发自己的潜能，我们永远都不会知道下一刻会发生什么，而只有去做了，才能体会到奇妙，才会不觉枯燥无聊。

不断拼搏，你的未来不是梦

不要总是抱怨什么，而是要学会反思，譬如你虽然可能在大一时挂科了，此时你需要的绝不是抱怨题怎么样，这门课程如何，而是应该想你为何会这样，应该怎么做。当然，光想自然无用，还是老话，得付诸实施，没有什么事情是做不成的，而你，只需要“Just do it”，当你真的钻研进去的时候，你会发现自己在不经意间已经成长了很多。

“存鹰之心于高远，取鹰之志而凌云，习鹰之性以涉险，融鹰之神在山巅。”同学们在大学中也要记住，优秀，是因为优点够突出，但不意味着没有一点缺点。你们要让自己的竞争对手低估自己的优点，让上级低估自己的缺点，低调做人，高调做事，如此这样，才能发展得更为久远，更加具有竞争力。

最后，我依旧还是希望每一位进入大二的同学能够找准自己的定位，切切实实地根据自身的现有条件规划自己。成长的道路从来都不容易，需要不断进取、不断拼搏，而你们，也是时候去为自己铺出一个锦绣大道了。大学四年，重在积累，重在沉淀。常为而不置，常行而不休，相信你们的大学生活一定会是无限精彩的，希冀在大学这个盛夏能看到你们开出最灿烂的花朵。

当旧梦已经尘封，新的历程已经启航，在当今大时代的激流中，究竟是乘风破浪、激流勇进，还是沉寂萧然、随波逐流，一切就看你们现在的选择，未来永远掌握在你们自己的手中，行者常至，为者常成！

我们应当有一个属于自己的精彩大学生活，要敢为人先，敢于去尝试、去实验、去发现，而不是一心扎堆于圣贤书中，切莫碌碌无为！

我们是这个时代的青年，是朝气蓬勃的一群人！我相信未来掌握在我们手中，我的青春我做主！我们已不是大一的懵懂无知，我们该给自己确定方向了。

大学生活应当美好而精彩，大学应当是精彩纷呈。不再碌碌无为，不再迷茫无知。我们要为青春理想努力拼搏，我们要为精彩纷呈的人生不断努力。

低调做人，高调做事，不能在大时代的激流中沉寂萧然、随波逐流。为了青春，为了理想奋斗！青春往往在拼搏与奋斗中精彩。

行者常至，为者常成！常为而不置，常行而不休，找到自己学习生活的意义，相信我们的大学生活一定会是无限精彩的。

知行合一，不断进取，为自己铺出一条锦绣大道！在当今大时代的激流中乘风破浪、激流勇进！对追求心知肚明，对行为脚踏实地。

红色青春在路上

作者：范鹏飞（仪器科学与光电工程学院）

当代青年，是我们祖国和民族的未来，是中国特色社会主义道路的接班人。在追求共产主义的道路上，始终印刻着青年学子的坚定身影，他们把青春的热血无悔地献给了共产主义事业，把青春的梦想统一于共产主义理想，伴随着我们党从幼小走向成熟。

从1921年党的第一次代表大会宣告党的成立，到如今党的十八大顺利召开举国欢庆；从南湖游船上十几人的微薄基础，到如今我们党已经发展为拥有8000多万党员的执政大党；从遵义会议时党面临最艰难的时刻，到如今社会主义事业欣欣向荣，蓬勃发展；我们党历经了无数腥风血雨，面临了无数的艰难挫折。然而，在追求共产主义的道路上，始终印刻着青年学子的坚定身影，他们把青春的热血无悔地献给了共产主义事业，把青春的梦想统一于共产主义理想，伴随着我们党从幼小走向成熟。

当代青年，是我们祖国和民族的未来，是中国特色社会主义道路的接班人。胡锦涛总书记在十八大报告中指出：中国特色社会主义事业是面向未来的事业，需要一代又一代有志青年继续奋斗。广大青年要积极响应党的号召，树立正确的世界观、人生观、价值观，永远热爱我们伟大的祖国，永远热爱我们伟大的人民，永远热爱我们伟大的中华民族，在投身中国特色社会主义伟大事业中，让青春焕发出绚丽的光彩。

青春的色彩

青春，是孩子们眼中的一棵树，高大、坚强，一眨眼就成长；青春，是少年们手中的一本书，一页页品读着，翻过了时光；青春，是老来游子梦里的一条路，遥远、温暖，通往家的方向。青春，是多彩的；青春，又可以有耀眼的主色调。我究竟该选择什么样的青春？这青春又通往了怎样的未来？

犹记得初入工大时，那年轻的脸庞彰显着青春的气息，我用好奇的眼找寻属于我的青春色彩。入学军训时，整齐而挺拔的军姿下那一抹绿色——绿色代表磨砺中的坚强。那陪伴了我一年多时光的晚自习归来时的白月光——白色代表追求真理时的坚韧。然而，在经过一次又一次的选择与努力后，手握红色的党课课本，我找到了属于我的青春主色调——代表先进马克思主义政党的红色。

红色，是革命先烈一腔热血报国的色彩，是彰显新中国成立以来广大人民建设美好家园艰苦创业的色彩，更是中国特色社会主义道路的色彩。红色，是党旗党徽的色彩，是体现无数共产党员全心全意为人民服务的色彩，是全国人民共同为全面建成小康社会而奋斗的色彩。作为青年学子，树立正确理想信念，形成科学的人生观、价值观、世界观，不仅对于自身的发展有十分重要的意义，更对于祖国和民族的未来有着深刻的影响。在党校老师的悉心指导下，在阅读了相关著作后，我更加坚定了自己的共产主义理想，坚定了把自己的青春献给中国特色社会主义道路的行动，坚定了青春中的红色。

青春在路上

著名诗人汪国真说过：既然选择了远方便只顾风雨兼程。我想说，既然选择了红色的青春，就应该始终坚定不移地在路上。作为当代大学生，我们要坚持从身边做起，从小事做起，在深入理解十八大的精神上用十八的精神指导自己的学习与生活。

红色青春在路上，在全心全意为人民服务的路上。结合具体实际，当前我们在校大学生要为老师和同学服务。首先，按时到课、认真听课，课后协助老师完成教学任务，节日时给老师发去祝福与问候的短信等都是尊重老师、帮助老师的先进行为。其次，与同学们友好的关系是更好地为同学们服务的前提；了解同学们在学习生活上的困难与困惑是更好地服务同学的保证；带动周围的同学按时上课，合理安排自习时间，帮助同学们解答学习问题等是在学习上对于同学们最大的帮助；极尽所能地帮助同学们解决学习生活上的难题是密切联系同学和全心全意为同学服务的先进行为。

红色青春在路上，在积极构建和谐校园的路上。合肥工业大学，是我们第二个“家”。学校的建设，不单单依靠校领导、老师们的辛苦付出，更需要每一位同学的关心与努力。关心学校，就是要关心学校的历史、近况与未来发展，关心学校的各项方针政策并配合学校一切政策安排，同时还要关心本专业的学术发展、科研成果。关心学校，就是要关注校园里的优良行为并大力倡导，关注校园里有损学校形象的不良行为并向上级汇报指正。为构建和谐校园而努力，就是要融洽同学关系，促进优良班风学风的建设。优良学风是建设美好校园的关键所在，优良的学风不仅能促进同学们自觉而全面地发展，能促进学校教学科研的进一步提高，更有利于形成良好的校园氛围，打造魅力工大。总之，牢牢树立主人翁意识，我们为青春理想奋斗的路也应该是为美好校园优良学风而奋斗的路。

青春在路上，在自觉承担社会责任的路上。从牙牙学语到长大成人，社会为我们提供了很多的资源，我们也应自觉承担起相应的社会责任。一方面，孝敬父母是我们义不容辞的责任与义务。离家求学，父母对我们的牵挂越过了山山水水，我们对父母的关心是他们最大的欣慰，不似过去“家书抵万金”，常与父母互通电话嘘寒问暖是我们力所能及的孝敬。刻苦学习，在学习上交一份满意的答卷也是对父母最大的报答。另一方面，我们要关心社会弱势群体，为需要帮助的人提供力所能及的帮助和定期开展社会志愿服务等，以展现当代青年大学生应有的思想与道德觉悟。

青春的理想

每一个人的青春都曾闪耀着理想的色彩，每一个入党积极分子所选择的红色青春都闪耀着共产主义理想的光芒。党的十八报告指出了我国仍处于社会主义初级阶段的基本国情，同时也指出了我国正处于全面建成小康社会的关键阶段，提出了“政治、经济、文化、社会、生态文明”五位一体的总体布局。在十八大精神的指导下，我们更加明确了自己的近期目标与长远理想，更加坚定了对于中国共产党带领全国人民走向富强、民主、文明、和谐的社会的信心。

红色青春的理想，是建设一个更加和谐美好的校园，是建设一个全面的小康社会，是行走在中国特色社会主义道路上。同时，所有选择红色青春的共产主义者的毕生理想是实现共产主义。

最后我想说，红色青春在路上，在全面建成小康社会的道路上，在中国特色社会主义道路上。

红色青春在路上，作为入党积极分子，我们应当为共产主义的建设添砖加瓦，时刻把“为人民服务”的理念记在心头，贡献自己的力量，为共产主义事业奋斗终生。

作为当代的大学生，我们不能碌碌无为，荒废美好的大学生活，应当找到自己的信仰，树立红色青春的远大理想。在追求信仰的路上，实现自己的价值。

青春因有理想而精彩纷呈，红色的青春理想让我们的学习生活更加与众不同，在实现理想的道路上注定也会遇到更多精彩，会让我们的眼界更加开阔。

我们的红色青春行走在中国特色社会主义的道路上，作为大学生党员，我们应该时刻牢记自己的历史使命，为共产主义建设奋斗终生。

我们应当投身于中国特色社会主义建设的事业中。从小事做起，从点滴做起，脚踏实地，崇本务实，时刻践行社会主义核心价值观。

红色的青春在路上，我们要为红色的理想努力拼搏，大学生党员更需时刻起着模范带头作用，把社会主义核心价值观带到百姓心里去。

礼貌都去哪儿了？

作者：刘萍（仪器科学与光电工程学院）

导读：礼貌是我们在待人接物中言语动作谦虚恭敬的表现，也是一个人文明素质的自然流露。礼貌待人是中华民族的优良传统，是每个人从小就必须养成的生活习惯，也是人生最起码的道德水准，重要性不言而喻。要问“礼貌都去哪儿了？”我们的回答应该是：“礼貌在你我行动中。”

昨天，在网上看到一篇有关礼貌的小故事：法国一间叫“席拉的小店”的咖啡店，同样一杯咖啡，竟然有1.4欧元、4.25欧元和7欧元三种不同的价格。如果你对服务员说：“来杯咖啡！”价钱就是7欧元；你若说：“请给我一杯咖啡。”价钱就是4.25欧元；但你要是说：“你好，请给我一杯咖啡，好吗？”甚至给陌生人一个拥抱的话，咖啡就是1.4欧元的价格。”

一杯一模一样的咖啡，因礼貌用语不同而让其价格相去甚远。“席拉的小店”用这种特别的方式告诉了人们应该以礼貌待人，以优雅的方式与人相处。一杯“礼貌咖啡”，既给大家带来一个温馨舒适的氛围，又巧妙地让大家体会到了“礼貌”的乐趣，一个民族的优雅也被体现得淋漓尽致。

孔子曰：“博学于文，约之以礼。”

礼貌是我们在待人接物中言语动作谦虚恭敬的表现，也是一个人文明素质的自然流露。礼貌待人是中华民族的优良传统，是每个人从小就必须养成的生活习惯，也是人生最起码的道德水准，重要性不言而喻。我们从小接受文明礼貌的教育，很多同学都可以滔滔不绝地大谈文明礼貌。可是环顾大学校园，有时却很难看到礼貌的身影，礼貌都去哪儿了？

开会时，你的手机调成静音或振动了吗？

上课时，你会穿得整整齐齐准时到达教室，而不是穿拖鞋、拿肉包，拖拖拉拉迟到五分钟吗？

看到老师、同学时，你会主动地叫一声“老师好”“你好”，而不是故意低下头，假装看短信吗？

发电子邮件给老师时，你会在邮件中称呼一下老师，介绍一下自己，而不是直接添加一个附件吗？

在宿舍，当有人在学习或者休息时，你会主动放慢脚步、降低说话声音吗？

在食堂，你会依次排队打饭，吃完把餐盘送到回收点吗？

在公交车上，你会主动给老人、小孩让座，而不是故意装作睡着了吗？

做错了事，你会诚心诚意地说声“对不起，请原谅”，而不是顾全自己的面子无动于衷吗？

也许对于这些问题，你会嗤之以鼻，但令人遗憾的是，不是所有的人都能做到。和你们相处的这一年里，我不止一次地收到这样类似的短信或者QQ留言：“转专业的表什么时候交？”“我身体不舒服，我要请假。”“校园卡怎么补办？”等等。没有称呼、没有问候、没有请求，如果你收到这样的讯息，你的感受是什么？

俄国哲学家赫尔岑曾经说：“生活中最重要的是有礼貌，它比最高的智慧，比一切学识都重要。”在启蒙思想家那里，甚至将礼貌等同于人性。在康德离开人世的前一个星期，他的身体已经极为虚弱。一个医生来探望他，他不但努力起身相迎，用已经不太清楚的口齿表达对医生抽空前来的感谢，还坚持要医生先坐下，他才坐下。等大家都落座，康德才用尽全身力气地说了一句话：“对人的尊重还没有离我而去。”

一个人如果没有礼貌，不遵守社会文明，小则会影响自身形象，大则会影响国家声誉。在清朝的时候，李鸿章出使俄国，在公开场合随地吐了一口痰，被外国记者大加渲染、嘲弄，丢尽了中国人的脸。这是一个不遵守社会文明礼貌的历史教训。

古语说“个人品德最根本，明礼诚信宝中宝”。在学校，我们应该做到尊敬师长，认真听讲，和同学和睦相处；回到家应该孝敬父母，懂得感恩；在一些公共场所应该讲秩序、举止文明、轻声细语。生活中处处需要礼貌，希望每个人都能从小事做起，从身边做起，遇见他人时主动给一个热情的微笑、主动弯腰捡起地上的垃圾、公交车上主动给他人让座、他人遇到困难时及时伸出援助之手……

“礼貌都去哪儿了？”我们的回答应该是：“礼貌在你我行动中。”

生活中最重要的是有礼貌，更何况我们大学生，作为时代的先锋，整个社会都在看着我们，我们应该严于律己，从细节做起，从点滴做起。礼貌在你我行动中。

中国是礼仪之邦，礼貌待人是中华民族的优良传统，我们应当弘扬中华民族的优良传统，做一个有礼貌的人，从小事做起，从身边做起。

礼貌是一个人的基本素养，礼貌的言语和行为会让人如沐春风；相反，粗鲁的话语不仅伤害了他人，也贬低了自己。在与人相处的过程中，礼貌的重要性不言而喻。

看了辅导员的博文，我们需要深刻地反省。一个人的礼貌不仅会影响自身形象，还会影响国家声誉。作为当代的大学生，我们应当时刻规范自己的行为，起到模范带头作用。

礼貌是我们在待人接物中言语动作谦虚恭敬的表现，也是一个人文明素质的自然流露。没有人会喜欢和没礼貌的人交往，必须时刻严于律己，提高自己的品德修养。

作为当代大学生，看了文章后，不由得低下了头。礼貌应当成为我们的生活习惯，而在我们身上却鲜有看到。我们要从生活中的小事，从生活中的点滴做起，努力规范自己的行为。

年轻人做事不能只算经济账

作者：梁海涛（交通与运输工程学院）

导读：我要提醒我的所有学生们，尤其是刚刚迈入大学校门的新生们，在做一件事情时，有些收获往往不是当时就会呈现出来，有些收获也不是能用物质和金钱来衡量的。所以，亲爱的同学们，在你们年轻的时候，做事不能只算经济账，因为有些精神上或者经验上的获得对你今后的发展与成功也许会有更大的作用。

作为经济学专业毕业的学生，对经济和金钱有一种特殊的敏感性，四年的经济学学习经历培养了我习惯用经济学的眼光看待身边的人和事，当然这里所说的经济学角度不单单指物质和金钱。

记得在学生会任职期间，一位活动赞助商在与我聊天时问我这样一个问题——“当你毕业之后选择就业的话，如果一家国企与一家日企同时录用你，你会怎么选择？”当时我对国企和外企的认识只是停留在表象，觉得国企待遇好，生活稳定。外企竞争压力大，随时面临离职风险。随后我问他：“如果是你，你怎么选择？”他说他会选择那家日企。他说虽然外企没有国企的待遇好，没有国企稳定，但是外企往往有一套非常完善而全面的培训体系，另外激烈的竞争环境也会使他时刻保持清醒和激情，不至于在30岁的时候就看到自己60岁的样子，随后他还提醒我说年轻人做事不能只看眼前利益。

现如今，随着社会经济的飞速发展以及文化观念的转变，人们开始过分地追求物质的获得，在担任辅导员的这段时间我发现这种观念也已在学生中蔓延。

在学期末进行综合测评时，常常有学生跟我讲“我参加过什么什么项目应该给我加分”或者“我担任某某干部期间为某些人做过什么服务，应该加分”，等等。同样，在暑期三下乡准备过程中，由于活动经费有限，所以学院提醒参与的同学这个过程可能会很苦，也可能自己支付一部分经费，随后就有学生选择退出，还有部分学生反映为什么这种活动需要他们自己出一部分经费？

遇到这些事情之后我也在不断地反思，为什么学生现在会出现这种现象？我觉得这不是一种个别现象，而是在年轻人中普遍存在的。功利主义、现实主义的风气也已经开始侵袭高校这一片净土。记得在岗前培训时，钟小要老师讲他在当辅导员期间对学生尽心尽力，每天从早忙到晚，但是同样会有学生不理解，工资水平也不高，与其付出的辛苦完全不成比例。但是当他带的第一届学生毕业五年后返校请他参与聚会时，他突然觉得之前付出的一切都是值得的。是的，在物欲横流的现代社会，人们在做事之前考虑自己的得失当然无可厚非，但是作为年轻人的我们绝不能只看到眼前利益，绝不能只算经济账。我想问问同学们，你们竞选班干部，参与社会实践只是想在综合测评时加分从而获得奖学金吗？我想大多数同学都不是的。

所以，我要提醒我的所有学生们，尤其是刚刚迈入大学校门的新生们，在做一件事情时，有些收获往往不是当时就会呈现出来，有些收获也不是能用物质和金钱来衡量的。所以，亲爱的同学们，在你们年轻的时候做事不能只算经济账，因为有些精神上或者经验上的获得对你今后的发展与成功也许会有更大的作用。

在当今向钱看的大潮流中，我们应当时刻保持自己清醒的头脑，不能鼠目寸光，只看到眼前的利益，应当要有长远的考虑。

如今功利主义、现实主义的风气大行其道，但我们做事不能只顾自己利益得失，只顾眼前的得失，要为今后的发展做出长远的考虑。

在做人做事的过程中，有些收获不是能用物质和金钱来衡量的。有些精神上或者经验上的获得对今后的发展与成功也许会有更大的作用。

在物欲横流的现代社会，人们在做事之前考虑自己的得失当然无可厚非，但是作为年轻人的我们绝不能只看到眼前利益，绝不能只算经济账。

随着社会经济的飞速发展以及文化观念的转变，我们有些人变得功利。这样的功利主义在我们今后做人做事的过程中会带来恶劣的影响。

做事只算经济账不是聪明的行为，因为我们的人生还很漫长，今后的发展空间也会很大。如果只算经济账的话会限制我们以后的发展。

凝聚新生力，传递正能量

——大学生自觉树立和践行社会主义核心价值观

作者：叶璟（计算机与信息学院）

导读：大学生群体用自身的行动去践行社会主义核心价值观，那么必定已经凝聚了新生力，必定传递了正能量。一个国家只有凝聚和传递了正能量才能富强、民主、文明、和谐；一个社会只有凝聚和传递了正能量才能自由、平等、公正、法治；一个人只有凝聚和传递了正能量才能不断向前。

有人曾这样评价中国的发展，说中国的建设无疑是一部传奇的科幻片。的确，65 年前的我们“形容枯槁”，65 年后的我们“神采飞扬”。65 年，我国的社会主义建设也逐步走向成熟。当下，践行社会主义核心价值观，是每个中华儿女的责任和义务，和谐繁荣的盛世景象将是我们共同追求的目标。

半亩方塘一鉴开，天光云影共徘徊

大学生自觉树立和践行社会主义核心价值观的首要任务是明确社会主义核心价值观的内容与含义。党的十八大报告提出，要大力加强社会主义核心价值体系建设。社会主义核心价值观，从国家层面倡导富强、民主、文明、和谐；从社会层面倡导自由、平等、公正、法治；从公民层面倡导爱国、敬业、诚信、友善。三个层面形成了一套完整的价值观。这短短的 24 个字，反映了国家目标、社会取向、个人准则，更加体现了中国特色社会主义的本质要求。二十四字方针继承了中华文化优秀的传统，整合了全社会的力量，凝聚了社会共识，是化解社会矛盾的重要思想。

社会主义核心价值体系的建设离不开社会主义核心价值观的践行。对于大学生而言，践行社会主义核心价值观侧重于公民这一层面，即爱国、敬业、诚信、友善。古语有云："积土成山，积水成渊"。社会是由独立的个人组成的，因而整个社会价值观的基础和面貌是由每个人的选择所决定的。大学生作为社会的一员，要直面这一问题，向自己提出问题——要选择怎样的价值观、追求怎样的理想信念、秉承怎样的道德底线？如今思想文化交流频繁，利益诉求分化不断，各种价值观交织冲击，更加上思想的选择性、多变性和差异性的增强，拜金主义、享乐主义等不正之风的滋长，这些都为大学生统一认识、凝聚力量设置了重重阻碍。

问渠那得清如许，为有源头活水来

当代大学生不仅要明确何为社会主义核心价值观，更要知道为何要树立和践行社会主义核心价值观，懂其面，知其源，深入理解其重要的含义。在社会思想多元化的时代背景下，身处种种价值观博弈之中，大学生更需要寻找到自我思想的基本立足点和共同的精神内核，从而找寻和把握正确的方向，促成推动自身发展的强大合力。大学生通过深入挖掘、培养和弘扬自己的核心价值观，将社会主义价值观内化于心，外化于行。这必将能够推进社会主义核心价值观深入校园、深入人心。学生的全面发展将被促进，学生的整体精神面貌将被引领，这些无疑都有着重大的理论意义和实践意义。

青年人的价值取向决定了未来整个社会的价值取向，当代大学生是践行社会主义核心价值观的新生力量，也是传播正能量的主力军，担负起了承上启下的历史责任。当代大学生群体在北京奥运、汶川地震以及一系列的重大突发事件中都有着良好的表现，可见大学生的思想主流是好的。然而，我们也要看到当前道德失范与迷茫的问题。比如在道德观念形成的阶段，对是非的分辨与价值的判断，容易受到趋利享乐、崇尚个人等消极负面情绪的影响。当代大学生，应当是有理想、有梦想、可塑性强的大学生，对自觉树立和践行社会主义核心价值观，有着充分的信心与坚定的信念。在未来，大学生群体也必将成为社会主义核心价值观的践行者和引领者，以榜样的力量去影响更多的人。

纸上得来终觉浅，绝知此事要躬行

当代大学生要把口号转换成为实际的行动，用事实说话。不让别人认为当代的大学生是语言上的巨人，行动上的矮子。

爱国。自古便有"苟利国家，不求富贵"的赤诚之心，"捐躯赴国难，视死忽如归”的一腔热血，更有“为有牺牲多壮志，敢教日月换新天”的满腔豪情，这些无不激励着青年们热爱祖国，时刻准备着为共产主义事业奋斗终生。当代大学生应当把伟大的爱国精神落实到为实现中华民族伟大复兴、实现“中国梦”的实践中去，立志为中华之崛起而读书，勤奋工作；落实到热爱家乡，热爱父母、亲人、老师、同学中去；落实到热爱身边的一草一木中去。

敬业。做好自己的本职工作。对当代大学生来说，本职工作就是学习。这种学习不仅仅是局限于课本中的内容，更有课外的延伸与拓展，动手实践能力的锻炼，创新思维的培养。崇尚快乐学习，健康成长，全面发展。将自己的个人理想与国家的伟大复兴紧紧地联系在一起，在努力实现个人理想的同时，为伟大的“中国梦”奉献自己的绵薄之力。

诚信。关于诚信的故事更是不绝于耳。重点不是听了多少的故事，懂得多少的道理，重点是如何身体力行，用自己的人格去检验这一道德准则，讲诚信就要做到不自欺、不欺人。诚信学习，课堂上认真听讲，课后及时复习，正确对待考试，只有这样才能真实地反映出自己的实际水平，发现自己的不足；诚信交往，不互相欺骗，待人诚恳，除了学会必备的专业知识，还要学会为人处事，让诚信成为建立良好人际关系的助手。前些年，华东地区某高校曾经提出“双零”计划，即“还贷零违约”“考试零作弊”，以此来加强对于学生的诚信教育。

友善。鲁迅曾经说过“友谊是两颗心真诚相待，而不是一颗心对另一颗心的敲打”。友善，意味着关爱他人，不苛求于人，不强加于人，它体现了人的胸怀宽广，精神境界的纯净高尚。友善还是爱心的外化，一个充满爱的世界才是一个美好的世界。“人而好善，福虽未至，祸其远矣。”这就是人际交往成功的秘诀，也是社会生活的辩证法。

路漫漫其修远兮，吾将上下而求索。我相信，如果能够做到以上这几点，用自身的行动去践行社会主义核心价值观，那么大学生群体必定已经凝聚了新生力，必定传递了正能量。一个国家只有凝聚和传递了正能量才能富强、民主、文明、和谐；一个社会只有凝聚和传递了正能量才能自由、平等、公正、法治；一个人只有凝聚和传递了正能量才能不断向前。

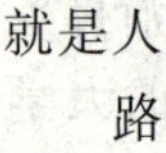

大学生是未来社会的中坚力量，必须带头践行社会主义核心价值观。大学生要理解和践行社会主义核心价值观，就必须理解其内涵、意义以及实现的方法。

践行社会主义核心价值观不是空谈，要用自身行动去实现。每个人都努力做到爱国、敬业、诚信、友善。

践行社会主义核心价值观是一个漫长的、需要坚持的过程，在这个过程中，学生需要不断提醒自己，严格要求自己，需要学生的自我约束精神。

文中提到的践行社会主义核心价值观的方法很全面，也很现实，只要学生按照文章中的方法去做，一定能够提升自我，实现人生价值。

社会主义核心价值观不仅有利于社会，更有利于大学生自身发展。大学生不管是在学校里，还是未来走向社会的过程中，社会主义核心价值观的内容都是对学生有利的，也是学生必须遵守与努力的方向。

大学生努力践行社会主义核心价值观，社会就会有正能量、呈现新面貌，整个国家就会有新气象，所以每个大学生都应当以高度的社会责任感来要求自己，努力践行社会主义核心价值观。

捧出一颗心，建起一座桥

——辅导员的 bridge

作者：任颖（数学学院）

导读：辅导员要做一座桥，桥是要被大家踩在脚下的，是去承载学生与学生之间、学生与老师之间、学生与家长之间、学生与个人未来发展之间的沟通与联系，是在学生迷茫、困惑、无助时给予引导的启发者。

桥，承载的代名词，
它承载着两岸的讯息；
桥，指引的标识牌，
它指引着前行的方向。

闲来翻看最近的短信，大致可以分为三类——

第一类　第一届学生报喜的短信

“老师，我被保送到中科大了。”“任导，作为国防生，我可以去国防科技大学继续读书了。”“任导，我被中国青年志愿者第十六届研究生支教团录取了。”

这些信息都是来自 2010 级的学生，走过青涩的大一，忙碌的大二，奋斗的大三，现在他们已经面临毕业的选择。

第二类　第二届学生关于社团工作的短信

“辅导员，关于 2013 年迎新晚会还有一些问题。请问您什么时候有时间？我想找您聊聊。”“任导，安徽省图书馆要招募义工。您看安排到什么时间合适？”“老师，关于学生干部的定位，我还存在一些疑惑，您可以帮忙解答么？”

这些信息是来自2012级的学生，他们刚刚从社团的“干事”转变为“干部”，对于个人社团发展与角色定位存在着许多困惑。

第三类　第三届学生适应性的短信

“辅导员，入学以来我一直心存一个问题。本来中国人的方式是恨之深爱之切，就像我们批评自己的学校却是为了它好。但是有人会说，说自己的学校不好就是侮辱自己。我很矛盾究竟该选哪一种？”“老师，大学学习的方法和高中相比，究竟有哪些不同？”

这些是来自2013级学生，他们刚刚步入大学，对大学充满向往、好奇与彷徨。

作为学生辅导员，自己一直在想我究竟能带给我的孩子们哪些辅导？辅导员究竟应该扮演什么样的角色？带着疑问，我已经工作了三年多，也思考了三年多。反复阅读、归类、分析自己这三届不同年级学生的短信，我想我的思考或许有了答案。

辅导员要做一座桥，它并不是区别于其他专业课教师，只是负责日常事务管理；也不是处于自己所带年级的权利中心，更不是学校各个部门的专职传话员。桥是要被大家踩在脚下的，是去承载学生与学生之间、学生与老师之间、学生与家长之间、学生与个人未来发展之间的沟通与联系，是在学生迷茫、困惑、无助时给予引导的启发者。

究竟应该怎样做好一座桥呢？怎样扮演好bridge的角色呢？

其实，Bridge＝Believe＋Responsible＋Innovate＋Democracy＋Give＋Enthusiasm。

Bridge代表的是心——

一颗信任与被信任的心。辅导员拥有一颗信任与被信任的心，就能够成为学生们信赖的、可以敞开心扉的朋友。

一颗拥有负责任的心。辅导员拥有一颗负责任的心，就能够时刻为自己的学生承担起属于自己的担当。

一颗创新意识的心。辅导员拥有一颗创新的心，就能够在日常的学生工作中做出一些符合学生特点、适合学生发展特点的改变与思考。

一颗公正民主的心。辅导员拥有一颗公正民主的心，在日常工作中做一杆公平正义的秤，就能更好地做好服务育人、资助育人的工作。

一颗付出意识的心。辅导员拥有一颗付出的心，便能够拥有春的芬芳，夏的绚烂，秋的收获，冬的静美。

一颗热情服务的心。辅导员拥有一颗热情服务的心，就会让自己的誓言在工作中永不褪色，永不懈怠。

只有拥有这样一颗红通通、沉甸甸、热乎乎的心的辅导员，才能在日常管理、思想政治教育等工作中扮演好桥梁作用。

一路走来，希望自己可以成为一座坚实的桥，一座通向学生内心的桥。

辅导员希望自己成为一座桥，默默为学生奉献，我看了非常感动。辅导员对学生的付出是不求回报的，相信学生一定能感受得到。

辅导员对学生的各个方面都尽心尽责，尽自己最大的努力帮助学生。社会需要这样无私奉献、对他人和自己高度负责的人。

文章中对 Bridge 的解读让人感动，也发人深省。希望自己以后成为这样的 Bridge，能够为别人贡献自己的力量。

辅导员是学生与学生之间、学生与老师之间、学生与家长之间的纽带，要在学生迷茫时给予及时的帮助。

辅导员对工作尽心尽责，对学生关心爱护，默默奉献着自己的青春与力量，为辅导员这种奉献精神鼓掌。

文章让我想起了，只要有学生在的地方就有辅导员的身影，他们为学生的各种大事小事奔波劳累，但他们任劳任怨，只是为了学生的健康发展，学生从心底感谢他们。

青春·色彩

作者：范鹏飞（仪器科学与光电工程学院）

导读：作为一名当代大学生，我们要在党的领导下，努力让青春充满色彩，时刻以此为标准来规范自己的思想和行为。从自己做起，从小事做起，用行动改变现阶段一些不良的现象，用双手筑造一个更加和谐美好的世界。让我们的青春书写红色篇爱国、橙色篇敬业、白色篇诚信、绿色篇友善。

青春，是一个美丽梦幻的字眼，因为它意味着充沛的精力、强壮的体力、自由的思维与极大的可塑性。作为大学生的我们，正处于这个指点江山、激扬文字的青春阶段。我们努力，因为有太多不曾接触的东西；我们哭了又笑，因为没有失败哪能成功；我们坚持不懈，因为期待着更美好的未来。但我们也会迷茫，也会彷徨，也会因为一些现象而感到无比困惑。作为一名当代大学生，我们要在党的领导下，努力让青春充满色彩，时刻以此为标准来规范自己的思想行为。从自己做起，从小事做起，用行动改变现阶段一些不良的现象，用双手筑造一个更加和谐美好的世界。

红色篇：爱国

爱国，不是一个遥远的名词，不是一个无所谓的概念，更不是一个假大空的口号，而是真正要用自己的行为去捍卫国家的尊严，维护国家的利益，爱惜国家的资源，拥护国家的政策，服从国家的管理。

奥运健儿奋战于赛场，为国家夺得一块块奖牌，是爱国；外交官们激辩于国际舞台，力争保护国家利益不受丝毫侵犯，是爱国；科学家们孜孜不倦，力图突破技术瓶颈，实现国家技术自主化，是爱国……可见，爱国的表现总是与个人价值的实现紧密联系在一起。只有把爱国作为一种精神支撑，内化于心，才能突破自我，拥有前进的无限动力。

因此，作为一名大学生，我们要拥有红色的青春，从一言一行中彰显中国人的文明素质。我认识一位来自肯尼亚的留学生，她说："在中国，无论我到哪里，总有很多人盯着我看，觉得我是黑人，我的家乡比较穷。但是在别的国家，那里的人就不会这样歧视黑人。"姑且不管她讲的话是对是错，但这确实反映出我们要注意自己的言行举止，提高自身的文明程度，以足够的国家自信、民族自信的姿态去面对外国友人，这就是爱国的一种方式。

橙色篇：敬业

敬业，顾名思义，专心致志于学业或工作。为官者，心系百姓，不贪不贿，不结党营私，此为敬业；从医者，救死扶伤，不乱开药，不急功近利，此为敬业；经商者，安全生产，不欺不诈，严把质量关，此为敬业……只有各行各业的人都做到敬业，社会才能高速运转，我们才能拥有一个公正法治、自由平等的社会。

作为一名大学生，所谓敬业就是专注于学业，认真学习科学文化知识，将来成为社会建设的栋梁之材。纵观古今中外成功人士，无一不是因为敬业终能成功的。所以，我们要拥有一个橙色的青春，抓紧时间，给大脑充电。做到不懂就问，不仅知其然，更要知其所以然。还要学以致用，把自己的知识转化为生产力！无论遇到多么烦琐的问题，都要认真面对，在学习中磨炼自己的性格，培养自己的忍耐性与坚韧不拔的意志。确实，当今社会诱惑很多，选择很多，但无论你怎样选择，不要忘记自己是个学生！做好本分工作，就是敬业的体现。

白色篇：诚信

诚信，近年来日益被看重。不知看过多少篇报道，讲述年轻人因为各种各样的不诚信记录被公司拒绝。诚，即诚实。一直觉得诚实是一个很高标准的道德规范。诚实的态度要求我们接受不完美的现实，不完美的自己，并要求我们有足够的勇气向别人低头承认自己的疏忽或失误，并承担一切后果。一定意义上，诚实要求我们剥掉自己的虚荣心，面对而不是逃避一些不想直面的现象。但诚实的人一定活得最轻松也最踏实。信，即守信。君子一言，驷马难追。说过的话、许下的承诺、制定的约定，一定要遵守，否则你就会失去说服力与公信力。守信用，是一种对自己和他人负责的态度。而失信于人，不仅损害了你的利益，还可能给对方带来毁灭性的灾难，甚至会导致信任危机。

诚信，不论在国际事务中还是在日常生活中都是很重要的。从国际争端来看，近年来，中国与日本就钓鱼岛一事，冲突不断。究其本源，还是日本政府没能做到诚实地面对历史。此外，它至今不愿面对当初在南京犯下的恶行，私自篡改历史。种种不诚信的行为，引起了许多国家的不满。而在日常生活中，诚信也是很重要的，特别是在食品生产行业中，例如，在乳制品行业中，由于厂家的不诚信行为，出现了众多大头娃娃、结石宝宝，给多少家庭带来了痛苦啊！同时，也导致了消费者对国内乳制品行业的不信任，纷纷转购进口奶粉，这于国于民都是一个重大的损失。只有做到诚信，才能利人利己，人民的生活才能安定有序。

作为一名大学生，我们也要着重从一点一滴的小事中培养诚信品格。平时，作业独立完成，做到不抄袭，考试时不作弊、不与他人交头接耳。在人际交往中，答应别人的事一定要做到，争取拥有一个纯白的青春。

绿色篇：友善

朋友之间亲近和睦即为友善。我觉得这里的朋友可以放大来看，万事万物都可以看作是我们的朋友。友善的表现形式有很多：初次见面的一声问候，好友之间的一个拥抱，扶起雨中的小树苗，收养流浪的小动物等等，即所有充满善心与爱意的行为都是友善的。

作为一名大学生，我们要以友善的态度来对待他人，拥抱世界。让自己拥有一个绿色的青春。有句话说得好，聪明是一种本能，而善良却是一种选择。作为当代大学生，我们不仅应该努力学习，还要积极融入社会，向社会传递我们的友善之心！平日里，一些不用的衣物、文具都可以捐给那些山区的孩子；关爱儿童的义卖活动中，可以挑选自己需要的东西，尽自己绵薄之力去帮助那些自闭症的孩子们；寒暑假期间，可以参加义务支教活动，用自己的知识去点亮孩子们的未来……

四种颜色交相辉映，青春才能无限精彩，只有把这四种色彩都收藏在青春的画板里，我们才能成长为一名合格的社会主义青年。习近平总书记指出，要使社会主义核心价值观的影响像空气一样无所不在。而作为一名大学生，要时刻起到先锋模范作用，自觉主动地践行社会主义核心价值观。我们不仅要出色地完成自己的学业，更要以一颗博爱之心去帮助身边那些需要帮助的人，让更多的人感受到党的温暖和社会主义的优越性，去影响和带动更多的人为社会主义事业奋斗，争取早日实现中华民族伟大复兴的中国梦。

作为当代的一名大学生，我深刻地体会着青春的无限精彩。青春会因爱国、敬业、诚信、友善这些优秀的品质而更有价值，我希望以后能做好这些方面。

我们应当努力让青春充满色彩，时刻规范自己的思想行为，去影响和带动更多的人为社会主义事业奋斗。这些并不是停留在嘴上，时常地反思自己是避免自己走歪路的有效方法。

社会主义核心价值观与我们的青春梦想相互交融，指引我们成为更出色的人。社会主义核心价值观也会因我们的践行而更加富有活力。

每一种优秀的品质都有它的色彩，我们的人生也会因为这些色彩而更美好。这些好的品质也会让我们成长为社会主义的合格青年，并且在以后的人生中让我们受益无穷。

红色是爱国，橙色是敬业，白色是诚信，绿色是友善，这样的形容很贴切，也很容易让人理解和接受，我对于这些方面的理解也正如我对这些色彩的情感一样鲜明。

青春因有色彩而斑斓，我们应当践行社会主义核心价值观，时刻起到先锋模范作用，让我们的青春更加精彩纷呈！也让我们的人生更加厚重。

重拾丢失的信仰

作者：闫志伟（数学学院）

导读：大学四年后的困惑干扰了四年前的每一个人，不坚定的信仰在时间流淌中渐渐磨损，有的人已经消失了。树立一个健康的个人发展观，寻找一个明确的目标，为之奋斗，不要半途而废，不要退缩，目标可以给你带来自信、带来生活的信仰。

近来与学生约谈，专门和那些在成绩上仿佛被遗弃的同学们谈话，找找问题的所在，找找改变现状的切入点。然而，令我不解的是，这些同学没有像大家所说的那样，被标签为逆反、厌学、消沉、颓废，而是在一些抖动的立场中找不到属于自己的一席之地。之所以抖动、不坚定是因为缺乏足够的信仰。

当被他们问道：辅导员，我们每一天上这些课有什么用？辅导员，那你工作了，曾经学过的那些专业的知识使用价值有多少？我知道学习或许可以改变自己的命运，可是眼下疲惫地上学，而未来却深不见底？奋斗最后，却也会背负工作、生活多样压力不堪承受……竟没想到，他们是这般扎扎实实地、立体地、真实地表达自己的感受。

谈话之余，我在想曾经坚定地给自己一个信仰是多么重要。每天在网络上通过对视频解读、剧情分析传播那么多人的故事，让身处人生观、价值观形成期的大学生迷茫了。网络上每一天发生的故事都在挑战着我们的原始信仰：某贪官在法庭判刑后那不知反悔却稍显诡异的笑容，网络大V道貌岸然的高尚伪装下的奢靡之风，学生寝室凋零理想尽谈游戏的萧条画面，那些夭折在现实压力里所谓的因为爱情的情节；本来令人感动的事情，却被讽刺为伪善；本来公平的竞争，却被标签为黑幕；本来纯艺术的表演，却被炒作成闹剧……

怎样才能从这纷繁的杂草中挣脱出来而不至于陷入人生的泥沼地？于是，我和他们说：给自己一个正确的原则线，为之坚持，为之奋斗。

当初选择上大学，很多人是在为完成自己理想而走的这一个必需的步骤，想想在高三那年为何那般努力，夜以继日地苦读奋斗，原因是有目标、有理想，换句话讲，这叫信仰。甚至那时候不会去想大学究竟是什么，那就是一个一个似乎总会有结果的地方。而如今，很多人选择愤怒地毕业，横亘在眼前的是很多现实的压力，事业、家庭、健康、亲情、友情、爱情，或美好或不美好。四年后的困惑干扰了四年前的每一个人，不坚定的信仰在时间流淌中渐渐磨损，有的人已经消失了。树立一个健康的个人发展观，寻找一个明确的目标，为之奋斗，不要半途而废，不要退缩，目标可以给你带来自信、带来生活的信仰。有时候积累许久只为女友准备一份精致的礼物，是信仰；有时候处心积虑寻找好工作，是信仰；有时候照顾生病的亲友不抛弃不放弃，是信仰……可是我们总是在追逐信仰的时候，被一些理由干扰。

成功的案例越多也就给这些效仿成功的人越多的选择。逃课的同学可曾想过当初的愿望实现了吗？逃课理由是每一个人都在问课上无法学习到想要的东西，用一个看似合理的理由给自己不合理地信仰寻找借口；苛求入党的同学，为了这个最终的称号不合理地约束自己，而不是那时候简单地为人民服务；挂科的同学不是反思自我的问题，总是质疑教育体制；更可气的，作弊的同学，不坚守原则却要求他人原谅；以前迟到会脸红觉得错了，考试不及格排名靠后很担心，而如今成绩已经不是他们的信仰，当你用成绩去约束他的时候，似乎是那么的不堪一击："你挂科了。""挂就挂了重修不就好了，要是再挂了，到时候再说。""你这样不行的，这是我的事不用你管。"如此心寒的对白。

站在阴霾里看着另一片阴霾却从不去寻找阳光的所在，用1％的理由为99％的事实做不合理的辩护，那么，我们怎么去用正常的规律来约束这些不合理的信仰呢？

每一天，你都必须问问自己做这件事情的目标是什么，清晰地去做每一个决定。或许你还在为自己的信仰找理由，不妨坚持一下，而这份坚持本身就是你该有的生活，或许有时候它没有结果预想的美好。但请记着，没有目标，就像是没有了触角的蚂蚁，丢掉的不是寻找食物的能力，甚至连想去寻找的方向都没有。

人生不能缺乏信仰，它可以在你困顿的时候支撑你走下去。每天要多问问自己：我的信仰是什么？如果能回答明确的信仰，并坚持下去，那么你是强大的，困难击不倒你。但如果你回答不上来或者每次都不一样，那么这很危险，在一些情况下，你会迷失，做出一些不正确的决定。

没有目标，就像是没有了触角的蚂蚁，丢掉的不是寻找食物的能力，甚至连想去寻找的方向都没有，所以必须为自己找回这个目标，并坚持下去，这就叫信仰，它会给你力量。

在阴霾里看着另一片阴霾却从不去寻找阳光的所在，用1%的理由为99%的事实做不合理的辩护，这种做法我们要坚决杜绝。阳光总是存在的，而事实就是事实，它们总是存在，只等智慧的眼睛去发现。

树立一个健康的个人发展观，寻找一个明确的目标，为之奋斗，不要半途而废，不要退缩，目标可以给你带来自信、带来生活的信仰，而这样的信仰又反过来会为你提供强大的能量。

怎样才能从这纷繁的杂草中挣脱出来不至于陷入人生的泥沼地？给自己一个正确的原则线，为之坚持，为之奋斗，沿着这条线走下去，成功和幸福一定会在沿途。

当初选择上大学，很多人是在为完成自己理想而走的这一个必需的步骤，想想在高三那年为何那般努力，原因是有目标、有理想，换句话讲，这叫信仰。可见信仰有多么重要。

关于自由

作者：邵力松（生物与食品工程学院）

导读：在学校里，学生不仅受到法律的约束，还会受到校规校纪等相关规定的约束，而除了这些外在的约束，学生还需要来自内在的约束，这就是自我约束。没有约束人就不可能在正道上前进。这样看来，约束无处不在，但约束在一定程度上并非是一件坏事。

寒窗苦读十余年，很多学生最希望得到的除了理想大学的录取通知书之外，估计就是“自由”这个东西了吧。

很多高中生进入大学校门变成大学生以后将自己多年来挤压的怨念和不满发泄了出来：跷课，疯狂熬夜打游戏，拼命看电视剧、看电影，还没放假就盘算着去哪旅游等。恨不得把过去十多年没有办法享受的“福”给全部补回来。

当跷课被老师点到，通宵打游戏被老师查到，想做一些事情被老师阻止以后心中充满了抗议：“我有自由!”“我都是大学生了，我应该有权利做自己想做的事情!”“都大学了，为什么老师还要管我们?!”归根结底，学生想得到“自由”，需要我们承认他们有“自由”，反对我们去剥夺他们的“自由”。其实他们关于“自由”权利的争取不是自大学才开始，而是从来就不是没有过，很简单的例子，青春期的叛逆行为，其实就是一种追求“自由”权利心理的外在表现形式。为什么在大学会如此强烈？因为为了让自己的孩子考上大学，家长和老师放言说上了大学就不管他们了，老师也不会管他们了，所以学生们从小就渴望得到大学里面才有的“自由”。但事实并不是这样。

我认为我校在学生管理方面还算是比较严格的，大一学生强制每天早晨7点早操，晚上7点强制固定教室晚自习，并且学工部和辅导员还会去查人数或者点名。所以，很多学生就想不通了：充满自由的大学里为什么我们还要被这样一些条条框框所束缚？我很难去评判这样一个做法是好是不好，因为公说公有理婆说婆有理。说好，可以，因为学校为了养成学生每天晚上及时复习和预习功课的好习惯；说不好，也行，因为不少学生反映教室太挤，喜欢图书馆的环境，在图书馆里面能学到更多。这样一来就成了一个非常尴尬的情况。

我是这么去看待这件事情的。有些同学认为上了大学就“自由”了，这是很天真的。人一生的任何阶段都不可能存在绝对的自由，我们只能拥有相对的自由，因为一句话不要忘了：“无规矩，不成方圆”。无论是在学校，还是在社会上，我们都会受到法律的约束，没有约束就不会形成文明的社会，所以我们没有绝对的自由。而在学校里，学生不仅受到法律的约束，还会受到校规校纪等相关规定的约束，而除了这些外在的约束，学生还需要来自内在的约束，这就是自我约束。有了自我约束，才能在该完成功课时完成功课，在该上课时不去打游戏而是去上课，在该休息时不会继续拖拉而去睡觉，没有约束人就不可能在正道上前进。这样看来，约束无处不在，但约束在一定程度上并非是一件坏事。话说回来，如果学生将现在的“自由”跟高中的“自由”比一下，是不是会感觉现在确实“自由”多了呢？这样想一想的话，我认为会在很大程度上消除学生的逆反情绪。

最近一直在看资深媒体人和传播专家罗振宇先生一个叫《逻辑思维》的节目，并且他每天早晨都会通过微信向关注者发送一段时间严格控制在60秒的语音，前两天听到一个比较好玩却又发人深思的段子。大致情况是上一期节目主题是“爱为何变成伤害”，在节目最后罗振宇先生呼吁广大父母不要用爱来绑架孩子，去干涉子女的婚姻。两天后有位阿姨在他的微博私信发问：“凭什么不能干涉子女的婚姻？现在父母在跟自己孩子之间的关系中是董事长啊，找老公找得不好的后果需要父母来承担啊，没房子我们要提供住宿，没钱我们要给，生个孩子我们还要带，所有后果都是我们来承担，为什么不能说点什么？”罗振宇先生感觉还是有点道理的，就回了：“您就不能试试狠下心来撒手不管吗？让她自己去承担后果。”不料那位阿姨回复：“切，说得轻巧，中国又不是外国，现在还有哪个孩子结婚不用父母钱的？”罗振宇先生没词了，于是乎得到一个结论：自由这个东西说到底不是长期抗争得来的，而是对自己负起责任之后自然产生的结果啊！

所以我想说，为了让自己更加“自由”，先让自己拥有可以对自己负责任的能力再说吧！

与诸位共勉！

文中对大学中“自由”的理解角度独特，发人深省。崇尚自由的前提条件是要做到对自己负责，一切自由都是建立在制度的基础上。

作为一名大学生，应当有自律精神，遵守校纪校规。大学不等于放纵，要正确区分“自由”与“放纵”的差别，作为一名学生，主要任务依旧是学习。

大学生应当为社会起到模范带头作用，带头遵守各种规章制度，现阶段最实际的就是遵守校纪校规。

“无规矩，不成方圆”，而在学校里，学生就会受到校规校纪等相关规定的约束。而除了这些外在的约束，学生还需要自我约束。

在大学要锻炼自己提前适应社会，过度自由不会被社会接受。社会不需要自由散漫、毫无规矩的人。

学校对我们学生的严格管理，正是出于对学生高度负责的出发点，这是对学生爱的一种表现形式。

梦想与现实之间

作者：牛姗姗（管理学院）

导读：平衡轮是一个平分为八个等份的圆，不同的八个等份代表着八个不同的内容。它就像是一架照相机，它可以拍摄在某一个时刻梦想实现的各个重要因素的真实状态，进一步把梦想细化并能激发行动。平衡轮搭建起了梦想与现实之间践行的桥梁，有了行动，梦想就会持久，也终会实现。

十八大以后，“中国梦”成了全国乃至全球的热门词汇。关于梦想，举国上下都在热烈讨论，莘莘学子更是激情满怀。然而，讲到梦想就不得不提现实。在我们的第一感觉里，梦想与现实之间似乎无法逾越，“梦想很美好，现实很残酷”是时常听到的感慨。

静下心来回忆过往，我们或多或少都有这样的体会：谈论梦想时，我们雄心壮志；回归生活后，可能依然混沌如初。梦想的激情并不能引领我们持续前行。面对梦想，站在现实中的我们往往高估了想象中的困难，低估了自己克服困难的能力。我们可以通过一个小小的游戏亲身体验想象与现实力量孰重孰轻。大家可以猜测一下一分钟你能击掌的次数。在我的课堂上，很多同学做过这个游戏，最大胆的猜测是270次，然而大多数同学实际上可以击掌300次左右，最高的纪录甚至达到421次。这个游戏虽然简单，但却揭示了一个深刻的道理：现实的努力远比凭空的想象更有力量。只要有行动，梦想并不是遥不可及的，站在现实中遥望梦想的我们也只有及时采取行动才能让梦想的激情得以延续。

梦想之所以很难照进现实，不是因为梦想太美好，也不是因为现实太残酷，而是现实通向梦想的有效路径不明晰。那么，我们该何去何从呢？在这和大家分享一个有用的工具——平衡轮，它可以帮助我们发现接近梦想的路径和资源，并激发我们采取行动。

平衡轮是一个平分为八个等份的圆，不同的八个等份代表着八个不同的内容。平衡轮的第一步就是要明确梦想成真的八大要素，并画出梦想平衡轮圈。要素的确定最好是头脑风暴后集体投票，也可以参考相关经验由个人确定。在我的小班辅导课上，同学们经过集体投票选出了梦想成真的八大要素——毅力、专业知识与技能、健康、机遇、人脉、自信、明确的目标、情商，仅供大家参考。平衡轮圈完成后，紧接着就要根据个人目前的情况依次给每个要素打分，每个要素的分值区间为1～10分，10分表示该要素完全符合实现梦想的要求，1分表示符合程度最差。其实，每个人给这八个因素的打分都不会一样，建议大家互相讨论，互相启发。而且，同样的内容随着时间的变化分值也会发生变化，建议大家隔一段时间再做，效果会更好。平衡轮的最后一步就是要观察自己的平衡轮圈并认真回答下面的问题：在平衡轮圈中你注意到了什么？你想马上处理哪个领域？有了什么改变，某个要素会变成满分？你的行动计划是什么？你会什么时候开始行动？你行动计划的第一步是什么？如何知道你已经做了这些行动？这一系列问题的回答可以带领我们探寻出一条实现梦想的有效路径。

梦想的实现需要很多重要因素的支撑，这就好比自行车轮要想转动，需要一根根辐条的支撑一样；而要想让自行车轮转得快，需要一根根辐条的长短一致，强度一致，同样的道理，要想实现梦想，也需要每个重要因素平衡发展。平衡轮就像是一架照相机，它可以拍摄在某一个时刻梦想实现的各个重要因素的真实状态，进一步把梦想细化并能激发行动。平衡轮搭建起了梦想与现实之间践行的桥梁，有了行动，梦想就会持久，也终会实现。

只是有了梦想还不够，我们必须要付出努力，这样才能实现我们的梦想。做人一定要有梦想，万一实现了呢！

合肥工业大学为万千学子实现自己的人生理想搭建了平台，是我们放飞梦的地方。在我们遇到挫折时一定不能自暴自弃，要相信：失败是成功之母。

“今天很残酷，明天也很残酷，但后天会很美好，大多数人死在明天晚上”，在追求梦想的道路上最重要的就是坚持。

人生的机遇可能就那么几次，机会来的时候我们要牢牢把握住，当然前期我们要做好充分的准备。这个准备就要求我们认真学习，努力提升自己的专业素养。

平衡轮是一个很有用的工具，它可以帮助我们发现接近梦想的路径和资源，并激发我们采取行动。

平衡轮简单易用，一个平分为八个等份的圆，不同的八个等份代表着八个不同的内容。每个方面讲解都很周到。

平衡轮的第一步就是要明确梦想成真的八大要素，并画出梦想平衡轮圈。要素的确定最好是头脑风暴后集体投票，也可以参考相关经验由个人确定。

平衡轮的每个要素的分值区间为1～10分，区分很明显，衡量起来也比较容易。

品读《大学》

作者：程惠敏（材料科学与工程学院）

导读：《大学》告诉我们治国平天下的雄才大略从自身修养中来，从自己的妙明本心中来，而人心惟危，道心惟危。人心是充满机诈的成分在里面的，要想自己内在的德能完全能展现出来，就需要我们遵从《大学》里面的八条目来严格地进行自我道德的修正，来改善自己与他人的关系，以仁爱心处人，以严厉心处己，来达到真正的明心见性。

对于儒家学说，我可能在比较小的时候就开始有所接触了，我接触最早的就是《弟子规》与《三字经》这样的启蒙读物。当时的我不知读《弟子规》与《三字经》有什么意义，只不过是为了应付家长与老师所布置的任务，而胡乱哼哼了几句“弟子规，圣人训。首孝悌，次谨信……”。到了高中，我们则有幸学习一大本的《论语（选读）》，但那也只不过为了应付考试罢了，并非出于自己内心的真正需求去学习。

而让我下定决心开始对儒家思想进行真正了解的，就是我进入大学对于西方哲学产生较大兴趣之后的那一段时间里。关于柏拉图到康德再到尼采的书籍我经常会去图书馆借阅，于是乎我渐渐的对于他们有了一个大概的认识。可以说进入大学以来，西方哲学对我的思想有很大的影响，尤其是逻辑思辨能力有了较大的提升。但是慢慢地由我自己的切身经历，我感觉到了西方哲学似乎不能够在完善自我价值的道路上给我较大的帮助。

西方哲学从柏拉图起就已经开始进行形而上学的探讨。而柏拉图的观点学说（柏拉图主义）中的核心就是“理念论”。他认为“理念”是某事物之为它的自身规定，在现象界不存在真实的理念，而“理念”的根本是普遍者。他将“理念”与“现象”分开，揭开了西方哲学长达两千多年的形而上学的序幕，至今方兴未艾。那么在近代，唯理论与经验论哲学的出现对形而上学问题进行了不同角度的思考，直到休谟提出他的质疑之后，让西方思想界陷入危机之中。正是为了解决这个危机，康德苦思十年完成其不朽的著作三大批判，开创了德国古典哲学的新时代并由黑格尔将其发展至登峰造极的境界。可以说西方哲学发展到黑格尔已经变成完全僵死的范式。理性达到极致那么它也必然会带来种种的问题而走向衰亡。几年之后，尼采的一句“上帝死了”不仅宣告了人们内心对于上帝这一种柏拉图主义的变异体的信仰已经荡然无存，也宣告西方哲学也已经灭亡了。既然西方哲学对于人类的意义与贡献已经很微小了，那么我们人类该何去何从呢？回想当初刚进大学的我对于事物的看法是简单的、纯粹的，但是我的脚步确是那么的坚毅，对人对事的态度却是那么的乐观。而现如今我的思想得到了一个所谓的提升，我也变所谓的成熟了，但是回想进入大学的所有种种，我应对我的感情、工作、学习乃至于日常生活中的任何一件小事真的凭着那种轻松愉悦的状态去应对的吗？我在每做一件事时真的是那么坚毅果敢，那么从容淡定吗？我真的不会感觉到压抑与痛苦吗？与其说我的思维得到了提升还不如说由于我考虑太多而变得更迷茫了，与其说我是变成熟了，还不如说由于我内心不纯净之后变得更沉重了。迷失的我该如何去寻找那些曾经的记忆与指引我的光芒？

直到一天，我无意间翻开了高中课本，看到久违的《论语》，我又突然想起了另外一本书《大学》。记得高中的时候，语文老师就将《大学》作为学习《论语》的一个拓展知识跟我们做了一个简单的介绍。而我课外也通过各种途径对大学做了进一步的了解。《大学》原是《小戴礼记》里的一篇，是中国古代讨论教育理论的重要著作。经北宋程颢、程颐竭力尊崇，南宋朱熹又做《大学章句》，最终和《中庸》《论语》《孟子》并称“四书”。其中开篇的第一句就直指人心，认为“穷理正心，修己治人”的学问关键在于使自己光明正大的品德得到弘扬，在于让人们革旧图新，在于达到最好的境界。所谓大学之道在明明德，在亲民，在止于至善，即《大学》全篇的三个纲目，而这三个纲目的具体落实又在于格物、致知、诚意、正心、修身、齐家、治国、平天下这八个条目。格物、致知、诚意、正心是修身的基础，而修身又是治人的前提，所以修身是八个条目的中心环节。“自天子以至于庶人，壹是皆以修身为本”。可以说这种修身即个人的道德修养与处理人际关系问题是传统儒家学说的核心，也是区别于西方形而上学最大的一个特征。一个人之所以会痛苦是因为过于关注外界事物而缺少对人本身特别是自我内心的关注。那么转形而上学为切乎人内心实际的人学，也正是西方思想界最大的出路，也是此时的我需要努力的方向。

那么我们究竟该怎样修身呢？《大学》就告诉我们首先要从格物致知开始。诗云："如切如磋，如琢如磨。"如切如磋者，道学也；如琢如磨者，自修也。而这正是需要格物致知的功夫才能达到的。有了格物致知之后我们的行为准则才有一个参照，但这一种格物致知又绝不是西方形而上学那种对外部世界本源本体的无穷尽的探索，而更是在于自己日常生活的实证。有了自己的参照之后我们就要观察到自己真实的想法（乃至于潜意识），放出自己的念头，看清自己的念头。根据自己所参照的标准进行判断，念头是否得当。这就是观照的功夫。而这一种放出自己念头看清自己念头的方法就是《大学》八条目中的诚意。所谓诚意者，毋自欺也。如恶恶臭，如好好色，此之谓自谦。故君子必慎其独也！当然诚意应该是最难把握的一点，也是我最为薄弱的一点。回顾以往，我对自己的念头又有多少了解呢？就算我了解了，我又不遗余力地对其掩饰。自己真实的情感想法不能够得到很好地释放与修正，长期这样自欺欺人下去，那么总会错过很多人和事，让自己的各方面受到挫折，自己的修为得不到很好地提升。曾子曰："十目所视，十手所指，其严乎！"靠外界影响规范来修身是不可靠的，只有在格物致知之后诚其意观照自己内心，方可真正达到正心，乃至于修身。在王阳明所写的《大学古本序》里面有提到"不务于诚意而徒以格物者，谓之支；不事于格物而徒以诚意者，谓之虚；不本于致知而徒以格物诚意者，谓之妄。支与虚与妄，其于至善也远矣。"格物、致知、诚意这三者是一个有机的整体，对正心修身来讲都是缺一不可的。

所以，与其说按照僵死的逻辑方式来进行自己行为生活的指导，还不如运用自己与众多先哲的真实内心感受和切身的实证来指引自己前进的方向。子曰："笃信好学，守死善道。"人的意志力不是来自于其思维的灵敏性，而是来自于其内心的纯真性。人的成就到最后往往不是靠技巧而是靠你做这个事情的纯粹性和意志力来完成的。《大学》告诉我们治国平天下的雄才大略从自身修养中来，从自己的妙明本心中来，而人心惟危，道心惟危。人心是充满机诈的成分在里面的，要想自己内在的德能完全能展现出来，就需要我们遵从《大学》里面的八条目来严格地进行自我道德的修正，来改善自己与他人的关系，以仁爱心处人，以严厉心处己，来达到真正的明心见性。

从修身中求自我价值的完善，这就是我读《大学》之后的感悟，也是我今后孜孜不倦的追求，就如同我对于感情、生活、工作、学习乃至于日常生活中的任何一件小事的态度是一样的。

《大学》告诉我们治国平天下的雄才大略从自身修养中来，因此加强自身的修养是多么的重要，以后不仅要心怀治国平天下的壮志，更要完备自身而后治世。

我们遵从《大学》里面的八条目来严格地进行自我道德的修正，来改善自己与他人的关系，以仁爱心处人，以严厉心处己，来达到真正的明心见性。

在大学里，我们应当好好利用图书馆的资源，多读书，读好书，以前我都不怎么喜欢去读书，觉得浪费时间，现在越来越觉得一个人的内涵是通过读书来累积的。

人的成就到最后往往不是靠技巧而是靠你做这个事情的纯粹性和意志力来完成的。因此，我们要在学习和生活上多多磨炼自己的意志力。

我们不仅要学习专业文化知识，还要多读一些类似于《大学》这样的好书，其实好书还是有很多的，悉心去品读，总能从中得到一些什么，这些领悟的东西，正是他们生命中的精华。

格物、致知、诚意、正心是修身的基础，当代大学生要牢牢抓住这四点以提高自身的修养，古人云“修身、齐家、治国、平天下”，这样的排序是有原因的，所以做好最基础的很重要。

一本书，一个时代

作者：朱玲利（计算机与信息学院）

导读：作为当代大学生，要将知识内化与时代精神紧密结合，将个人的成才梦想融入祖国的复兴之路，读时代之书，品哲人经典，传历史精髓，任重而道远。

古人云：书中自有千钟粟，书中自有黄金屋，书中自有颜如玉。书籍作为人类进步的阶梯，充实心灵的媒介，陶冶情操的良药，提升自我的载体，在大学这个人生观、价值观、世界观形成的最后阶段，发挥着重要的引领与塑造作用。十八大报告中提出：倡导富强、民主、文明、和谐，倡导自由、平等、公正、法治，倡导爱国、敬业、诚信、友善，积极培育社会主义核心价值观。从国家、社会、公民三个层面，提出了反映现阶段全国人民"最大公约数"。作为当代大学生，如何将知识内化与时代精神紧密结合，将个人的成才梦想融入祖国的复兴之路，读时代之书，品哲人经典，传历史精髓，任重而道远。

第一，将爱国教育与素质提升结合起来。积极培育和践行社会主义核心价值观，首先要继承中华民族传统美德，弘扬爱国主义精神。一方面，要充分运用我校"升旗仪式、主题班会、小班辅导"等爱国主义教育平台，从身边做起，从小事做起，不断内化爱国主义意识，培养爱国主义情操，提升自我素质和修养。另一方面，在学习专业理论知识的同时，多读历史之书、人文风俗之书、历史名人之书以及传统文化之书，如《苦难中国》《乡土中国》《道德经》《山海经》等，了解我国的优秀文化传统，增进对历史的内化传承，增强我们的道路自信、理论自信与制度自信。此外，要培养理性爱国的思维，正确看待与认真分析社会各类事件的发生与发展，通过法律程序合理表达各种诉求，坚决抵制各类意识形态入侵。

第二，将敬业奉献与学风建设结合起来。敬业对于大学生而言，就是"矢志不渝，艰苦奋斗，努力学习"，在课程学习上孜孜以求，在课余实践中开拓创新，在科研项目上潜心研究，不断培养自身的创新与实践能力。读大学则要读懂大学之书，熟知大学之道，当你找不到方向时，请看看《读大学，究竟读什么》，当你缺乏自信时，请品品《做最好的自己》，当你想了解未来的职场生涯时，请步入《杜拉拉升职记》。与此同时，在学校大力倡导学风建设的大背景下，认真撰写读书笔记，参与各类读书活动，开展学风建设交流，以良好的学习状态体现当代大学生的敬业精神，坚决抵制作弊、学术不端等扰乱学风建设的行为。

第三，将诚实守信与文明修身结合起来。墨子曰：言不信者，行不果。在诚信普遍缺失的现实社会中，广大同学应将诚信建设放在文明修身建设的首位，积极践行与弘扬学校大力倡导的“五个文明”建设，以相互包容促进文明寝室构建，以尊师重教促进文明教室建设，以汲取知识发扬网络文明，以光盘行动促进文明就餐，以严谨求实共创文明校园。将《三字经》《礼记》《周礼》等精髓要义内化于心，外化于行，宽以待人，诚以取信，以信取胜。

第四，将团结友善与文化繁荣结合起来。团结友善是中华民族的传统美德，古有孔融让梨兄弟间团结友善，现有民族团结典型干部章华生，作为工大的莘莘学子，我们要善于团结同学，谦逊为人，友善做事，读《人性的弱点》，学会与人相处，读《方与圆》，学会灵活处事，读《不抱怨的世界》，学会自我调节心态。以包容的心态看待身边的人和事，以友善和谐态度与人相处，以创建和谐教室、文明寝室促进和谐校园文化建设。

以读书提升人文素养，用知识加强内涵建设，是践行社会主义核心价值观的重要体现之一，多读书，读好书，好读书，读那些有闪光思想和高贵语言的书，读那些经过时代淘汰而巍然独存下来的书，撼动心灵，启迪智慧，拓展视野。

以合理的方法探寻知识。向上之书，开卷有益。大学生活，是一个全新的起点，学习知识是大学生的基本职责，随着大学学习的诸多变化，广大同学能在博览群书的过程中，总结出适合自己的读书方式，好书精读，群书泛读，真正从书籍中获取自己渴望得到的知识，进行深入的学习和研究。与此同时，切实提高读书的效率，取其精华，去其糟粕。从书中找寻与明确目标方向，避免“大一不知道自己不知道，大二知道自己不知道，大三不知道自己知不知道，大四不知道自己知道”的大学生怪圈。

以理性的思考学以致用。思维与能力的培养是高等教育的重要职责，大学生活中，首当其冲是要学会思考，思考学习、思考社会、思考人生，读专业之书、读社会之书、读人生之书，并在反复的冥想和感悟中，加深对于书籍内容的理解。尔后，将读书获取的知识，通过不断地思考和实践，融会贯通，并在专业实习、科技创新、社会实践、志愿服务、科研调研等过程中，不断检验和修正自己的思维方式，促进自身的进步与理想的实现。

以践行的态度追求真知。通过“读书月”、班级读书小组等活动，深切体会到读书育人的重要性，树立正确的价值观，理解国家、社会、个人的共同核心追求。将无知与浅薄、浮躁与肤浅拒之门外，只剩下一颗虔诚与沉寂的心，踏踏实实地做人，扎扎实实地阅读、求知、奋斗。在阅读的过程中不断进步，充实自己的精神世界，丰实自己的底蕴，踏实自己的道路。

读万卷书，行万里路。捧一泓清泉，品时代之书，以知识提升自我，以诗书丰盈气质，积跬步以致千里。

引导当代大学生多读书、读好书是非常有必要的。大学生阅读量较少，不仅影响自身发展，而且在社会中没有起到模范带头作用，更难以在生活中运用到书本上的知识。

文章中提出了许多种引导学生读书、处事的方法，不仅如此，还提出了一系列将读书与提高自身素质相结合的方式，很实用，我以后会将这些方法努力运用到自己的学习生活中去。

读书不仅是为了获得专业知识，还有学会思考方法以及做人的道理。在大学中，我们需要培养思维与能力，读书就是最好的途径，也是最有效的途径。

不仅要读书，更要将书中的知识融入学习、生活中，让书籍教会我们做人、处事的道理，做一个有道德、高素质的大学生。

“读书月”、读书小组等方式很适合当代大学生。大学生喜爱多种形式的活动，通过类型丰富的活动让学生爱上读书，很符合实际，同时也希望大学生们能很好地接收书本上的知识。

养成爱读书的习惯，会让学生受益终身。在书中我们可以学到很多人文、科学方面的知识，这些知识可以帮助我们提升自我修养，也有许多知识能够在以后的生活中运用到。

知行统一，行而知理

作者：王燕（管理学院）

导读：古人云：尽天下之学，无有不行而可以言学者，是故不行之不可以为学，则知不行之不可以为穷理矣。知行统一，行而知理。当中华儿女奋进在实现民族复兴伟大中国梦的道路上时，沿袭千载的传统观念，在当代中国社会的肥沃土壤中依旧生得缤纷绚丽。

知——我们在求索

路漫漫其修远兮，吾将上下而求索。伟大的爱国诗人屈原在汨罗江畔徘徊时，呐喊出了炎黄子孙对幸福蓝图的追求。几千年来，一代代仁人志士为了民族的兴亡、人民的福祉呕心沥血，前赴后继，不懈求索，树立起一个又一个标杆。在新的历史阶段，党的十八大，站在建设社会主义现代化强国的战略高度，高屋建瓴地阐述了社会主义核心价值体系的重要意义与战略要求，用二十四个字——“富强、民主、文明、和谐，自由、平等、公正、法治，爱国、敬业、诚信、友善”，凝练出社会主义核心价值观，其内涵丰富、意蕴深刻。它所具有的时代气息感染着每一颗平凡的心灵，关于幸福，关于理想，不同的群体都在做着别具特色的思索，这颗包裹着浓浓关怀的小珍珠在社会各个领域激起圈圈涟漪，行至远方，终究是要归于和谐，归于安宁。

价值观对于个人、对于社会乃至对于整个中华民族都至关重要。我党所倡导的社会主义核心价值观，其本质是社会主义核心价值体系的精神内核及其遵循的根本原则。社会主义核心价值观的诉求有着强大的现实感召力与现实推动力，就好比追随太阳的向日葵一样，它给社会带来的，更像是单纯的一个通往光明的方向。积极培育、大胆实践，是实现中国梦、传播并巩固社会主义核心价值观的基本路径。可以说，这样一种观念正是现今人们思想行为的最大公约数，我们都是在兼备着这样一个公因子的基础上尽情发展的。学子们虽然身处象牙塔中，但需要从现在开始，引导他们强基固本，提高社会主义核心价值观的修炼，培养出勇于担当、敢于担当的精神，将来无论身在何处，担当何职，都奋勇肩负起弘扬社会主义核心价值观、实现中国梦的重任。

行——我们在路上

“纸上得来终觉浅，绝知此事要躬行。”诗人陆游告诉我们要想认识事物或真理的本质，还必须依靠亲身的实践，加深理解。只有这样，我们才能把书本上的知识变成自己的东西，才能做到学有所用。我们每一个人都渴望社会主义核心价值观的光辉沐浴到自己，但是，社会主义核心价值观不会自然凭空降临，它需要我们每一个社会分子用实实在在的行动去体现。社会主义核心价值观不应成为被束之高阁的虚无教条，而是本着知行统一，行而知理的准则，积极主动地走入普通群众，激发他们内心潜藏的正能量，给良好道德素养的传播开辟一条高速路。

“书到用时方恨少，事非经过不知难。”不经历风雨，怎能见彩虹？“光听不练，假把式”，良好的道德风尚养成于驰而不息的努力之中，社会主义核心价值观只有在被践行的过程中才能真正体现其深刻的价值内涵。对于站在“人类灵魂工程师”顶端的大学老师而言，要学的东西实在太多，而我们知道的东西又太少了。有人说，教给学生一杯水，教师应该有一桶水。这话固然有道理，但一桶水如不添加，也有用尽的时候。“问渠哪得清如许，为有源头活水来”“是固教然后知困，学然后知不足也”。

我们不做语言的巨人、行动的侏儒。我们要做行动的巨人，在点滴中践行社会主义核心价值观，这就需要我们身体力行，行为世范，在日常生活中少一声抱怨、多一些担当，少受一刻悠闲、多尽一份心力，多为富强、民主、文明、和谐而努力，多为自由、平等、公正、法治而献身，多为爱国、敬业、诚信、友善而行动，让学子们从平凡的言行中感悟到社会主义核心价值观的现实力量。

知行合一——我们止于至善

马克思主义哲学告诉我们：真理认知的过程是从认识到实践，再认识再实践，循环往复，以至无穷。社会主义核心价值观是马克思主义价值观在当代中国的客观体现，当代青年大学生是建设社会主义现代化强国的生力军，现在的学子个性鲜明，差异性明显，尚未完善的价值观念更容易受到多元化社会思潮的影响。能否树立一种健康正确的价值观念，对于大学生在今后漫长的人生道路上能否走得顺畅具有决定性的导向作用。作为一名高校辅导员，我时刻要求自己用言行举止为学生做表率，将社会主义核心价值观所倡导的良好道德风尚和它所积存的强大正能量融入到学生的日常教育中。在2013—2014学年中，我组织学院学生以实践为依托，结合不同主题开展了一系列实践型主题班会，在实践中深化学生对社会主义核心价值观的理解，通过激励大家主动融入践行社会主义核心价值观的活动，激发大家独立思考的积极性、能动性，自主收获。以5月份的“中华崛起，我主沉浮——纪念五四运动95周年”系列主题班会为例，为继承和弘扬“爱国、进步、民主、科学”的五四精神，贯彻落实社会主义核心价值观，每个班级都突破了传统的“我说你听”的班会模式，走出教室，步入社会，将价值观所倡导的文明和谐的内容彰显于个人生活、社会发展的过程与细节中。比如，部分班级参观了渡江战役纪念馆后，自觉进行了清扫水池的公益劳动，大家合理分工，齐心协力完成任务，将践行社会主义核心价值观落实在实际行动中，做到“观其言而察其行”。同学们在公益劳动中树立服务理念，勇于承担社会责任，并将其作为自己的人生习惯和人生态度，真正做到了将社会主义核心价值观所倡导的内容落到实处。

“空谈误国，实干兴邦。”实干是最响亮的语言，行动是最有力的证明。丰厚道德的土壤，实现空气的净化，最主要还是要靠每一个人从点滴中大胆地践行。也许我们的声音不够震撼，却也是在浸满了务实思潮后发出的声声呐喊；也许我们的足迹不够深刻，却也是一颗年轻的心曾经勇敢行动的证据。在浩如星海的知识与真理面前，我们本就已然犹如渺小微物。于是我们不禁开始思考，到底这样的渺小在向我们传达怎样神秘的信号。可能问题没有某个确切的答案存在，只是真正好奇并敢于尝试的人们已经不难发现，其实最完美的选择就是抛开无意义的猜测或者犹疑，牵手知与行，常伴真理左右。为实现中国梦而努力践行社会主义核心价值观，所到之处，让梦想之花灿烂绽放。

知行统一，学而为行，行方知理。

我们要时刻谨记“富强、民主、文明、和谐，自由、平等、公正、法治，爱国、敬业、诚信、友善”，这二十四字方针，践行社会主义核心价值观。

“空谈误国，实干兴邦。”实干是最响亮的语言，行动是最有力的证明，我赞同这样的说法，以后也会注意自己在许多方面的行为，要真正做事，而不是靠嘴。

“书到用时方恨少，事非经过不知难。”中间过程往往是苦难，苦难是大多数人不想去面对的，我们都想去省略这一步，但是不经历风雨，又怎能见彩虹。

大学是我们人生观、价值观、世界观形成的重要阶段，我们要牢牢把握这个阶段，培养正确的价值观，而知行合一正是一条很重要的价值理念，是值得我们去坚持的。

青年一代要做到：知行统一，学而为行，行方知理，这些道理是许许多多实践的总结，是我们处世的原则，必须得到坚持，我们必然会在坚持的过程中受益，实现人生的价值。

能否树立一种健康正确的价值观念，对于大学生在今后漫长的人生道路上能否走得顺畅具有决定性的导向作用，从个人的角度，我还未完全树立健康正确的价值观，但是我会为此而努力。

“纸上得来终觉浅，绝知此事要躬行。”诗人陆游告诉我们要想认识事物或事理的本质，还必须依靠亲身的实践，加深理解。

社会主义核心价值观不应成为被束之高阁的虚无教条，而是本着知行统一，行而知理的准则，积极主动地走入普通群众，激发他们内心潜藏的正能量，给良好道德素养的传播开辟一条高速路。

“书到用时方恨少，事非经过不知难。”社会主义核心价值观只有在被践行的过程中才能真正体现其深刻的价值内涵。

我们不做语言的巨人、行动的侏儒。我们要做行动的巨人，在点滴中践行社会主义核心价值观。

青春，迸发无尽力量

作者：范鹏飞（仪器科学与光电工程学院）

导读：作为新时代的青年，我们要积极响应党的号召，解放思想、实事求是、与时俱进、求真务实，以更加奋发有为的精神状态投身到自身学习、学校发展和社会主义建设伟大实践中去，立足自身，为全面建成小康社会，实现中华民族的伟大复兴凝聚青春力量。

在刚刚结束的第十八次全国人民代表大会中，党和国家明确了当代青年所肩负的历史使命，并寄予了殷切的希望。作为新时代的青年，我们要积极响应党的号召，解放思想、实事求是、与时俱进、求真务实，以更加奋发有为的精神状态投身到自身学习、学校发展和社会主义建设伟大实践中去，立足自身，为全面建成小康社会，实现中华民族的伟大复兴凝聚青春力量。

争当有为新青年

在十八大报告中，提出了为全面建成小康社会而奋斗，夺取中国特色社会主义新胜利的目标，要解决这些困难和问题，需要付出艰辛的努力。这就注定了这个时代的广大青年人，不仅要怀抱美好的理想，更要树立神圣的责任感和使命感，攻坚克难，艰苦奋斗。青年人，尤其是我们当代大学生，是今后中国社会建设的有生力量，一定程度上代表着社会的未来和希望。梁启超的《少年中国说》中经典的一句话我们都听过“故今日之责任，不在他人，而全在我少年。少年智则国智，少年富则国富，少年强则国强，少年独立则国独立，少年自由则国自由，少年进步则国进步”。我们大学生的进一步发展，对未来有着非比寻常的重要意义。

21 世纪的竞争是综合国力的竞争，归根结底是科学文化的竞争，是技术创新的竞争。作为先进生产力、先进文化代表的大学生，必须要以一种时不我待的紧迫感和危机感，高度重视并积极投身科学进步与创新，成为所学专业领域的中坚骨干力量，以卓有成效的工作业绩来为振兴中华做贡献。树立牢固的专业思想，热爱科学，刻苦学习，努力实践，克服困难，尽最大努力取得优良成绩，最大限度地发挥自己的潜能，积极参与社会实践，缩小与社会的距离，深入了解民生，从学生时代开始培养关心和服务人民的意识，增强社会责任感，在实践中锻炼自我，为社会主义建设贡献力量。

此外，还要加强自身道德修养。评价一个人的好坏，不仅要看他的成就更要看他是否具有良好的道德修养。大学生如果拥有了广博的学识，高超的技术水平，却缺乏应有的优良品质，那么不仅不能为建设祖国贡献力量，还很有可能成为害群之马，对社会造成不良影响。因此，我们要在继承团结统一、爱好和平、勤劳勇敢、自强不息的中华民族的优良传统的基础上，发扬改革创新、与时俱进的时代精神。

胡锦涛总书记强调的“实践发展永无止境，认识真理永无止境，理论创新永无止境”的要求，是给全党全国人民提的，更是给当代青年人提的。实践创新、理论创新、改革创新，广大青年最具热情、最有激情、最富活力。每个青年唯有义不容辞地承担起历史赋予我们的使命，才能让我们的青春在中华民族伟大复兴的征程中闪出耀眼的光芒。

再造工大新辉煌

我校自1945年创建以来，一直秉承“厚德、笃学、崇实、尚新”的校训，逐步形成了“工程基础厚，工作作风实，创业能力强”的人才培养特色。正如校歌中唱到“青春如火好时光，志在祖国富强”，工大为祖国培养了无数有为青年，散布在祖国建设的各个领域，我们身为工大的一份子，要向无数优秀校友学习，再造工大新辉煌。

近年来，随着学校的不断进步，我校在各方面都取得了不错的成绩。我们每一名工大学子都应该为优良校风学风的建设及学校的发展做一份贡献，党员和入党积极分子更要在创建优良校风和学风中发挥表率作用，为学校发展贡献力量。

我们要坚持以邓小平理论和“三个代表”重要思想以及科学发展观为指导，把全心全意为人民服务的宗旨落到实处。一个国家需要全面协调可持续的发展，一个学校也是如此。因此，也就要求我们将自身成才融入到学校发展中，以每个同学的进步促进学校向更先进、更强大的教育行列走去。在学习和生活中严于律己，提高自身素质，努力学习科学文化知识，勤奋刻苦，虚心向优秀同学学习的同时，帮助后进同学，共同学习共同进步。将扎实的文化基础转化为实践力量，用知识创造财富。培养自主创新意识，开拓视野，关心国家大事和时政要闻，关注国际形势的发展，增长见闻，放宽思维空间，提高开拓创新的能力，为学校的长久建设提供来自基层的长效动力。

将来毕业离开了工大，也要践行在工大优良校风学风影响下形成的素质与品格，在工作岗位上继续勤奋、严谨、求实、创新，取得优异成绩，为母校赢得良好声誉，促进工大走上辉煌之路。

立志祖国新胜利

前不久，我参加了院党委主办的十八大精神主题讲座，因此，我对十八大精神有了更深刻的认识。我们要紧密结合实际，充分运用多种形式，对胡总书记的报告进行再学习，深刻领会其精神实质。

实现中华民族的伟大复兴，绝非是一朝一夕的事情，而是一项非常艰巨的事业。它需要每一个立志实现“中国梦”，夺取中国特色社会主义新胜利的当代青年能够用坚强的意志披荆斩棘、勇往直前。大学生党员和入党积极分子应努力使自己成为刻苦钻研、勇于实践、求实创新、奋发成才的模范。我们当代大学生，是祖国的中坚力量，要多学习科学文化知识，不断提升自身能力和素质，积极响应党的号召，树立正确的世界观、人生观、价值观，永远热爱我们伟大的祖国，永远热爱我们伟大的人民，永远热爱我们伟大的中华民族，以饱满的热情投入到学习和工作中去，时刻保持谦虚谨慎、勤奋刻苦的作风，把十八大精神融入到生活的点点滴滴中去。先进的生产力的体现，靠科技实力；先进文化的推动，离不开现代科技，世界每天都在变化，知识技术也在不断更新，只有通过不断学习才能做到与时俱进，才能掌握最新的技术和最有效的方法，才能投身中国特色社会主义伟大事业中，让青春焕发出绚丽的光彩，迸发出无尽力量！

作为一名中共预备党员，我明确地知道自己身负的责任，我会积极响应党的号召，解放思想、实事求是、与时俱进、求真务实，不断努力，争做工大先进人。

老师说得没错，我们当代大学生，要不断提高自身能力和素质，树立正确的世界观、人生观、价值观，以饱满的热情投入到学习中。这些都是我们应该担负的责任。

我会做到在学习和生活中严于律己，提高自身素质，努力学习科学文化知识，勤奋刻苦，虚心向优秀同学学习的同时，帮助后进同学，共同学习，共同进步。

这篇文章让我感到了巨大的责任，“少年富则国富，少年强则国强，少年独立则国独立，少年自由则国自由。”我会担负起祖国赋予我的责任，艰苦奋斗，为国家富强而不懈奋斗。

现在的我们主要的任务还是学习，学习是一切的基础。有句话说得好，“一屋不扫，何以扫天下”，首先要提高自身素质，才能有更高更远的发展。

我会积极响应党的号召，积极投身于社会服务当中，我也是这样做的，大学期间做了一系列的志愿服务，体会到赠人玫瑰，手有余香的感觉，我会继续坚持下去，不会放弃。

野百合也有春天

作者：张金锋（建筑与艺术学院）

导读：大众化时代的大学生不能再自诩为社会精英，要怀着一个普通劳动者的心态和定位去参与就业选择和就业竞争。在面试过程中，尽量运用和发挥自己的专业知识和技能，用“真金”赢得就业机会。高校的学业成绩评价必须转变观念，采取积极有效措施，正确发挥考试功能，成为提高大学生就业竞争力的重要保证。

传统的学业成绩评价与当今的高等教育发展水平和大学生的就业形势不相适应，影响了学生学习的积极性，制约了学生能力的发展，导致毕业生社会适应能力差，就业竞争力不强，综合素质能力欠佳。高校的学业成绩评价必须转变观念，采取积极有效措施，正确发挥考试功能，成为提高大学生就业竞争力的重要保证。

一天，毕业生小王，在一次参加校园招聘会被拒之后，垂头丧气地走到我的办公室，向我诉苦，说自己几乎参加了所有的招聘会，简历投递了几十份，也没有获得面试机会，现在一点信心都没有了。他觉得自己成绩太差了，看来找工作没什么希望了。

我让他坐下，看他手上拿着自荐材料，顺便要过来，仔细看了一下。发现他的简历整体还不错，但是没有发现他的成绩单。我问他，你的成绩单呢？他说，自己成绩不好，成绩单都不好意思放在简历里面。问他成绩不好到什么程度，他说在本专业他所学的这个方向 90 多人中，排名将近 60 名，不过自己比较自豪的是，至今没有重修过，所有课程虽然分数不高，但都是一次性通过。

听完这些基本上可以看出，小王的学习成绩并不像他自己所想的那样差，既然没有重修补考过，应该说整体上还可以。他的问题主要出现在自信心和求职方法上。于是我告诉他，一要树立自信，自己并没有自己认为的那么差，他也承认，一些成绩排名比自己靠后的同学都早早签订了就业协议。二是让他在简历中附上自己的成绩单。因为他们专业分为几个专业方向，而且他所学的方向，还是比较紧缺的。学习成绩对一个应聘的学生来说，的确很重要，但是用人单位往往也不仅仅凭借学生的成绩单而取舍。成绩单不光可以反映出学生每门课的成绩，更能反映出学校的课程设置。因为现在有经验的招聘者都知道，即使是同一个专业，不同的高校，培养的侧重点也不一样。当一个单位不了解学生的时候，可能会从成绩上区别学生的好与坏，就像求职的学生，在对单位不了解的时候，往往会以单位所提供的薪资福利来判断单位的好坏一样。

最后我建议他，回去后抓紧时间，把以前学过的基本知识复习一遍，再了解一下这个行业领域最新的技术动态。

小王回去后，把自己的成绩单复印了几份，逐一放在了自己的简历中，同时，把所学的基本的专业课重点又大致看了一遍，并从网上查阅了一些他们专业当前国内外最新的发展趋势的资料。

他元旦放假回家的时候，正好赶上自己家所在城市的一知名企业在招聘，他对这个单位早就有所了解而且很向往，就主动递交了带有成绩单的简历。下午，他就接到了单位约他去面试的电话。他高高兴兴地去了，在面试过程中，他发现公司技术部的负责人一直在认真地看他的成绩单，并不时地勾勾画画，他当时想，完了，肯定是嫌弃我的成绩不好了。然而在人力资源部的负责人问了他一些基本情况后，技术部负责人开始问他说，从成绩单上来看，你的成绩好像一般。他回答说的确是，但我们学校老师们给的分数普遍不是很高，自己整体成绩在本专业中处于中等水平（他稍稍夸大了一点点）。该负责人接下来又问了他几个具体课程所学的主要内容，其中还包括两门专业选修课。幸好他最近才把各科所学看了一遍，基本上都回答了下来，该技术部负责人听了不时地点头。当然最后的结果可想而知，他被顺利录用了。

后来他才知道，技术部负责人问他的那两门选修课，是和他们公司技术工作密切相关的，而在他近年所面试的应届毕业生中，很少有学过这几门课的。看来小王选修了这几门课，关键时刻起了重要作用。

用人单位到底看不看重毕业生的学习成绩，这是许多毕业生所关心的，尤其是成绩不太好的同学。当然，取得好成绩是每个学生的愿望，也是学生的本分。但在日常工作中，在我们抓学风，强调学习重要性的同时，面对木已成舟，已开始找工作，无法改变成绩不高现实的时候，要鼓励学生树立信心，督促他们抓紧复习一下所学的知识。在面试的时候，学到的真本事往往比成绩单上的高分更有效。

另外，当前学校所推行的学分制及按学分收取学费有一定的弊端。比如一些同学为了修满毕业所需的学分数，往往挑选一些好学又容易拿到学分的课程，而忽略了自己知识结构体系的完善，同时对一些家庭经济条件不太好的同学，在自己学分达到毕业要求的时候，往往也就不会再多花钱去选修一些课程了。因此，在我们日常工作中，要协调好专业老师和教务人员之间的关系，给学生切实做好选课指导，以确保学生知识结构的完整性，从而确保培养质量。

在面试过程中，尽量运用和发挥自己的专业知识和技能，用“真金”赢得就业机会。在面试的时候，学到的真本事往往比成绩单上的高分更有效。

要树立自信，自己并没有自己认为的那么差。不要夸大自己的能力也不要贬低自己的能力，将所学到的知识真实完全地展示给面试官，就是最好的表现。

在日常工作中，学校应该协调专业老师和教务人员之间的关系，给学生切实做好选课指导，以确保学生知识结构的完整性，从而确保培养质量。

学习成绩对一个应聘的学生来说，的确很重要，但是用人单位往往也不仅仅凭借学生的成绩单而取舍。成绩单不光可以反映出学生每门课的成绩，更能反映出学校的课程设置。用人单位会根据课程等选择更加合适的人。

做“渡”你的那个人

作者：刘开阳（管理学院）

导读：作为一名大二学生的辅导员，我们要注意大一到大二的变化，做到管理方法因阶段而变化，始终根据学生的特点，制定工作策略，使之与学生的发展相符合，做那个帮助学生度过艰难、迷惘时期的引路人。

大学四年，大一是适应期，大二是过渡期，大三是成长期，大四是冲刺期。作为一名大二学生的辅导员，一项重要的工作便是要做好学生从大一到大二的过渡工作。那从什么过渡到什么呢？

曾在网上看过这样一个关于大学的评价：

大学四年其实是一个知道不知道的转化，也是自己的成熟。

大一：不知道自己不知道；

大二：知道自己不知道；

大三：不知道自己知道；

大四：知道自己知道。

等到知道自己知道时，就是破茧成蝶的时候。

那么问题来了，怎么从“不知道自己不知道”过渡到“知道自己知道”？

第一，加大对大二学生职业生涯规划支持的力度

辅导员可邀请毕业后成功进入世界五百强企业的学生回校开展讲座，定期开展职业生涯规划的培训、讲座；另外，也可以举行关于大学生职业生涯规划方面的竞赛，如演讲竞赛或者“我的职业生涯规划书”设计竞赛等，让大二学生在竞赛中能够更加深入地了解自我，了解职业生涯规划，认识到职业生涯规划的重要性。学校还可以邀请优秀毕业生回校与在校生进行职业发展、学习、工作经验的交流。他山之石可以攻玉，大二学生要利用好优秀毕业生这一人力资源，从他们那学到自己真正感兴趣的东西。

第二，加大监管力度，特别是在学习方面

大多数学生进入第二学期后，自认为已经完成了从高中到大学的过渡，实现了从中学生到大学生的角色转换。同时经过一个学期的大学生活，他们对于大学生活的最初新鲜感逐渐消失，原有的紧张心理开始放松，心态趋于平淡，面对激烈的竞争，学生表现为学习动力不足，目标出现暂时性缺失。因此，加强管理也是必要之举。在学生中建立起监督机制是行之有效的方法。我们可以在班级由班长督导，在寝室由寝室长督导，从而建立更完善的监督体系，这也方便辅导员及时了解学生动态，及时进行思想教育、心理辅导。

第三，构建心理健康教育体系，重素质，观全局

一方面，我们要注重广泛开展心理健康宣传，使心理健康知识普及化；另一方面，我们更要注重定期开设心理健康讲座，使心理健康教育经常化；最后，我们还要将心理健康教育和挫折教育、美育、智育等有机结合起来，实现功能互补，相互促进，使学生成为IQ、EQ、AQ（逆商）、BQ（美商）全面发展的新时代青年。

总之，作为大二的辅导员，我们要注意大一到大二的变化，做到管理方法因阶段而变化，始终根据学生的特点，制定工作策略，使之与学生的发展相符合，做那个帮助学生度过艰难、迷惘时期的引路人。

怎么说最近的感觉有点奇妙，像是在向自己想要的方向努力却依然很困惑，不过还是要保持正常心态努力吧。我一直相信大学是用来完善自我的，我有过后悔所以不能再后悔了！因为有你在，所以我相信我不会再跑偏！咱们一起加油～你永远都是我的好老师、好姐姐！

不同的人因为某种缘分汇聚成为一个集体，每个人的力量在集体中凝聚升华，并迸发出光彩，离开集体，个体的力量是微弱的，不堪一击的。

习惯于大学平淡的生活会把大学生的锐气磨平，还好有辅导员一直提醒我们保持上进心。

有时候觉得辅导员对我们要求太过严格，甚至感觉很啰唆，看了辅导员的心里话之后感觉辅导员对我们真的付出很多。

谢谢老师自入学以来对我们的关心，我们会好好努力，不辜负辅导员对我们的期望。

砥砺思辨 扬时代精神

网络媒体给高校思想政治教育既带来了重要机遇，也带来了新的挑战。习总书记在中央网络安全和信息化领导小组第一次会议上指出，要运用网络传播规律，弘扬主旋律，激发正能量，把握好网络舆论引导的时、度、效。辅导员作为大学生讯息传播的把关人，在这一篇章中，将围绕学生关注的重点、难点、热点进行有效舆论引导，丰富网上宣传内容，把握网络舆论的话语权和主导权。

□导航塔

把握人生出彩的机会

作者：王孝松（经济学院）

导读：全国人大闭幕会上，中华人民共和国主席习近平发表的讲话中提出“生活在我们伟大祖国和伟大时代的中国人民，共同享有人生出彩的机会，共同享有梦想成真的机会，共同享有同祖国和时代一起成长与进步的机会。有梦想，有机会，有奋斗，一切美好的东西都能够创造出来”。中国梦是民族的梦，是人民的梦，实现中国梦，最终是依靠人民的。

在实现中国梦的过程中，每个人都有人生的梦想，都有人生出彩的机会和梦想成真的机会，在校的青年也不例外。

青年们，你们人生出彩的机会在哪里？经历层层选拔，经过披荆斩棘，经过寒窗苦读，你们走入了人生新的里程。高等学府是很多知识青年梦想的地方，也应该是人生出彩的地方，应该是梦想成真的锻炼的地方。

大学，是人生出彩的地方。功崇惟志，业广惟勤。要想人生出彩，必须经过厚重地锤炼。大学生应该都怀有“上下求索”的学习精神，“心忧天下”的情怀以及“经学致用”的态度。大学是一个人人生的重要节点，大学的很多方面都有着出彩的地方。科研能力强的你们，可以投身创新项目，以“滴水藏海”的情怀大胆地假设，小心地求证，展示另一个小苹果的力量；实践能力强的你们，可以投身暑期实践活动，告别“平静的湖面”和安逸的环境，搏击大海，练就一身真本领；有着爱心的你们，可以投身志愿者活动，用爱的火焰点燃黑暗，给人光明，增添社会正能量；学习能力强的你们，“为中华崛起而读书”，经史子集，博学博用，挂出书中的颜如玉，堆积心中的黄金屋。

大学，是梦想成真的地方。集腋成裘，滴水穿石。实现梦想，要耐得住寂寞，勤于积累。华罗庚说过，“难”也是如此，面对悬崖峭壁，一百年也看不出一条缝来，但用斧凿，能进一寸进一寸，得进一尺进一尺，不断积累，飞跃必来，突破随之。没有“我以我血荐轩辕”的决心，没有奋发有为的学习，鲁迅就不会成为文学家、思想家；没有“为中华之崛起而读书”的魄力，没有厚积薄发，周恩来就不会成为新中国的缔造者之一；如果没有阅读了1500多种书，留下了100多本读书笔记，如果头脑里没有积累储存了取之不尽、用之不竭的信息和资料，就不会有《资本论》横空出世；如果没有……

“鸟欲高飞先振翅，人求上进先读书。”为了个人的上进，为了自己的人生出彩，把学习作为一种追求、一种爱好、一种健康的生活方式，以时不待我、只争朝夕的精神状态，做到好学乐学善学，如饥似渴地学习，学习知识、学习技能，向书本学习、向实践学习，学习、学习、再学习，实践、实践、再实践。志存高远，增长知识，锤炼意志，让青春在时代进步中焕发出绚丽的光彩。

“鸟欲高飞先振翅，人求上进先读书。”作为时代的先锋者，我们大学生需要时刻保持警惕，不能被眼下的安逸生活消弭了奋进的力量，我们要为追求出彩的人生而奋斗不止。

我们没有理由不努力，既然父母把我们送到合工大，既然我们披荆斩棘来到合工大，我们就应该对自己的未来负责，对自己的选择负责。

辅导员博文的这些话，对我来说可算是醍醐灌顶呀。之前一直迷迷茫茫，过着宿舍、教室、食堂三点一线的生活。现在回想一下，之前的生活还真是无趣，是时候做出改变了。

我的大学生涯就快结束了，看到这篇文章后更是感触颇深。后悔在大学期间，把看书的时间，用来玩游戏；把休息的时间，用来玩手机。现在如果能让我再选择一次，我必定要把握住人生出彩的机会。

从辅导员写的这篇文章中，我能看出辅导员对我们寄予的厚望，这既是辅导员对我们的加油打气，又是对我们的信任。我们必定在今后的生活中严格要求自己，不负青春。

这个时代是属于我们的时代，如果我们做不到优秀，我们的国家又谈何强盛，我们的民族复兴又从何谈起。奋斗的日子，总是辛苦却又幸福的，一起加油，为了出彩的人生!!

不造谣，不信谣

作者：李佳乐（医学工程学院）

导读：同学们，我们的时间都去哪儿了？有多少时间投入到学习上了呢？又有多少时间被网络占用了？

毋庸置疑，网络的快速发展，网络舆论也逐渐形成一股巨大的力量，我们大学生们也越来越多地参与到网络舆论当中，尤其是在我们大学生当中流行的QQ、飞信、微信、论坛、人人等多种网络交流工具。这些网络交流工具为同学们提供了更加宽泛的交流方式，同时也加快了网络舆论在我们当中的传播。

如今，80后的身影已经逐渐从校园中淡去，90后的大学生慢慢成为校园的主体，而大家更容易接受新生事物，同时又喜欢玩出新意，这就容易造成我们同学们在日常生活中的一些留言、回复等出现非理性、盲从的现象。因此，同学们在网络上发表的一句话、一件小事都有可能成为大家讨论的焦点，当然从另一个角度讲，网络上的交流并不一定呈现的就是当事人真正想要表达的意思。所以，当同学们在网络交流的时候能够理性地看待问题，理智地分析问题，提出自己的看法，而不是盲目地跟风或者炒作，要知道一个人说有老虎，人们可能不信，三个人说有老虎，可能大家就信了。所以，我们大学生不但不能盲目地发布一些没有经过事实验证的言论，而且不要轻易地相信网上的言论或者妄加推断。

不可否认，网络加快了我们的生活节奏，为我们提供了更为迅捷的交流方式，网络也成为我们大学生活中必不可少的一部分，但网络世界毕竟是虚拟的，网络上的沟通有时难免造成人与人之间出现理解信息不对称以致出现隔阂。我们大学生要正确对待网络这把双刃剑，既要利用好网络给我们带来的便利，传播生活中的正能量，又要认识到网络不良言论对我们学习生活的危害。

从大学生自身来讲，大家不仅不能主动传播与事实不符的言论，而且在对待网络舆论时要保持清醒的头脑，只有在了解事情缘由的情况下才发表言论。在大学日常生活中，同学们要提高自己辨别是非的能力，不要被舆论所误导，用正确的道德观去评价一个人做得是对还是错！

我想我们作为大学生，“造谣”是不太可能的，但是“信谣”的事情却时有发生。虽然是大学生，但是社会经验较少，辨别是非的能力较差，易被情绪影响。

网络的力量不可谓不大，我们在通过网络了解世界的同时，也要有能够甄别真假信息的能力，在繁杂的信息中，筛选出对我们有益的信息，摒弃糟粕。

“谣言”往往是某些组织和个人为了达到某种目的而采用的非法手段，这往往对我们的社会产生不良的影响，而大学生是正义、热血、冲动、盲目的，若是被“谣言”所蛊惑，产生的危害将是不容小觑的。

大家都应该在QQ空间、社区、贴吧，看到过一些敏感话题吧。它们往往被“正能量糖衣”包裹，利用读者的同情心、正义感，要求读者转发，扩大影响范围。我们学校或许可以开设相关的课程，来培养学生辨别假恶丑的能力。

工科女的选择：事业 or 生活？

作者：卫婷婷（医学工程学院）

导读：生活的动力是什么？是矛盾。今天我所讲的就涉及这样一个矛盾：工科女大学生应该选择事业，还是生活？

有人说，在工科大学里，一切都按照男性的逻辑高速运转，这话说得有些夸张，但确实我们要和男同学一起，去征服每一条定理、每一道习题，去学会规定掌握的每一种技巧，付出和男同学一样甚至更多的体力和精力。高频率的生活节奏像汽锤锻打毛坯似的冲击着我们女性精细的内心世界，事业强烈的排列性像离心力一样，分离着我们生活的色彩。

有位女同学的诗里这样写道："书/士兵一样排列/永恒地占领我的清早、黄昏/主宰我的日月星辰……"我们每天一般要学习十个小时，考试期间就更多了。有时累极了，真想闭上眼睛，什么都不想，什么都不干。可是难啊，真叫你一天不摸书，反倒像犯了罪一样，心里特别难受。还是那位同学的诗里说得好："我不想埋怨/书包在我肩上很沉很沉/因为我知道/只有沉重的跋涉/才能带来收获的沉重。"

的确，我们耕耘的是一片沉重的土地，但收获的却是一串金色的果实。从学习中，从事业里，我们感受到一种奇特的快乐，它像青橄榄一样——先苦而后甜。有这样一首歌："我们大学生活，充满智慧的歌，那是紧张的歌，也是轻快的歌，紧张轻快一样火热……"

你们喜欢这首歌吗？可以看出，我们的生活是非常紧张忙碌的。这样的生活，使我们女生很少有时间和精力过多地顾及那些女孩子特有的乐趣。有这样一件事给我印象很深：原来我们班同学的表姐来北京看望她，尽管她们从来没有见过面，但表姐从车站熙熙攘攘的人群里一下就认出了她，后来我随口问了句："你们是怎么认识的？"表姐说："那还不容易，你看街上女孩哪个像你们这样打扮？你们呀，也真是……"。我听完先是笑了，而后想了很久，想了很多。

表姐和社会上许多人一样并不了解、更不理解我们。我们热爱事业，又热爱生活，这就使我们很矛盾。当事业和生活发生激烈冲突时，生活就被卷入了痛苦的旋涡。早几天，我接到了一位女同学的来信，念一段给大家听：

“我真不知如何是好了，如果说父母反对我考研究生是意料之中的事儿，那小华（她的男朋友，也是大学生）的意见则使我震惊。他来信时说，他不愿做第二个傅家杰，更不愿意在不均衡的家庭里生活。在我最需要支持的时候，他却退却了。考与不考不是一种简单的选择，它将决定我的生活道路。你看，我该怎么办？”

我同学的经历是很有代表性的。这是一个现实，是几千年根深蒂固的旧时代留下的阴影！在人们眼里，好像女性成功的路就必须是一条过激的路，也就是说，必定要失去常人生活的宁静和乐趣，注定得不到众人的理解。一种无形的力量把我们推到了人生的十字路口，我们不得不选择。

如果我们放弃事业，在安乐窝里消磨人生，我们就有愧于贫穷的祖国，有愧于人民的培养，我们的良心就要忍受羞愧的折磨。正是事业，升华了我们的生活，铸造了我们的信念，萃取了人生的真谛。事业的追求和奋斗，使我们失去了一些个人生活的幸福，也正是从事业中我们找到了更高层次的幸福的源泉。

自古巾帼多英雄。在人类文明史上，无数杰出的妇女为了改变自己低下的地位，进行了不屈的抗争，付出了巨大的代价。有多少妇女，为了事业的成功不得不牺牲自己生活的幸福。这样的例子还少吗？这是她们所在时代的社会制度和文明程度的残酷的裁决！今天，我们能够同男子一道分担社会的责任是来之不易的。面对历史和未来，我们丝毫不能退却，我们必须选择和献身于事业。我们生活在这样一个时代，这样一个社会里，这就使我们的事业同千百万人的幸福联系在一起。事业，不再是个人奋斗的题目了。女性在事业上作无谓牺牲的时代正在结束！我们要在事业和生活之间构筑坚固的桥梁，我们这一代人的事业就是通向一个崭新时代的曲折的路。沿着我们的足迹，人们找到的不是一个事业的畸形儿，而是一个创造生活的强者，一个开拓事业的富翁。

我是含着热泪观看电影《人到中年》的，它带给我的，不只是短暂的感情激动，而且是长久的思想共鸣。我在想，昨天的陆文婷是否像今天的我们，明天的我们是否像今天的陆文婷。我们还很年轻，人生的路才刚刚起步，似乎没有资格来回答这个严峻的问题。我们面临的矛盾是几千年历史的结果，就连我们自己的思想也深深打上了这些旧观念的烙印。我们的对手，不只是根深蒂固的旧观念和习惯势力，我们还必须同自己的软弱和不觉悟进行长期艰苦的斗争。初具科学知识的人都懂得，女性在智力上与男性相差无几；前人的经验也告诉我们，女性同样可以在事业上获得辉煌的成绩。只不过作为女性，要多付出三分汗水、五分勇气、七分毅力、十二分的艰辛。我们既要事业又要生活，这就注定我们将终生忙碌。

我们认了！

这种忙碌的生活，使我们失去的是无知和怯懦，失去的是整个社会和历史对女性的不公正；我们失去的是威胁着我们女儿、孙女们的黑色阴影，我们得到的将是一种崭新的生活。

让怯懦的人接着去徘徊吧，让俗人们接着去议论和怜悯吧。女同学们，你们走着自己的路！女人，你的名字不是弱者。

谁说女子不如男？我作为小女子，从来就没服气过谁，看看我们班，成绩好的一大半都是女生。现在这个时代，女生不能只想着靠着男生，自己有实力才是本钱。

其实男孩子应该欣赏的也都是有知识、素质高的女孩子吧。尤其是高校出来的学生，更是不会目光短浅地喜欢那些“花瓶”。

提倡男女平等都这么多年了，怎么还有人抱着陈旧的思想，来限制我们女生的人生？我是工科女，我骄傲，工科女一样有春天。

就像博主辅导员说的，我认为工科女“事业、生活都需要”，虽然有些人看着这是矛盾的，但我并不认为这是矛盾。我们辛辛苦苦考上大学，为了什么？不就是为了能实现有价值的人生吗。难道有价值的人生是要我们在事业与生活中择其一？

自古以来就有“女子无才便是德”的说法，只是这种说法放在当代，实在是荒诞无聊。男女在擅长的方面的确有不一样的地方，但也正是这个原因男女在工作生活上才能互补，不是吗？

辅导员博文，提到的几个事例很典型，这样的事情的确会发生在我们的身边。当下对女性地位的看法，或许还处在一个过渡期。还是有相当一部分人，迈不过心里的那道坎。

寒门贵子

作者：闫志伟（数学学院）

导读：贫寒的家庭给孩子带来的是较差的物质条件，狭小的精神世界；成长阶段紧张的吃穿住行，带来的与众不同袭击着寒门子弟尚未成熟的自尊；缺乏硬件条件，使得寒门子弟在时代信息行走的路上脱轨，少了很多资源和机会，甚至没有。如此，寒门更寒，贵子更贵。

天微微亮，看了一篇帖子《寒门再难出贵子》，帖子的大概意思是：偏远的、贫穷的、落后的、农村的地方出身的孩子，如今因为种种原因不能够完成人生逆袭。文章提出“成绩是用钱堆出来的”“农村娃上大学要付出更多”“面对城市学生，我们丧失了基本竞争的机会”“农村尖子生＝城里差生?”等此类论断。文章指出，贫寒的家庭给孩子带来的是较差的物质条件，狭小的精神世界；成长阶段紧张的吃穿住行，带来的与众不同袭击着寒门子弟尚未成熟的自尊；缺乏硬件条件，使得寒门子弟在时代信息行走的路上脱轨，少了很多资源和机会，甚至没有。如此，寒门更寒，贵子更贵。

看完之后，先是狠狠自嘲了一番……

曾几何时，伏卧在寒门陋室里，依偎在母亲温暖臂弯旁，听着那些寒门贵子出人头地的故事，凿壁借光、悬梁刺股、十里长锁等等，告诉我们寒门子弟必有出头之日，为什么曾经的信条如今被撕裂成道理碎片难以重新拾起?

寒门，两层意思吧：一是冬天无法阻挡风雪的破烂不堪的门，天然就有着一种不安全感；再一个是门路少、狭窄的社会资源、更少的社会选择，视野不能打开。贵子，德才兼备，胸有大志，心有大爱的孩子，如此解释足矣。不禁就想大声问一个问题：我们的学生有多少认为自己家境一般、出身贫寒，将来出人头地只能靠自己？又有多少认为自己是有钱人家的小孩，最起码能在自己奋斗的路上从父母那里获取一些助力？如果换个角度去想一下，靠自己靠什么，借助力借什么，归根结底是资源；有些人一生下来就含着爸妈给的金钥匙，有些人一出生连爸妈都没有。不同的人拥有不同的资源，你的健康、父母、学业、工作、社会关系都是你的资源，自己单枪匹马奋斗走出来的路是资源，上一辈人奋斗积累赠予你的也是资源，只是得来的方式不一样罢了。这么看来，我们更多地需要去做的事情是如何用好这些资源，创造所谓的物质价值和精神价值。

换句话讲，我们有时候去比较，根本没有去进行人与人本身的比较，而是比较自己外围所拥有的资源，而有些资源天然的就有限，烦恼大多源于此。其实，究其本质是人与人资源的不均衡。仔细想来，再看看历史，不管是国家的发展还是每个个体的发展，其终极目的都是在减弱这种不平衡，不是吗？因此，即使我们会比较，也不要去拿着这些原初本就不对等的资源去比较，即使会抱怨，也不要拿着自己出身贫寒没有奋斗机会而去抱怨。因为，出身只是资源的一部分，靠自己也是资源的一部分。

想起2014年《超级演说家》冠军刘媛媛说的话，她出身寒门，或连寒门都不算，甚至家里都没有门；她的父母是普通平凡的农村夫妇；他们没有捷径，没有优越条件，更不知道他们哪里来的智慧和勇气供着三个孩子上大学，而且还那样地笃定，他们寄希望于用两代人的努力去完成寒门出贵子的夙愿。她说，人生和人生本来就是没有可比性的，我们人生到底怎么样，完全取决于自身的态度和感受。一辈子感受抱怨，那就是抱怨的一生；一辈子感受幸运，那就是幸福的一生；一辈子感受大爱，那就是博爱的一生；一辈子立志改变这个社会，那么就是斗士的一生。命运给了你一个低的起点，就是要告诉你，用一生的时间去奋斗出一个绝地反击的故事，而这个故事，关于独立、关于梦想、关于坚韧、关于未来；它不是一个水到渠成的童话，没有一点点人间疾苦；而这个故事是，有志者事竟成，破釜沉舟，百二秦关终属楚；苦心人天不负，卧薪尝胆，三千越甲可吞吴！

寒门再难出贵子，那豪门呢？换一个角度理解寒门，换一个角度思考贵子，是不是我们在这个浮躁的社会风气下，过分关注了所谓的门有多寒，子有多贵，而恰恰忽略了那些从寒到贵的路上不关乎寒贵的坚持和奋斗。

我就是所谓的寒门出来的孩子，一路上，我用自己的努力告诉别人，只要自己努力，就可以得到自己想要的，咬咬牙，路上的坎坷也许会很多，可是坚持过去也没什么的，将来也会感谢曾经的自己。

现在的社会现象就是太多人走后门了，一直都在寻找着所谓的捷径，“贵子”们的人生道路大多都不用愁，寒门10年的努力也许比不上那一叠叠钞票，寒门到底会不会出贵子，是不是也应该建立在公平的基础之上？

不明白什么样的“贵”才算贵，寒与贵还都是看个人的定义与追求吧，自己想要什么样的人生就努力好了，我是觉得付出就一定会有回报，只是回报的时间的问题。

班级中有一个同学家里条件真的是很不好，可他真的很优秀，每年都拿奖学金，为人又好，谁有什么困难找他帮忙，他总是很愿意，他就是用他自己的行动告诉我们即使是寒门学子，自己努力还是会得到别人的钦佩。

文章中“其实，究其本质是人与人资源的不均衡。”这句话很深刻，现如今资源分配不均衡的问题太严重了，山区里的孩子很优秀，可是他们缺乏城市里的很多资源，如果资源均衡一下，会不会差距就小很多？

和去支教的学姐聊了很久，听她讲了那边的艰苦环境，孩子们很优秀，很好，可是那边的资源和条件真的是有限，即使他们是天才，在那样的环境下也很难有大的作为，希望社会还是多关注下他们吧。

网络世界里的信息监管

作者：李澍（外国语言学院）

导读：我们生活在一个立体多维的世界里，网络已经成为我们生活中不可或缺的一部分，并且在一定程度上引导了部分人关于整个世界的看法，尤其是对现实世界涉世未深的年轻人，网络上的信息可能会影响他们的判断。

前几天听了一场关于网络思想政治教育的报告，真实地感受到了网络信息安全的重要性，我们生活在一个立体多维的世界里，网络已经成为我们生活中不可或缺的一部分，并且在一定程度上引导了部分人关于整个世界的看法，尤其是对现实世界涉世未深的年轻人，网络上的信息可能会影响他们的判断。

由此我想到了几点：

一、网络的本原是什么？

从我们了解的情况来看，互联网起源于美国军事情报网络技术，原本是军用技术，现在采取了民用化，目的是加强点与点之间的资源共享和联系，随着计算机的普及、智能手机的广泛使用，网络终端已经可以延伸到每个人，也就是说我们每个网络终端用户从技术上实现了连接。

二、我们如何使用网络？

由于实现了点与点的链接，理论上任何一个终端都可以和另外一个终端实现连接，但如果我们随心所欲地链接，那任何一个人、一个组织、一个国家就毫无安全感可言，所以我们再连接互联网的时候要推行出连接的一些规则，在遵守规则的前提下使用网络给我们提供的资源。我们国家虽然有世界上最多的互联网终端，但是却没有规则的制定权，所以互联网世界从成立之初就有强国和弱国之分，强国拥有强大的话语权。

三、我们对互联网上的内容是否要进行监管？

目前的答案是肯定的，互联网只有规则是不够的，就像现实社会中我们只是把路修好了，而对路上运输的物品不管不问，放开道路通行而不检查运输的物品是一样的。道路上运输的可能是生活必需品，也可能是枪支毒品等危害人民健康安全的物品，而这些物品靠普通民众的抵制是远远不够的，必须要有能代表人民的机构出来监管，也就是我们国家网络信息安全部门来监管，以保证互联网的良好运行。

四、我国互联网信息安全监管到底动了谁的奶酪？

我们知道现实生活中也有一些人不希望政府监管，比如制假售假的、非法倒卖枪支、制印伪钞、涉及黄赌毒的，总之是一群为了私利而不顾公众安危的人，还有些国外敌对势力，确实感受到中国崛起而带来的心理压力，在武力干涉和经济制裁都无果的情况下，想通过网络，利用我们国内的一些矛盾和社会热点问题煽风点火，宣扬在西方国家都难以实现的一些价值观，把美国和西方国家包装成天堂一样的国家，进而影响中国的年轻一代。现在世界上很多国家都陷入了内战、内乱，都和这些势力有着很大的关系，真正有责任感、良知的人是不害怕互联网信息安全监管的。我们的网络监管使敌对势力和违法分子感到害怕，所以攻击中国的网络不自由也就不足为奇了。

总之，国家的网络信息安全是关系到我们每个人的大事，可能在监管的过程中，盗版的东西少了，我们网民以前占的一点点小便宜没有那么多了，但是却迎来了积极的思想和健康的肌体，为长远的发展舍弃一点小利我觉得还是必要的，同时互联网时代也要求我们能提供更好的精神文化产品，为我们的和谐社会提供更多的正能量。

网络的本质是资源共享，但这必须是在法律和道德所允许的前提下才行。我们现在不少同学，虽然受着先进文化的培养，却依然为了占小便宜去寻找盗版资源，比如盗版音乐、电影、电子书等。

当我们在享用网络资源的同时，切记要遵守网络世界的规则，不可越界。网络世界里的信息监管，不是对我们的限制，更多的是对我们保护，保护我们免受不良信息的荼毒。

我们是大学生，作为时代的先锋，更应认清网络监管的本质，了解网络，用好网络，让网络这把双刃剑，给我们带来更多的是有益的、健康的信息。

国家的网络信息安全是关系到我们每个人的大事，我们作为大学生更应该紧跟国家的步伐，不做越界逾矩的事，不仅自己不用盗版网络产品，还应该提醒周围的人远离盗版，共同为干净健康的网络环境而努力。

新媒体环境下的90后大学生要“走心”

作者：杨乾坤（管理学院）

导读：所有的现象最终都会归于平凡，所有的“新”最终都会归为平淡，劝诫新媒体环境下的90后大学生要“走心”，相信新媒体经过时间的检验也最终会回归到它正确的社交媒体属性，大学生应该走出网络，走出宿舍，走向操场，走向图书馆，用行动践行社会主义核心价值观。

新的一天的到来伴随着各大社交网站的刷新，周游各地不忘时刻上传精心包装的人与风景，跳动的头像似在诉说催促的心情，断断续续的语音在指尖上滑行，舌尖上的中国压缩成视觉上的冲动，取个快递就是一场说走就走的旅行……随着新媒体时代的到来特别是Web2.0模式下，这是每个用户再普通不过的日常生活。诚然，新媒体环境下每一个用户都可以是发声者，在这里可以找工作、结好友、享心情、促沟通，然而新媒体给大家带来信息订制、信息交流、信息分享、信息反馈等方便的同时，也给网络环境带来了很多不利影响。

当网络谣言如洪水猛兽呈指数型爆炸增长，当匿名的虚拟空间变成了肆无忌惮的垃圾场，当个人信息成了利欲熏心者的鱼肉，当越来越多的人被所谓的社群科技捆绑，作为网络用户的主力军，90后大学生更应该在新媒体环境下树立时代使命感、社会责任感、道德正义感，自觉抵制包括网络谣言在内的各类网络糟粕，携手营造一个清新、健康、积极向上的互联网共有家园，但与此同时，我们也看到一些不良现象。

一、跟风式地思考问题

在这个“注水军”横行的E时代，各种诉求的表达具有高度复杂性，校园内外各种信息的传播过程具有不对称性，一些谣言的生成、传播具有复杂的现实成因，其中有些带有造谣者不可告人的私利色彩，有些则属于传谣者起哄、围观心态使然。而在校大学生还没有进入社会，社会经验尚不具备，思考问题、鉴别是非的能力相对不足，因此很容易轻信网络谣言，传播谣言，渐渐成为网络推手的帮凶，扰乱网络环境。

二、吐槽式地彰显个性

像食堂饭菜质量、宿舍装不装空调这类的校园事件，放在人人网、微信、微博上，就可能在各说各话的环境下持续发酵，往往也是同学们关注或吐槽的对象，是很多学校信息反馈、发现问题、解决问题的重要渠道，也反映出大学生自我意识在不断提升。不过在吐槽的过程中，很多同学也慢慢觉得，新媒体是自媒体，每个人都可以发声，什么话都可以说，就变得异常随意，辱骂、中伤、诽谤、造谣，也给整个新媒体环境和自身造成了不好的影响，殊不知新媒体下的每句话像公开的日记一样都会成为自己的标签，个性张扬、自主意识提高的背后应该是文明、积极、健康的网络环境。

三、挑刺式地关心时事

“和平和发展仍然是当今时代的主题”，西方反华势力亡我之心不死，希望通过网络新媒体制造分歧、暴乱，阻碍我国健康发展。面对复杂纷扰的信息，我们要理性爱国，都说“有志者，事竟成”，有志的同时也要有智，不要做始作俑者操纵的木偶，因为我们每个国民都希望生活在一个健康发展的国家中。所以在新媒体环境下，国家意识不可缺，要时刻警惕不法分子。“改革开放仍然是国家发展的主旋律”，国家变革才能有出路，因为变则通、通则久，不变革死路一条，但我们都知道“摸着石头过河”就会犯错误，要充分对我们的道路自信、理论自信、制度自信，坚持它们的指导不动摇，国家才能踏上富强的彼岸，而不应因为部分个体错误否定一个集体。

在此，给同学们以下一些建议：

（一）多读书，拓视野

新媒体环境下碎片式的阅读，导致不成体系、逻辑混乱，甚至是非难辨，看似面“广”却不系统深入，看似知“渊”却狭隘片面，大学生作为年轻的知识群体、祖国之栋梁、国家之希望，更应该安排更多的时间去阅读一些“大家”的名篇名著，建立健全自己的知识体系、逻辑能力和理想信仰。

（二）多实践，长实干

电影《后会无期》中的经典对白“听过很多道理，依然过不好这一生”透露出对生活的无奈和消极，殊不知“实践出真知”，这些古人长辈总结的大道理是要经过实践方能深刻体会到，不是随便听听就“过好了”，不然每个人都是圣人了，我想说“经历更多生活，定能感悟更多道理，增长更多才干”，在实干的过程中，自身的价值也得到体现。

（三）多运动，强体魄

身体不但是革命的本钱，同时也是我们正常生活的保障，在新媒体时代，新媒体环境下的大学生长期面对电脑、手机屏幕，视力极度下降，出现鼠标手、颈椎疾病、腰肌腰椎疾病等，大学生经常熬夜上网猝死现象已屡见不鲜。给别人你的爱，而不是你的“赞”，抬起盯着屏幕的头，你会发现新的世界和真正的生活。

所有的现象最终都会归于平凡，所有的“新”最终都会归为平淡，劝诫新媒体环境下的90后大学生要“走心”，相信新媒体经过时间的检验也最终会回归到它正确的社交媒体属性，大学生应该走出网络，走出宿舍，走向操场，走向图书馆，用行动践行社会主义核心价值观。

在这个“注水军”横行的E时代，各种诉求的表达具有高度复杂性，校园内外各种信息的传播过程具有不对称性，一些谣言的生成、传播具有复杂的现实成因。大学生应该提高对网络信息的辨析度。

辱骂、中伤、诽谤、造谣，也给整个新媒体环境和自身造成了不好的影响，殊不知新媒体下的每句话像公开的日记一样都会成为自己的标签，个性张扬、自主意识提高的背后应该是文明、积极、健康的网络环境。

西方反华势力亡我之心不死，希望通过网络新媒体制造分歧、暴乱，阻碍我国健康发展。但我们都知道“摸着石头过河”就会犯错误，要充分保持对我们党的道路自信、理论自信、制度自信，坚持它们的指导不动摇，国家才能踏上富强的彼岸，而不应因为部分个体的错误否定一个集体。

老师提到新媒体环境下碎片式的阅读，导致不成体系、逻辑混乱，甚至是非难辨，看似面“广”却不系统深入，看似知“渊”却狭隘片面。此言甚对。大学生作为年轻的知识群体，祖国之栋梁、国家之希望更应该安排更多的时间去阅读一些“大家”的名篇名著，建立健全自己的知识体系、逻辑能力和理想信仰。

随手转发正能量，我们当代的大学生因为时代因素的影响，太过愤世嫉俗而忽略了一些正能量。过度关注负能量事件的发展，甚至作为传播者、始作俑者。这点是我们人格塑造中应该注意的问题。

谁偷走了你的早晨

作者：刘萍（仪器科学与光电工程学院）

导读：有这样一群人，他们一直在守护着自己的早晨。我曾 7 点驻足丽人湖湖畔，看一群年轻人，或沿着湖边踱步，或静立在水边，或坐在草地上……他们在早读，就像初升的太阳般热情激昂。

走在早晨八点的校园，常常能看到夹着课本，拎着早餐行色匆匆的学生，学校 8 点 10 分上课，不算早，可眼前的这群孩子，早饭还没吃呢，上课就快迟到了，他们在早晨干了什么？回想起我读书的时候，不管春夏秋冬，都会头顶渐渐露白的天空，雷打不动地去湖边或教室读上几篇美文。可是看着眼前的你们：当你慌忙赶着时间不错过打铃时，阳光早已普照大地，你多久没看过日出了？气喘吁吁赶到教室坐下，啃着手中的冷面包，你多久没认真吃过食堂热腾腾的早饭了？是谁偷走了你的早晨，让你如此匆忙狼狈？

当然，也有这样一群人，他们一直守护着自己的早晨。我曾 7 点驻足丽人湖湖畔，看一群年轻人，或沿着湖边踱步，或静立在水边，或坐在草地上……他们在早读，就像初升的太阳般热情激昂。学校规定大一学生 7 点做早操，我也时常站在操场边，陪着曾经的你们。我留意过在操场跑步的人，最让我难以忘记的是一位老人，发须已斑白，却精神矍铄，脚步也很轻健，丝毫没有给人老态龙钟的感觉。想想此时仍流连睡梦的孩子们，我不禁唏嘘。老人尚且知道莫让早晨虚度，为何拥有大把光阴的你们偏偏浪费？

我想告诉那些被偷了早晨的你们，你们的知识、健康，也一同被偷走了。你们不要嫉妒别人拥有丰富的英语词汇，不要羡慕他人拥有强健的体魄，当你赖在床上时，别人已经在学习、在锻炼、在做这个年纪应该做的事。早上不起床，晚上倒是精神十足地打游戏、看小说、聊天……在本该睡觉的时候玩耍，在本该清醒的时候睡觉，如此恶性循环，你的青春被一点一点偷走。一寸光阴一寸金，寸金难买寸光阴。现在丢失的日子，是以后用任何代价都无法找回的。

进入大学，你们似乎丢失了什么。是目标吗？当年为了背下一篇古文，可能花费几天的晨光，那现在为什么不能为了英语四六级的通过而努力呢？是激情吗？当年高三能忍着浓浓的困意不在早读课上打瞌睡，那现在为什么不能多花点时间多做几道数学题？抑或是少了老师家长的监督？大学里，老师家长虽然不能时时刻刻在身边，但是你真的能忘记父母殷切的目光、老师的谆谆教诲吗？我也不知道你们究竟丢失了什么，但是我真诚地希望你们能意识到亡羊补牢未为晚也，希望你们可以重新找回那些被偷走的早晨。

一年之计在于春，一日之计在于晨。那么大学生活的早晨，到底该怎样度过呢？

第一，吃早餐。早餐是人一天最重要的一餐，只有早餐摄取了足够的能量人才能在一整天保持一个较好的状态。为了多睡会而不吃早餐，这样的做法是得不偿失的，不仅会营养失衡、引起胃肠疾病，还会出现身体不适、容易衰老、精神无法集中等各种问题。身体是革命的本钱，给身体提供足够的营养，才能有充沛的精力应对一天的挑战。

第二，晨读。人的大脑经过一个晚上的休整，非常适合记忆，而晨读就是非常不错的方式。每天早晨站在湖边放声朗读，并且习惯成自然，把晨读作为完善自我的内在需求，时时读、处处读，这良好的习惯会受益终生。

第三，晨练。科学地晨练能提高和改善循环系统的功能，经常参加晨练活动，不仅可以加强新陈代谢，改善血管的弹性，提高血液量，促进血液循环，而且可以使人的体格健，外形美，更可以健“心”，调节人们的心理。这么多好处，何乐而不为呢？

第四，如果你遇到了既不适合在湖边早读也不适合晨练的糟糕天气，那就早些去教室吧。坐在教室预习一下今天要上的课程也是不错的选择啊。

早晨只是大学生活的一片剪影。你们不仅要珍惜早晨的时间，还要珍惜你们的健康，珍惜你们坐在教室学习的时光，珍惜那些允许你犯错、让你实践的机会。生命只有一次，青春不容后悔。

最后，希望你们好好把握住生命中的每个清晨，像冉冉升起的太阳那样充满热情地对待你们的青春，不要自己偷走了自己的早晨。

当上课的铃声响起的时候，很多人往往还没有进入教室，如果哪一天我起来的比较晚的时候，我会发现在上课前的五分钟是赶往教室的人群最为密集的时候，自然不用谈及吃早饭的事情了。

虽然有很多人都掐着点进入教室，浪费了大好的晨读时光，但还是有很多同学会选择在一个明媚的清晨，进行体育锻炼，操场上锻炼身体的大爷大妈们也都是我们应该学习的榜样，我们应该反思。

早饭对于一些同学来说是很奢侈的东西，由于睡得晚，起得晚，导致很多同学没有时间去吃一顿丰盛的早饭，有的同学甚至没有吃早饭的习惯，这样对于学生的身体有很大的影响，不利于我们的健康成长。

一天之计在于晨，我们应该将早晨的时光利用起来，无论是读书或者是锻炼，这样不仅能够焕发我们的活力，还能够让我们以热情面对崭新的一天，与其趴在教室里睡觉，不如给自己一个充满活力的一天。

网络信息的虚与实

作者：刘萍（仪器科学与光电工程学院）

导读：从韩国端午节申遗，到后面接二连三的暖炕、中医、活字印刷术、泡菜、汉字等等申遗，许多中国网友一次一次地表达出情感上的不能接受，从某种程度上说这种对中华民族文化遗产的关心，是值得理解和肯定的。但这个过程中，你是否保持了谨慎的态度呢？

我们都知道，江陵端午祭其实与我们的端午节不是一回事，韩国的端午祭实际上是由舞蹈、萨满祭祀、民间艺术展示等内容构成，这与中国人吃粽子、划龙舟、纪念屈原是两回事，唯一的相同点是时间框架，都是在中国的端午节期间举行。“暖炕申遗”其实指的是具有朝鲜半岛特色的“温突”取暖系统，与中国的“土炕”并非同一概念。所谓的“中医申遗”，只是将一本叫《东医宝鉴》的医书申报世界纪录遗产。“活字印刷术申遗”指的是韩国将一本佛经入选世界纪录遗产，这本佛经被认为是现存最古老的金属活字印刷品。韩国汉城大学历史教授朴正秀说汉字是朝鲜民族发明之说也不属实，朴正秀本人根本不存在。这些说法可谓是无中生有、漏洞百出。而最令人惋惜的是，在这些沸沸扬扬的炒作中，不少大学生成了这些网络谣言的传播者。

网络既是一个开放便捷的空间，也是一个鱼龙混杂、真假难辨的场所。网络上既可以及时发布、获取大量有价值的信息，同时也能很快地被各种谣言蛊惑。这些谣言不仅给整个社会制造了乌烟瘴气，也直接影响着一代人的价值观。谣言止于智者。在这个平台上，我们需要事实、冷静和理性，而不是谣言、中伤和炒作。我们应该学会练就一双慧眼，面对网上纷繁复杂的信息，理性辨别和看待。

首先要核实信息来源，注意一下消息来源是否权威可靠，是否是主流媒体，发消息人能否为所发的消息负责。其次要冷静分析，针对某个事件仔细推敲其可行性和可信度，理智地看待问题。再次要增强社会责任感，要有责任意识，为自己在网上所说的每一句话，转发的每一条消息负责。

2013年9月9日，最高人民法院、最高检察院关于办理利用信息网络实施诽谤等刑事案件的司法解释公布。该司法解释规定，利用信息网络诽谤他人，同一诽谤信息实际被点击、浏览次数达到5000次以上，或者被转发次数达到500次以上的，应当认定为刑法第246条第1款规定的“情节严重”，可构成诽谤罪。这无疑对我们转发网络谣言的行为起到了警示作用。

同学们，当你在@帖子的那一刻，是否理性地思考过它的虚与实？当发现了网络信息中的“泡沫”时，你是否能勇敢地站出来为真相主持公道呢？同学们，作为当代大学生网民，我们应该练就一双慧眼，具备甄别信息的能力，去伪存真，不能图一时之快盲目转发、评论，成为谣言的又一推手，要站在抵制谣言的最前线，成为谣言的终结者，让谣言失去市场，让网络更好地为你、为我、为社会服务。

网络语言有其自身的优势以及缺点，我们不能单方面的就认定事情的缺点，未见森林先见树木，总以为自己听到什么就和自己想象的完全一样，可实际上我们往往会先入为主，从而造成误解。

网络给我们提供了一个平台，我们能够借用这个平台做很多的事情，但是开放的平台自然有其倾向性，一旦被一些心怀不轨的人所利用，往往会导致很严重的后果。

在面对一个网上来源的消息的时候，我们不能按照第一感觉就盲从跟风，应该首先对这个事情有自己的了解，按照正确的人生观、价值观进行分析之后，再做出一个评论，这样能够避免很多的误会。

网络是一把双刃剑，在利用网络获取信息的时候，我们必须要保持自身的冷静，面对信息不冲动、不武断地下结论。在感性的同时，保持一份清醒、一份理性，做一个正确的网络使用者。

“网”不住你的心

作者：刘开阳（管理学院）

导读：随着新时代的到来，网络逐步与我们的生活息息相关起来，那么如何对待网络游戏呢？首先是网络游戏不可以予以彻底禁止，而应考虑如何对网络游戏进行规制，对学生进行疏导教育，解决其心理的需求，并应当积极地采取一些更健康更吸引学生的娱乐方式，这样才能根治其本。

◆ 案例主题：引导大学生摆脱游戏成瘾现象

◆ 案例背景：某宿舍有同学打 DOTA 成瘾，还带动宿舍其他同学，影响了自己的学习，更影响了其他同学休息。

◆ 案例问题事件

一年的辅导员工作下来，挂科现象仍然在院内存在，尤其“密集挂科现象”（密集挂科现象大致可分为三类：1. 同一人次挂科多门；2. 同一宿舍多人挂科；3. 个别班级大批量挂科；4. 男生密集挂科等）。经过调查了解，玩游戏成瘾是其中最多出现的情况之一，其中大部分为男生，少部分为女生。经过多方交流谈心，最终了解到现在管理学院一些打游戏学生的实际情况。以 X 宿舍为例：

X 宿舍有四名同学甲、乙、丙、丁，开学初，四位同学中甲和乙学习比较认真，丙的学习热情一般，而丁同学一直沉溺于网络游戏 DOTA 中不能自拔，经常熬夜甚至通宵打游戏。一学期下来，由于晚上睡眠不足，白天听课效率下降，不能专心学习，导致期末丁同学的学习成绩明显受到影响，出现挂科现象。而丙同学受到丁同学影响，也开始玩游戏，不认真学习，成绩虽然没有挂科但是在班内排名不高。甲和乙两位同学成绩良好，但是也反映宿舍学习环境差，晚上睡眠受影响。甲、乙两位同学因作息和学习而苦恼，丙和丁同学还因为玩游戏影响了学习意识，助长了贪玩之风，影响了身心健康。

◆问题原因调查

通过明察暗访了解清楚情况之后，调查得知迷恋网络游戏，甚至成瘾的原因有几个方面：

一、通过打游戏，可以结交朋友

这一点所占比例比较大，有的同学由于在现实生活中不善于处理人际关系，造成同学关系紧张，而网络游戏的匿名性就可以给他们带来交往上的安全感，让他们可以更加轻松地释放内心的情感，体验友情和关爱，满足心理上的情感需求。另一方面，大学里时间比较多，有些同学比较沉默寡言，与其他同学联系较少，总是独来独往，所以往往选择与同学玩网络游戏来作为共同话题，这样就能显示他的存在感。显然这是很不好的做法。

二、通过打游戏，享受游戏升级过关而带来的成就感

有的同学由于大学中的激烈竞争，使得他们丧失了原先的优势地位，造成心理上的落差。而在网络游戏中，这些同学可以通过不断地升级和装备的不断更新来满足他们这种对优越感的需求，而且一些关卡是具有一定难度，但是当他们一旦通关就会有一种成就感油然而生，导致他们像吸食毒品一样，难以抗拒，最终使自己不能自拔。网络游戏中有很多游戏涉及冒险和竞争，而很多男同学从小就有一种对英雄的崇拜情节，玩网络游戏就可以使他们的这种英雄情节在虚拟世界中得以实现。同时由于网络游戏是一种多人同时在线的活动，强调人与人之间的协作，可以使得玩家体验到许多人共同做一件事情的激情和快感。正是由于它的这个特点，使得许多同学，尤其是许多男同学对网络游戏割舍不下。所以，他们才会去找网友去聊天、去一起玩游戏，导致他们通过网络游戏来填补自己内心的那份寂寞，以上三种情况是调查当中比例较高的。

三、通过打游戏，打发时间

我相信这类同学都能够把握好玩游戏的度，因为他们只是当自己无聊或者空闲的时间才玩游戏，所以一般如果他们有事在身，例如在学习过程中，在学校当中，他们是不会把太多精力都放在游戏上的，这样是很好，但所占比例很少，这让我们意识到在大多数情况下，大学生都是在玩网络游戏。

四、通过打游戏“可以赚钱”

对于认为玩游戏可以赚钱的同学，我们不难理解，在游戏过程中，各玩家水平不等。对于那些水平很低而求胜心又很强的人而言，就需要千方百计改变自己的装备，于是就出现了用现实中的金钱购买虚拟装备的现象。这种交易常常可以给网游高手带来数千元甚至更多的经济利益，对他们产生巨大吸引力，从而使他们更加专注于网络游戏。不过从另一方面想，能够达到赚钱的境界必然令自己的角色打到一定程度，所以往往投入比产出大，所以想赚钱，我建议还是老老实实地学习，为以后找工作打好基础，这样还来得实际点。

◆ 分析与启示

对于如何预防大学生沉迷网络的现象，有部分同学说限制上网。当然我们学校也曾经实施这种方案，不过我觉得很好，因为这样一来可以让沉迷游戏的学生得到限制，二来也不影响学生上网查资料。还有一些学生认为学校多举办一些有益身心的活动，我相信这也有一定的作用，不过有没有沉迷游戏的学生参加就不一定了，个人认为效果不大。还有学生认为“加强大学生的引导”是至关重要的，我觉得的确如此，所以还需要多关心以及引导大学生，多开展一些讲座让更多学子知道网络游戏的危害。

对于我来说，虽然网络游戏可以给大学生带来很多负面影响，但它也可以带来很多积极的作用，例如记忆力的加强，反应力的锻炼，团队精神的培养，学习压力的缓解，等等。而且，网络游戏的发展在增加我国的经济收入和扩大对国际网络游戏市场的占据方面也有着积极的作用。因此，对于网络游戏不能完全反对，而应当考虑怎样进行规范，抑制其消极的一面，发挥其积极的一面。以我的观点，大学生对网络游戏的沉迷完全是出于对现实生活的不满和对压力的逃避。我认为，有的同学受文学作品、影视节目的影响，把大学生活想象得非常美好，这就和大学的现实形成巨大的反差，造成失落感的增强。而且，有的同学由于高考成绩的影响，没能进入自己理想的专业，为此也对现实非常不满。还有的同学，家庭生活不美满、同舍友关系紧张以及同自己女朋友（男朋友）感情出现危机都不同程度地给他们带来了压力。当然，更重要的还是学习上的压力。这些同学认为，考进我校的学生均是自己高中班上的佼佼者，强者之间的竞争更加激烈，无形之中即形成了巨大的压力。由于不能正确地处理好这些问题，无法令自己以积极的心态来面对现实和压力，出于一种逃避的心理，他们就将时间和精力投注于网游之中。

最后总结一下，我们现在身处 21 世纪，网络肯定与我们息息相关，那么如何对待网络游戏呢？首先，网络游戏不可以予以彻底禁止，而应考虑如何对网络游戏进行规制，对学生进行疏导教育，解决其心理的需求，并应当积极地采取一些更健康更吸引学生的娱乐方式，这样才能根治其本。

网络游戏可以给大学生带来很多负面影响，但它也可以带来很多积极的作用，例如记忆力的加强，反应力的锻炼，团队精神的培养，学习压力的缓解，等等。但它只能是消遣工具。

对待网络游戏，我们不能以偏概全，网络游戏虽然有消极的一面，但是积极的一面也是不容小觑的，而应当考虑怎样进行规范，抑制其消极的一面，发挥其积极的一面。

大学生对网络游戏的沉迷完全是出于对现实生活的不满和对压力的逃避。抑制网络沉迷应该从舒缓大学生的压力着手。

网络游戏是把双刃剑，游戏本身不可怕，可怕的是我们不能控制自己，让网络游戏捆住我们。

看来班级委员应该多组织一些有意义的活动，积极给班级同学贯彻一种积极健康的大学生活方式，让班级同学避免网络游戏的困扰。

安息吧，我们的长春宝贝

作者：朱玲利（计算机与信息学院）

导读：宝贝，在天堂别迷了路；今年的雪，特别的大；爸妈的宝贝，回不了家；汽车嘟嘟，警车呜呜；找你的人，忘了怎么哭；叔叔阿姨，点起蜡烛；照亮你去，天堂的路；宝贝，你睡着了么；宝贝，我知道你是不想说话；宝贝，别再挣扎；宝贝，在天堂成长。

随着犯罪嫌疑人周喜军2013年3月5日17时的投案自首，“3·04”案件逐渐明朗。3月4日上午7时许，将停放在长春市西四环路与隆化路交汇处的为家超市门前的一辆银灰色RAV4丰田吉普车（车牌号吉AMM102）盗走，驾车直奔长春至双辽公路。完整的案件发展过程见下图。

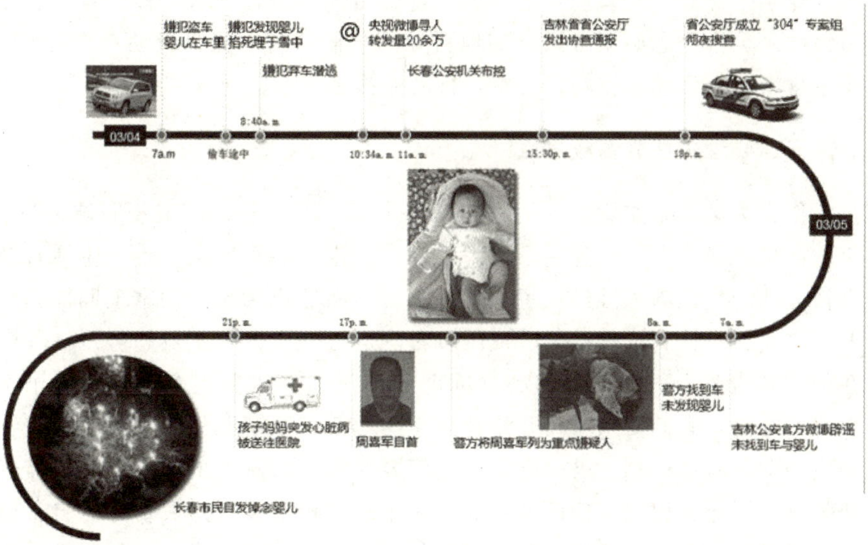

两个月婴儿的离去，凶手的残忍让我们瞠目结舌。与此同时，我们也看到了在这整个过程中，强大的社会正能量，让我们看到了社会光明的一面：

一、舆论压力是推手

在信息时代，网络高速发展，随着电视、新闻媒体、微博、BBS、论坛等交流平台在民众中的广泛普及，手机智能化促使各种信息在瞬息间触手可得。长春两个月宝贝随车失踪案件，在发生后不到一个小时，关于此案的各种报道便铺天盖地，20万微博的传播量，数百名警民共同出动，到最后周喜军迫于舆论压力自首等等，都在证明着舆论的巨大力量。阳光是最好的防腐剂，公开是防止腐败的有效方式。作为人民的公仆，学生的引导者，我们在各项工作中，都应秉承“公正，公开，公平”的态度，保质保量完成各项学生事务，一切以学生的切身利益为出发点和落脚点，进行民主管理。

二、助人为乐树时代新风

在长春随车被盗婴儿事件发生后，多辆长春的出租车帮忙寻找，许多爱心人士随时准备为婴儿哺乳，办案警察不分昼夜收集线索。在气温仍然较低的长春，人与人之间传递着一种默默的感动和关怀，让无私的爱播撒在长春的大街小巷里。正值雷锋月，传播雷锋精神，树立时代新风。我校不仅让学生做好自身管理，还开展了宣传雷锋事迹、观看雷锋影片、学习雷锋语录、推进志愿服务，务实地引导同学们进行“光盘行动”“清除校园牛皮癣”等活动。雷锋在心中，行动能够在手上。

三、心理关注为高校重点

作为本案的犯罪嫌疑人周喜军，据了解，不仅有过因猥亵罪被劳教2年的前科，而且自己的生活不幸福，存在一定的心理问题。当下生活日渐富裕，计划生育深入推进，每个学生都自然而然成为家中的掌上明珠，娇惯、自我、个性、依赖性强、抗压力弱，是当下学生的主流趋势。一种潜在的“富贵病”——学生的心理问题日渐滋生，比例逐渐升高。对于学生，一方面，我们要从进校开始建立学生档案，了解其思想动态，并完善相应的动态联动机制；另一方面，我们要对其进行正确的引导，加强监管和教育，引导其树立正确的世界观、人生观和价值观，形成良好的自我监督、自我管理、自我反馈格局。对于行为稍有异常的同学，我们要重点进行帮扶，了解其深层原因，并有针对性地提出建议和意见，必要时与家长保持密切联系。

宝贝去了，引发了人们更多的深层次的思考，传统与时代的博弈，道德与良心的认知。时代对当今的青年又提出了新的更高的要求，作为处在一线的学生管理者，我们深深感到任重而道远。

安息吧，我们的长春宝贝；奋斗吧，我们的时代青年！

关于社会舆论，文章中提到"阳光是最好的防腐剂"，确实是这样，只有公开透明，才能做好公平公正的学生工作，才能保护好学生的切实利益。

看了这篇文章，发现社会上爱心人士还是多的，我们应该发扬这样助人为乐的作风，如果社会都是"我为人人，人人为我"的和谐场面，那我们将处处感受到爱的存在。

周喜军的心理问题显而易见，文章指出，当代大学生"富贵病"普遍存在，学校方面一定要做好监督和积极教育，培养有理想、有道德、有文化、有纪律的当代大学生。

博主从长春宝贝一事做了这三个方面的论述，依次联系学校对学生的培养教育方面提出相应的见解，并最后提出殷切希望，可见博主是一个尽职尽责的辅导员。

作为当代大学生，看了这篇博文，审视了一下自己，觉着自己可能还真有点"富贵病"，看来我是要好好学习社会主义核心价值观了。

博主对于这个事件的见解十分在理，我们当代高校对学生的培养一定要做好这三个方面：一要公正公开，二要推进志愿服务，三要关注心理问题。从当代学生的特点出发，教育模式与时俱进，做好学习型、服务型、创新型学校管理模式。

学生，请不要被网络所左右

作者：杨乾坤（管理学院）

导读：手机、电脑，归根结底，还是网络，它只是一种工具，已经完完全全融入当今大学生的生活。你会发现，你没有隐私了，一段视频，一张照片，抑或一句话，只要有人发到网上去，那很快你身边的人就全部知道，大家会在网上议论纷纷……

网络对于现在学生的影响，已经超乎你的想象。玩游戏在网吧暴毙，因为家长阻止上网而将家长杀死，将游戏搬到现实中去杀人，翘课将自己反锁在宿舍也要上网……一系列的新闻似乎是奇闻轶事似的出现在人们的视野里，让我们不禁想问，网络到底把现在的学生怎么了？并且在近期网络推手“秦火火”和“立二拆四”在互联网上蓄意制造传播谣言、恶意侵害他人名誉、非法攫取经济利益事件中，秦、杨等人先后策划、制造了一系列网络热点事件，吸引粉丝，使自己迅速成为网络名人。如利用“郭美美个人炫富事件”蓄意炒作，编造了一些地方公务员被要求必须向红十字会捐款的谣言，恶意攻击中国的慈善救援制度，并将著名军事专家、资深媒体记者、社会名人和一些普通民众作为攻击对象，恶意造谣抹黑中伤。在此事件中，有很多同学不辨真伪，轻信网络谣言，传播谣言，渐渐成为网络推手的帮凶。

手机、电脑，归根结底，还是网络，它只是一种工具，已经完完全全融入当今大学生的生活。你会发现，你没有隐私了，一段视频，一张照片，抑或一句话，只要有人发到网上去，那很快你身边的人就全部知道，大家会在网上议论纷纷；你会发现，现实生活中的聊天减少了，大家都在滑着手机屏幕或者敲着键盘，有什么话似乎更愿意短信通知或者网上@你一下，电话越来越少了；你会发现游戏比现实要简单得多，所以喜欢在游戏中找到自我的价值，无论什么时候，开了电脑，就有玩游戏的想法；你会发现网络用语以至网络里的一切都会搬到现实中去，你越来越分不清它们的界限。你甚至发现，你越来越离不开它。你有没有想过，是它丰富了你的生活，还是你被它束缚着？你本可以利用它，却在不知不觉中掉进了它的“网”里。究竟是你拥有它，还是它在左右你？

大学生作为年轻的知识群体、祖国之栋梁，在自觉抵制网络谣言上理应负有更多的责任和担当。这一方面是因为，身为年轻人，大学生对互联网的虚拟世界更为了解、与“网络化生存”的生活方式也更贴近。另一方面，基于较高水准的学识与素养，大学生群体对真伪、善恶具备较强的识别能力和分辨能力。这种优势，若与青年“为世界进文明，为人类造幸福，以青春之我，创建青春之人类”的时代使命水乳交融，无疑将对遏制

网络谣言、营造风清气正的网络生态起到积极的引领作用。同时，我们也要看到，转型期的社会中，各种诉求的表达具有高度复杂性，校园内外各种信息的传播过程具有不对称性，一些谣言的生成、传播具有复杂的现实成因，其中有些带有造谣者不可告人的私利色彩，有些则属于传谣者起哄、围观心态使然。对此，广大青年朋友们应通过更多的社会实践、更多地观察社会、更多地体验生活，更好地练就一双自觉辨识谣言、抵制谣言的“火眼金睛”。

作为现实世界的数字化投影、四通八达的信息高速公路，互联网是一片肥沃的田园，其中有充足的养分、阳光雨露、沁人花香、累累果实，也不可避免伴有杂草、噪音。网络谣言就是其中杂草和噪音的一种，它们或侵犯他人权益，影响他人声誉，或扰乱社会生活、破坏经济社会秩序，或危害国家安全和公众利益，贻害无穷。依法查处并严惩造谣传谣者，维护互联网信息健康安全，既是法治社会应有的题中之义，也合乎绝大多数网民的根本利益。

取其精华、去其糟粕，激浊扬清、正本清源——青年学子对待互联网的态度应当如是。日新月异的互联网技术代表着科技创新的前进方向，朝气蓬勃的青年学子是思维创新、制度创新、科技创新、文化创新的生力军与新鲜血液，更是打造讲正气、遵法纪、守底线的网络文化的生力军。每个大学生网民都应树立这种时代使命感、社会责任感、道德正义感，自觉抵制包括网络谣言在内的各类网络糟粕，携手营造一个清新、健康、积极向上的互联网共有家园。

在此，我给同学们以下一些建议：

1. 计划你的大学生活，一份具体的作息时间表是不错的选择，合理安排学习、休息、上网的时间；

2. 明确上网的目的，取消对自己百害无利的活动，要学会从网络中获得自己需要的东西，而不是无用的东西；

3. 充实你的大学生活，积极参加社团和班级的活动会让你变得忙碌，会让你变得充实，让你收获很多；

4. 图书馆是学习的天堂，静下心来，一本书，可以是一个下午，也可以是一分收获；

5. 走出去交朋友，真心对待别人，用心经营自己的友情；

6. 经常去户外运动，呼吸新鲜的空气，感受运动的气息；

7. 树立法律意识，严格遵守国家和行业主管部门制定的各项法律法规，配合政府有关部门依法打击利用网络传播谣言的行为；

8. 增强社会责任感，对自己的行为负责，承担相应社会责任，文明上网、文明发言；

9. 自觉做到不造谣、不传谣、不信谣，不助长谣言的流传、蔓延，做网络健康环境的维护者，发现网络谣言积极举报。

同学们，网络只是方便我们沟通、增大信息量的一种工具，不要让网络束缚了自己，莫成为网络的“棋子”。要成为网络中的正能量群体，为净化网络、营造积极阳光的网络环境献出自己的一份力。

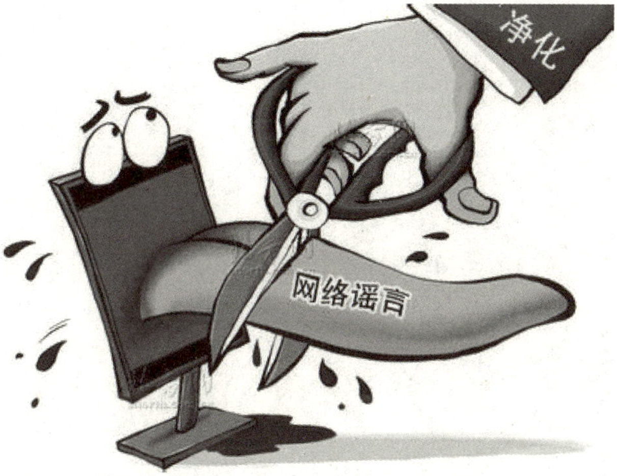

谣言的传播性一般都是利用了大家的猎奇心理。我们要正确使用猎奇心理才行。

普通网民的网络行为在很大程度上都是受自己的情感因素支配的，大部分人容易受到情绪的影响，而做出违背理智的行为，发表不符合道德甚至法律规范的言辞，一旦这样的情感因素在网民中“传染”并且散播，那么一股舆论力量自然而然就形成了。

老师提到手机、电脑，归根结底，还是网络，它只是一种工具。对于网络，我们还是应该以辅助工具的态度看待它。

网络出现之后极大地阻碍了我们与周围伙伴之间的交流。无论在餐馆、课堂都看到大学生在捧着手机，但手机毕竟不是我们的全部。

我们不能被网络所左右，应该正确地利用它为我们的生活服务。

○美丽心灵 致青春无悔

教育部《关于加强普通高等学校大学生心理健康教育工作的意见》指出，高等学校培养的学生不仅要有良好的思想道德素质、文化素质、专业素质和身体素质，而且要有良好的心理素质。大学期间，学生面临着人际交往维护、学业生涯规划、恋爱情绪管理、职业选择权衡等诸多问题，合理地向学生传播一种健康向上、乐观积极的生活态度变得尤为重要。辅导员作为大学生健康心灵的缔造者，在这一篇章中，将真实的案例、切身的感受化作千言万语，引导学生养成自尊自信、理性平和、积极向上的良好心态，增强学生克服困难、经受考验、承受挫折的能力。

□知更鸟

同学们，这学期要有勇气告诉家长成绩

作者：成建（化学与化工学院）

导读：考试挂科了，假期是复习准备补考的黄金时间。与家长的通话，是希望家长能适当督促孩子学习，而不是让他们担心、失望，不能给孩子太多的压力，也不能完全地放任不管。同学们，希望你们这学期能考出好的成绩，能有勇气告诉家长，也让老师免于拨通带有坏消息的电话。

暑假中，当我给期末考试成绩较差的同学家长打电话时，多数学生家长表示一直还不知道孩子考试成绩，没有收到学校寄出的成绩单，孩子也不愿告知。为了防止有的家长因为通信地址发生变化，无法收到成绩单，所以每学期的通信地址都由学生亲自填写，并由学院统一寄出。在这样的情况下，家长收不到成绩单，很可能是同学故意填错通信地址。通过谈话了解到，为了不让家长收到成绩单，有的同学每天到邮局查看是否有信件，直到阻截到成绩单。

家长没有收到成绩单，便询问孩子成绩状况。成绩较差的同学通常不愿告知实情，而用“还可以”之类的话搪塞，甚至告知假的成绩。当家长从我这得知真实成绩后，便是非常的失望和担心。

其实，在放假前，与每一位挂科同学谈话时，我也就告诉了他们“假期我会电话与你们家长沟通，增进双方对你们的了解，形成教育的合力，希望你们主动告知家长自己在校学习、生活状况，以便做好心理准备”。但后来发现，很多同学仍然没有勇气告诉家长自己的在校表现。

在拨通这样的电话前，我做了很长时间的思想斗争，一拖再拖……想到同学们高考成绩出来不到一年，家长可能还沉浸在孩子高考的喜悦之中。很多同学背井离乡地求学，与家长难得见上一面，好不容易盼到暑假可以一家团聚。其乐融融之时，我却要拨通家长的电话，送去一条这样的坏消息，让本来应该充满快乐、幸福的暑假时光，笼罩在失望、担心、忧虑之中，我真的于心不忍、痛心不已。

虽然有着一百个不愿意，但这样的电话我却不得不打。不少同学到大学真的放纵自己了，快要忘了自己最初的理想，快要忘了父母的期望，忘了父母为了自己呕心沥血地工作。有的同学玩游戏入迷，“英雄联盟”“dota”“CS”等耗用了他们大部分的时间；有的同学沉醉于动漫，“火影忍者”“海贼王”“龙珠”等是他们永不疲倦的乐园；有的同学痴迷小说，玄幻的、悬疑的、言情的等，是他们自习、听报告、上课的“必备佳品”；有的同学一学期学了七八门必修课，却有三四门不及格。这样的学习状态、学习成绩，怎能让老师不担心？怎能让老师不去满足家长了解孩子学习生活的权力和愿望？

考试挂科了，假期是复习准备补考的黄金时间。与家长的通话，是希望家长能适当督促孩子学习，而不是让他们担心、失望，不能给孩子太多的压力，也不能完全地放任不管。但是这样的度很难把握好，难免让家长难受，同学们更难受，老师也很难受。

同学们，希望你们这学期能考出好的成绩，能有勇气告诉家长，也让老师免于拨通带有坏消息的电话。

作为一个学生，刚开始觉得老师这样做没那必要，但是仔细想想，觉得老师这样做是出于对学生的负责，对老师工作的负责，这样也给予我们一定的压力，让我们能够不断地向前进，能够让父母放心，不负父母的期望。

我能够想象成老师当时挣扎的心理，进一步让同学反感，退一步是对学生的不负责任，这样吃力不讨好的工作，却又不得不做，老师，我永远支持你。

想想真的比较惭愧，大学这么好的时间，我都白白地浪费了，没有认真学习，经不起生活中的诱惑。所以我支持老师这样做，为同学敲起警钟，能够好好学习，不能白白浪费大好时光。

我觉得成老师是个极其负责的老师，身边有些同学每天都在玩，上课不去，考试挂科，真的就快忘了当初的梦想，希望这些能够以此来反思自己，要对得起父母的辛苦劳累。

我是一名班长，能够体会老师的感觉，班级同学上课不去，我总是在挣扎到底要不要告诉辅导员，告诉吧，同学觉得你打小报告看不起你，不告诉吧，觉得对同学不负责。

我支持老师的做法，即使现在被同学私下里鄙视，但是总归比在未来的时候埋怨你当时没能提醒他的好，为了使未来不悔恨，让我们珍惜大学的生活，努力向前。

我们应该怎样看待心理咨询

作者：成建（化学与化工学院）

导读：当问到“产生心理困扰时，是否会主动去心理咨询中心进行咨询”时，很多大一同学回答是“不会去”。传统的思想观念根深蒂固，同学们对心理咨询的错误认识难以纠正。主动联系心理咨询中心求助的同学并不多，有的同学即使受心理困扰导致无法正常学习生活时，仍迈不出主动求助的一步。大学生们走出思想误区，树立及时求助的理念迫在眉睫。

当问到“产生心理困扰时，是否会主动去心理咨询中心进行咨询”时，很多大一同学回答是“不会去”。原因主要是担心自己的老师或者同学知道后，用异样的眼光看自己，多数同学选择自己慢慢调整心态，或者找自己心理意义上的密友调节。大二同学上过了学校开设的《心理健康教育》课程，情况有所好转。但传统的思想观念根深蒂固，同学们对心理咨询的错误认识难以纠正。主动联系心理咨询中心求助的同学并不多，有的同学即使受心理困扰导致无法正常学习生活时，仍迈不出主动求助的一步。大学生们走出思想误区，树立及时求助的理念迫在眉睫。

由于传统文化和宗教信仰的差异，中美民众对心理咨询的态度差别很大。听过一个故事。几年前，美国一个心理咨询机构的专家们来中国进行交流访问。有位美国心理专家问中国的心理学教授：“如果有一对恋人约会，小伙子迟到了，姑娘问他为什么迟到，小伙子回答去找心理医生所以才来晚了，此时中国姑娘对这位小伙子会是什么态度？”中国的心理学教授不假思索地回答：“这个姑娘可能会和他吹了。”但如果在美国，姑娘却会因此而更加喜欢这位小伙子，她会认为一个懂得用心理咨询的方法来调整自我的人，一定不会把自己的消极情绪转嫁到别人头上，也不会把别人当成发泄的对象，与这样的人生活在一起肯定会很幸福。

心理问题普遍存在，绝不是“丢人的事”。青年期是人的一生中心理变化最激烈的时期，而大学生正处在青年期。由于心理发展不成熟、情绪不稳定，心理冲突时有发生，如理想与现实的冲突、理智与情感的冲突、自尊与自卑的冲突、求知与辨别能力差的冲突、竞争与求稳的冲突，等等。社会的变革、竞争的加剧、生活节奏的加速，也给正在成长着的大学生带来强烈且复杂的心理冲击。各种生理因素、心理因素、社会因素交织在一起，造成大学生普遍存在着一定程度的心理问题。

不良情绪如果得不到及时调整，久而久之，极易造成各种生理疾病和心理障碍。比如焦虑、怨恨时胃粘膜冲血，胃酸分泌增多，常导致胃溃疡；长期焦虑、愤怒会使血压增高，心脏受损；过度的或长期的不良情绪会使人的大脑功能严重失调，从而导致各种神经症或精神病。一旦产生了神经症或精神病，这时心理问题就发生了质的变化，通常已经不能靠心理咨询来解决，而需要心理治疗或精神科治疗，并通常需要药物治疗。

可以看出，虽然心理问题普遍存在，但是如果不能及时调整将会对身心产生极大的危害。

那么，什么情况下要心理咨询呢？同学们，当你出现以下情况时，应当想到心理咨询：

一、当某些事引起了你强烈的心理冲突，自己难以解决时；

二、当你心情烦闷，难以自拔时。一般这类常见的情况有过度抑郁或长期抑郁、神经衰弱、对某些事过度紧张焦虑，等等；

三、当你人际关系中出现了问题，常与他人发生冲突时；

四、当你总觉得睡眠不好，如失眠、做噩梦或者梦游时；

五、当你恋爱中出现难以解决的问题时；

六、当你有明显不平常的感觉和行为时，例如，总感觉有人在说自己的坏话，总听到一个声音指挥、控制你，等等；

七、当你常会害怕一些并不可怕的事物，如害怕花、害怕水、害怕笔、害怕看人，等等，再如，脑子里总不停地想一些无意义的小问题，或者不停地洗手，等等；

八、当你有一些古怪的性问题时，或对月经、遗精、同性恋等问题有困惑时；

九、当你希望进一步改善自己性格的时候。

早些看见这篇文章就好了，大学刚开始，来到新的环境，生活学习都不太适应，朋友也没有一个，无处倾诉，当时就没有什么好的方法来排解那种忧虑，希望这篇文章对大家有所帮助。

我做过心理咨询，那时我真的不知道该怎么办，我就去学校的心理咨询室，老师倾听我的诉说，并且给予我很大的帮助。希望大家如果有郁闷的时候，都可以尝试一下这个方法，真的很有用。

受到传统思想的影响，我心情不好的时候，总是采取一些极端的方法，比如喝酒，但是每次之后，感觉并没有什么帮助，我会尝试一下去心理咨询，希望能够管用。

失眠是心理问题么？有时候晚上总会想一些事情，然后就睡不着，就算睡着也是迷迷糊糊的，第二天头会很疼，这原来算是心理问题，看来我也要去进行一下心理咨询了。

我觉得自己心理很健康啊，没心没肺的，考虑的事情也比较少，觉得生活很快乐，希望以后能够继续下去。

想起了当时失恋的时候，那时心理好难过，觉得人生突然失去了意义，无人去诉说，想回到以前的生活，却无法做到，不知道该怎么办。整个人浑浑噩噩好久，希望大家不要步我后尘，能够积极地去心理咨询。

家长，请放开紧抓着孩子的手

作者：张金锋（建筑与艺术学院）

导读：有些家长过于干预学生的一些选择和决定，某些时候的确是站在另外一个角度，考虑得更为周全，但不乏有些家长，不是完全站在为孩子好的角度，而只是想借助孩子这个载体，满足自己曾经没有实现的愿望而已。为此，在我们日常工作中，建立健全学校、家长沟通机制势在必行。

“父母之命，媒妁之言”是西周春秋时期的婚姻礼仪的一道程序。因为父母是有丰富生活经验的人，他们那一辈子经历过很多事情，何况，父母是最值得信赖的人，只有父母是永远不会欺骗自己的孩子，他们所做的一切，绝对是为我们好。封建时代，我们国家推崇儒家的仁义礼孝。但是这种制度不尊重当事人的意愿，也酿成了不少爱情悲剧。每个人的喜好和性格父母不一定了解，完全听从父母的话按照父母的意愿去选择自己的婚姻，这样的婚姻可能会导致以后家庭的隐患。在现代社会，我们应尊重子女自己的意愿，特别是在大学生即将毕业之际，及时和学生家长沟通联系，避免不必要的悲剧发生。

一日下午，接到一毕业班学生家长的电话，说其子毕业生小朱，系北方生源，要和曾经在假期实习过的北京一家用人单位签约，她得知后，火速从家乡赶到学校，想制止他与北京单位签约，让他回家乡所在城市就业。两人因此在学校综合楼楼下发生争执，气急之下，她踢了儿子一脚，不曾想小朱转身跑出校门，随后手机关机，联系不上。她很着急，怕儿子发生意外，并口口声声说孩子是在学校跑走的，学校一定要负责给她找回来。

听完她的讲述，我明确地告诉她，在该事件中，学校没有任何责任，而她作为母亲对儿子的这种做法及对学校的这种态度，实在不妥，希望她保持冷静，让她抓紧通过各种途径联系孩子，学校也会本着对学生负责的态度，积极帮助寻找。放下电话，我立即联系该生，其手机果然处于关机状态，随后喊来其班级同学，在校内外，他可能会去的地方去寻找，一无所获。同时，辅导员通过QQ给他留言，让他速与老师联系。两天后，学生给辅导员回复了留言，说他现在很好，请老师不要担心，他不会做傻事情，只是实在容忍不了他妈妈的做法，想独自清静清静。辅导员立即给他回言说，让他保持冷静，其母现在也很后悔，非常着急，到处在寻找他，希望他给母亲报个平安。同时，如果相信老师的话，可以于晚上8点在线交流或电话交流，看看能不能给他提供些帮助。

当晚8时许，小朱出现在网络上，并主动给辅导员发了信息说感谢老师对他的关心，他现在在北京他实习的那家单位同事宿舍，一切都还好。通过和他交流，小朱慢慢向辅导员敞开了心扉。

原来，小朱他妈妈是他们市一家医院的医生，从小对他要求就比较严，但凡事都想替他做主，高考报志愿时她就不想让他离家太远，他是瞒着父母，偷偷填报的志愿。进入大学，远离父母“监控”的他，逐步找到了自我，而且大学里自己应该说发展得也不错。他很痛苦，说自己已经长大，马上大学都要毕业了，父母还对自己干涉这干涉那儿，尤其是这次他妈妈跑到学校来，在大庭广众之下，踢了自己一脚，他实在是受不了了。

随着交流的深入，小朱慢慢地说出了实情，小朱妈妈想让他回去工作的真正原因其实是他妈妈已给他找了一个女朋友，该女生是学医的，也即将大学毕业，现在医院她们科室实习，且女生的父亲好像也是卫生系统的，他妈妈觉得不错，非得让小朱和这个实习生谈朋友，平时比较顺从父母的小朱，寒假回家和女孩子见了面。女孩子对一表人才的小朱一见钟情，小朱却不怎么“来电”，碍于妈妈的面子，彼此交往了一段时间，小朱发现这个女孩有许多他不能接受的缺点，就决定不继续交往下去了。他妈妈对他这个决定坚决反对，还以过来人的身份告诉他，感情是培养出来的，并希望他们毕业后就结婚，并为他描绘了今后的美满生活……小朱对妈妈这种连婚姻都想要包办的做法，实在是忍受不了，所以就主动在北京找了份工作，自己也十分满意，想趁机摆脱妈妈的“控制”，独立的生活，并希望老师能够出面帮助他说服他妈妈……

从小朱的心声中，可以看出其母的确对孩子干涉太多了，使得本应该自己做主的小朱内心十分痛苦，但鉴于这主要是家庭内部的矛盾，我给小朱提供了以下建议供他参考。一是妥善处理好自己和家庭的关系，尽可能地理解父母，可怜天下父母心，每个父母都疼爱自己的孩子，只是方式不同而已；二是面对自己就业的选择，要充分考虑好，不要仅仅为了尽快摆脱父母的“控制”而盲目地做出选择。

小朱说他这几天思考了很多，北京这家单位自己的确比较喜欢而不是一时冲动，自己也会努力慢慢处理好和家庭的关系。

第二天，我和小朱妈妈在电话里做了沟通，希望她能够充分理解和尊重一下自己已长大成人且即将大学毕业的孩子，开始她并不承认自己有什么不妥，还说她这个当妈妈的，让儿子回去就业，能为他未来创造更好的条件。当我说出她“逼”小朱回去就业，更重要的是想让他回去和她物色好的儿媳妇结婚时，她口气缓和了许多……

最终，小朱妈妈很不情愿地接受了他的选择。

随着独生子女逐步成为学生主体，身为90后的学生家长的支持与配合已成为我们日常学生工作中的关键。实际工作中，我们深刻体会到“一个有问题的学生，背后往往有一个有问题的家庭”。小朱的案例，虽然有点极端，但在就业工作的实际中，家长的确对学生起着重要的作用，日常生活中不乏有家长不让学生就业一定要其考研而学生本身又不情愿者。有些家长过于干预学生的一些选择和决定，某些时候的确是站在另外一个角度，考虑得更为周全，但不乏有些家长，不是完全站在为孩子好的角度，而只是想借助孩子这个载体，满足自己曾经没有实现的愿望而已。为此，在我们日常工作中，建立健全学校、家长沟通机制势在必行。

在现代社会，我们应尊重子女自己的意愿，特别是在大学生即将毕业之际，及时和学生家长沟通联系，避免不必要的悲剧发生。

家长不应该把自己的意愿强制地施加在孩子身上，每个孩子都是个性独立的，如果强加只会产生适得其反的效果。

学校方面应该健全学校、家长沟通机制，让家长学会放手，不给孩子施加压力，同时也可以让家长理解校方的工作。

“一个有问题的学生，背后往往有一个有问题的家庭”。这句话不可全面肯定，却又有其合理之处。有些家长过于干预学生的一些选择和决定，某些时候的确是站在另外一个角度，考虑得更为周全，但不乏有些家长，不是完全站在为孩子好的角度，而只是想借助孩子这个载体，满足自己曾经没有实现的愿望而已。

瞧，咱数院的钢铁侠

作者：刘政（数学学院）

导读：成长的道路或许没有想象的平坦，不时带给我们些辛酸痛苦的记忆。然而，生命原本就像盛开的花朵，是一种奇迹，但也会随时遭遇危机。而当你撇去许多欲望，将梦想放得很低很低时，以灰白色作为底色，你的心就会更加平淡。你就会发现，原来生活有一个个惊喜在等你，每一个惊喜都是洒向这底色的靓丽色彩。

2014年的秋天，新的开学季。在众多拖着行囊离家求学的新一届合肥工业大学的学子中，有一个身影格外令人动容。一个中等个头，皮肤黝黑的男孩，臂弯里夹着入学报到的材料、双臂各拄着一根钢铁拐杖、单靠右腿前行，亲自完成入学、报到、体检的所有流程，由于吃力，额头上已渗出汗珠。

他是来自安徽芜湖的19岁男孩李桢。7岁时由于一场车祸不幸失去了左腿。经过近一年的休养后，他再次走进校门。李桢学习刻苦，以高分进入合肥八中实验班。今年高考，他以超过省理科一本线70多分的成绩“圆梦”合工大，被数学学院数学与应用数学专业录取。

【我不想搞特殊，更想融入到大集体中】

考虑到他行动不便，开学前校方特意安排出一楼的一间宿舍方便他上课、出行，但却被他婉拒。“我们班的男生都住在6楼，我不想搞特殊，更想融入到大集体中，而且我身体棒棒的，足球都能踢上三四个小时，这点难不倒我。”李桢说，他在高中时就有过住校的经历，当时，学校特别照顾，他在宿舍里放了一个折叠床。“我虽然只有一条腿，但我体力很好，睡上铺也不会有太大的问题，应该不需要学校特别照顾。”

李桢为人十分低调，他真诚地说，踏入新校园后最希望的就是同学们不要以异样的眼光对待他，自己也会努力成长。

【既然我可以做到，为什么不去呢】

9 月 1 日，新生已经开始了入学军训。作为辅导员的我考虑到李桢腿不方便，建议他在一旁休息。而李桢却坚持说："既然我可以做到，为什么不去呢？"他深知军训的训练强度会不断加大，但仍然乐观面对，把军训当成入学教育的第一课。19 岁的他与同龄人相比，有了更多经历，也许正是从这带些苦涩的经历中，才有了比同龄人更加深刻的感悟：新一代的大学生应当迎难而上，这才是我们应有的本色。同时，李桢也清楚地认识到自己的身体状况，不想拖累大家的训练进程。在大家辛苦训练的同时，他也丝毫不放松自己，始终站在队伍一旁陪着大家一同训练，用"站军姿"的训练方式鼓舞着所有人。

【重要的是，专业是我喜欢的数学】

19 岁的他，年幼意外致高位截肢，在很多人眼里，他这辈子都算"完了"。

今年年初，通过自荐，李桢参加了合工大的自主招生考试，在几万人中脱颖而出，以优异的成绩通过合工大的自主招生考试，综合成绩排名第 21 位。今年高考时，他又以理科 563 分的成绩，考取了合肥工业大学数学系。

"合肥工业大学是我的第三志愿，前两个学校都因十几分的差距无缘录取，不过，被录取到合工大也不错，更重要的是，专业是我喜欢的数学。"李桢笑着说道。对即将开始的大学生活，李桢充满着期待，也有诸多设想。当然最希望的是能减轻父母的负担。他在入学感言中写道："大学就是让我们逐渐独立，直至不需要依赖父母的呵护与照顾，能完全自食其力，并且时常对父母尽孝，能帮助父母做一些自己能做的事。"在学习上，他表示，同样会迎难而上，为之后的发展打下坚实的基础。在社团活动方面，他更是积极参与，为大学生活增添色彩。

成长的道路或许没有想象的平坦，不时带给我们些许辛酸痛苦的记忆。然而，生命原本就像盛开的花朵，是一种奇迹，但也会随时遭遇危机。而当你撇去许多欲望，将梦想放得很低很低时，以灰白色作为底色，你的心就会更加平淡。你就会发现，原来生活有一个个惊喜在等你，每一个惊喜都是洒向这底色的靓丽色彩。

我们要将这样的精神化作前行的动力，将大学生活变得更加绚丽多彩，加油吧，咱数院的骄傲，我们心目中的钢铁侠！

人生很长，困难、挫折时时会有，遭遇危机，也许我们会觉得很难面对，但是只要我们坚持过来了，回头看自己的曾经，会因为克服这一个个困难而为自己骄傲。

有句话是这样说的“人生不如意十之八九”，每个人的人生都会遇到很多困难、挫折，但只要勇敢面对，没有什么是过不去的。

我是合肥工业大学数学学院的学生，李桢是我的同学，他真的是一个坚强乐观的同学，他没有觉得自己和别人有什么不同，并且十分努力，是我们的榜样！

看到这篇文章我有许多感触，这样一个有残疾的同学这么坚强真的令人佩服，回想我们的过去，军训时有的同学想尽各种办法偷懒，真是惭愧。每个人有自己的人生，自己的人生造就了自己的性格，这个同学的经历十分励志，我们应该向他学习。

我们常说要活出五彩的人生，但也许是我们要求太高，所以觉得处处是困难，如果放低心态，以灰白为底色，也许我们能活得更乐观、开心。

文章给我们提供了一个新的视野，确实，我们可能对生活的要求太多，所以会活得辛苦，梦想可以飞得很高，但是心态放低，会发现生活中更多的美好。

荏苒大学，梦

——致 2013 级新生的一封信

作者：王锐琴（土木与水利工程学院）

导读：再过四年后的现在，可能你也会像我一样已经离不开这土地，可能你已经开始懊悔曾经的你 being 表现不佳，很多很多的你已经开始怀念这段特殊的时期。当你想起它的时候，我，和我们这片土地一直在这里看着你。望你在奔赴前程的路上，戒骄戒躁、踏实进取。

我的大学读了四年又三年，又四年，将再四年。我始终尝试着去一步步读懂这片土地，毫不倦怠。因为，这土地上有你们。其实，你们是幸运的，在这片土地上，你们可以把使用权用英语里的三种时态诠释得淋漓尽致；而我，是幸福的，在 being 的时候，能有幸和你们分享我爱得深沉的这片净土。

Will be

即将踏入大学，可能你怀着无比激动和兴奋的心情，可能完美主义的你并不满足学校、专业或者城市而感到沮丧和懊悔，可能孩子气的你已经陷入准备离家的恐慌中，可能已经恋爱的你对马上到来的异地恋感到束手无策……将要入学的你们还可能是所有情绪的酸、甜、苦、辣、咸交织在一起。确实，这挺为难你们的，但是这为难就是成长。

在年龄上已经或即将成年的你们，在身份上即将是大学生的你们，在人身上即将从监护人手里独立的你们，希望你们能接受这段成长，在心灵上真正成长。

我想对高考发挥失常或是填报志愿运气不佳的你们说：某种意义上看，人生的旅途受到挫折，不一定是坏事。但是受到挫折一直爬不起来，就一定是坏事。对学校、对专业、对城市，不要存在过度的情绪，这种情绪会像一记耳光时时刻刻拿着现状扇你。大学不是学习的终点，更不是起点，需要你在这个阶段加倍努力去填补高考失利留下的空白。希望你们能战胜你们的心理，将目光放得更长远些。

我想对还未离家就陷入无限的思家情绪中的你们说：你们已经长大了，对于可能从小到大从未离开过父母身边的你们，可能都需要搂着襁褓才能入睡的你们来说，这是一个不小的心理跌宕。我希望入学的你们，能整理自己的情绪，以崭新的面貌迎接大学。不要在一开始，就落到了后头，等到有意识的时候，你们已经错过了沿途最美丽的风景。

我想对还未离家就表现出过于兴奋的你们说：你们对家庭或者父母存在一定叛逆的情绪，初次离家，犹如脱缰的野马，是最容易犯错误的时候。我希望你们能时刻警醒自己。决定做任何“事业”前学着去打长途电话征求父母的建议，询问老师的意见，希望你们平安过渡到大学，不走歪路。径直跑向你们的大学。

Being

大学进行时，我会一直陪伴在你们身旁，协助、服务好你们。我愿意听你们分享学习、生活、家庭、爱情等大学一切的开心或者是难过。

我不希望你们一味地学习而遗失青春的美好。对于大学生来说，学习永远是第一位。但是，大学的学习可能在方式上逐渐颠覆你们十几年来的习惯，可能在内容的深度和宽度上更甚于你们曾经的任何一门课，也可能大学老师的授课给了你们全新的体会，因此，你们会不适应，会存在一定的学习障碍。那时候，我希望你们不要着急，停下来调整学习方法，加强和同伴、同学的交流，可以找老师、找学长学姐，多参加一个社团，多挤挤学生会，对热爱学习的你们肯定会有所帮助。

我不希望你们一头扎进学生会、社团、兼职、爱情和酒肉朋友……而忽略学习。一心想提高自己各种能力，一心想培养自己的人脉关系的你们会在面对学习时提出无数的理由和借口。但是，年轻的你们可曾想过，掌握知识和过硬的本领是你们使用起无限情商和交际能力的前提。大学会是你们锻炼的平台，切记也是学习的天堂。

许多同学可能看到这里，恼了，看似矛盾的两段已经把你原本纠结的心情拧得和麻花一样。原谅我的啰唆，原谅我的语无伦次，我只是希望你们每一个同学都能快乐，顺利地把你们的大学生活塑造得精彩，去赢得你们的美好明天！

在 being 的过程中，我有几点意见和建议想和你们分享，望能共勉。

第一，成为一个有“原则”的人。试着和自己约法三章，在校纪校规、国家法律的基础上是必然的，给自己圈定一个条框，譬如“大学四年不挂科”“绝不学抽烟”“不说恶意的谎言”，等等。我相信，适合自己的原则，可能会苛刻，但是能把你塑造成令人敬佩的一个人。

第二，培养自己的一个兴趣，最好能成为除专业外的特长。在越来越强调素质教育的社会中，因为儿时的某些原因，可能我们不具备一些艺术或体育等特长，但是，从大学起，尝试着去培养一门兴趣和特长，可以是任何积极方面的，这会成为你们今后人生一笔不小的财富。

第三，用心地交朋友，特别是能成为知己的朋友。其实，朋友并不在于数量，而在于质量。四年后，你有一个或几个好朋友，亲如兄弟姐妹，或更甚于兄弟姐妹，是金钱难买、人生无憾的快事。

其他，就需要你们慢慢去体会，去“读”这个大学。

Was/were

再过四年后的现在，可能你也会像我一样已经离不开这土地，可能你已经开始懊悔曾经的你 being 表现不佳，很多很多的你已经开始怀念这段特殊的时期。当你想起它的时候，我，和我们这片土地一直在这里看着你。望你在奔赴前程的路上，戒骄戒躁，踏实进取。

虽然第一次一个人远离家乡到外地读书，但还是对即将到来的大学生活充满了期待，希望不忘初心，在大学打造一片属于自己的更广阔的天地。

好有爱的辅导员，希望自己的辅导员也能如此体贴负责。在以后的大学生活里，我要认识更多更好的人，好好珍惜靠自己拼搏赢来的学习条件和生活。

这个时候看到这篇文章真是感慨万分，如今的自己已经快要离开校园。好后悔自己当初没有好好珍惜美好的大学时光。的确，大学是我们充实自己最美好的阶段。只能祝福学弟学妹们在大学里遇到更好的自己。

给出的几点建议很受益，有原则、选择兴趣、用心交友。我会努力做到这几点，戒骄戒躁，踏实进取。

谁给我们父母最简单的爱

作者：王锐琴（土木与水利工程学院）

导读：其实，或许是你一个简单的动作，一个合适的习惯，对他们来说，都是爱！或许你现在就可以拿起手机，听听父母的唠叨，也让父母听听你的声音。如果你连这都没法做到，那就请保持手机畅通，父母随时可以联系到你。儿行千里母担忧，别忘了，儿女过得好，就是他们全部的安全感和幸福感；更别忘了，远在他乡的儿女，承载着父母满满的牵挂和期望。

当大家拿到录取通知书，踏进大学校门的那一刻时，多数的你认为逃离了家长的束缚是一种幸福，逃离家庭的禁锢是一种解脱；多数的你认为你拥有足够丰满的羽翼去翱翔、去放肆、去挥霍青春；多数的你甚至还认为用最快的速度在大学里成长才是对父母最大的孝顺。Bull shit！除了英文电影最经典的这两个单词，对这种思想的形容，我别无他词。

你可曾想过，在你无度挥霍的时候，一向节俭的父母的金钱观是否已经被你丢掉；你可曾想过，在你无尽潇洒的时候，忧心的父母一夜未眠；你可曾想过，一遍一遍拨打你关机或无人接听的那只通信工具那头的父母，分分秒秒地煎熬。在这里，你还敢说，你孝顺吗？你爱他们吗？

不如放下这个严肃的话题，咱们先聊聊我身边的学生的故事。

在一个月前，有学生家长打电话给我，用几乎抽泣又战战兢兢的语气："孩子好几天都联系不上了，孩子是不是安全在校？麻烦老师帮忙找找孩子，让孩子给家里来个电话吧？"

而一天前，有学生家长加上与学院有关的各大官方QQ群，散布找孩子的信息，恰好被我正在读研的学生截取，联系到我，及时处理。

昨天晚上，舍友发现某同学半夜未归，手机关机，无征兆、无缘由。幸好这次不是家长。

在这里，我并不想谈其他，更不想一味地责备。只是单纯想提提在外的你们如何向父母表达最简单、最触手可及的爱。因为有些同学，真的让我太过心寒，你们与父母不对等的爱，让我不得不以一名师长的身份警醒你们。

人生是一场旅程，蜿蜒曲折，磕碰起伏。当你累了、倦了、迷茫了，在你背后，总有人在无条件地默默支持着你，给你温暖的退路，坚强的堡垒。读到这里，你可曾想过，当他们白发苍苍、满面皱纹时，当他们现在和你不在一起时，也希望电话里你的一声呼喊。你是否也应该站在他们身边，搀扶，照顾，陪伴，交流？

亲爱的同学，学会长大的第一件事情，请学着换位思考。心理学家马斯洛认为安全感是人的基本需求，是决定心理健康的最重要因素。而父母的安全感绝大一部分来自于自己的孩子。我们从小在父母的呵护下长大，父母为子女奉献一切，从孩子呱呱落地，到蹒跚学步，再到上学求知，到现在的步入大学，每天的心思都花在子女身上。然而，离家的你给过足够的安全感给父母吗？你是否经常给父母回个短信、通个电话？你可能会说，啊，这些小事也要拿来讲个不停。其实，这才是最简单也是最宝贵的爱。

孩子们，你的生活也好，生命也好，不可能只是你一个人的。口口声声喊着成年了，能为自己负责了，但是，你永远都是父母的孩子。古人说，父母在，不远游。而现在，我想告诉你们，父母在，共远游。不是身体，而是心灵。

幸福的家庭都是相似的，而这个相似的原因就是相互爱的维系，说到这里，我也和你分享一个小故事。倒不是分享故事的本身，而是给你们借鉴一个表达最简单爱的途径和方式。

儿 11 岁。我与妻久居异乡，每日致电老母亲，问候。一日，儿接电话：

“爸爸，您好！”很兴奋！

“嗯，好！奶奶呢？请奶奶听电话。”

“爸爸，你为什么每天只给奶奶打电话呀？”

“这有什么好奇怪？因为那是我妈！”

“那我呢？我也想你们！”

“你找你妈去呀！”

“哦！”

从此，妻每天 6 点，都能接到儿子的问候，风雨无阻，至今已 8 年！（故事转载于网络）

孩子们，谁都给不了我们父母最简单的爱。母亲节、父亲节当天，我总会看到很多同学在空间、微博、微信上发布着各种祝福父母健康的信息。那为什么不尝试着拿起手机去听听你父母的声音，听听久违的唠叨和关心？一根长长的电话线，一头牵着你，另一头其实系着的就是父母的牵挂。

其实，或许是你一个简单的动作，一个合适的习惯，对他们来说，都是爱！或许你现在就可以拿起手机，听听父母的唠叨，也让父母听听你的声音。如果你连这都没法做到，那就请保持手机畅通，父母随时可以联系到你。儿行千里母担忧，别忘了，儿女过得好，就是他们全部的安全感和幸福感；更别忘了，远在他乡的儿女，承载着父母满满的牵挂和期望。

无论身在何处，都要随时牵挂父母。因为他们是我们一生最大的恩人，对曾经的自己表示深深的愧疚。以后会多跟父母交流。

我们的几句话就能使父母开心半天，所以，没事多跟父母联系。哪怕只是讲述生活中的小事，哪怕只是几句嘘寒问暖。儿女过得好，就是他们全部的安全感和幸福感。

以后跟父母在一起相处的时间越来越少了，可是他们越来越需要我们的陪伴。珍惜每一次放假的机会，多陪父母聊聊天，而不是每天冷冰冰地对着手机、电脑交流。

父母已经为我们付出了那么多，我们哪有理由让他们为我们再次操劳？已经长大成人的我们，要学会独立，更要学会给父母带来安全感。

改变不一定是痛苦，也可能是机遇

作者：钟小要（仪器科学与光电工程学院）

导读：著名思想家弗洛姆曾经说过这样一段耐人寻味的话："心若改变，你的态度跟着改变；态度改变，你的习惯跟着改变；习惯改变，你的性格跟着改变；性格改变，你的人生跟着改变。"考研是一段非常痛苦的经历，因为它意味着自我的改变，自我的突破。但同时它也是一个机遇，非常值得经历的过程，经历过痛苦的人才更加坚强，经受住了痛苦我们才能达到人生新的境界。

昨天，一位原本信心百倍的考研同学很沮丧地跑到我办公室，跟我诉说了两个月来准备考研的体会感受。为了那憧憬的"美丽"的研究生生活，他付出了很多，更重要的是要改变很多。跟着几乎所有的考研人一样的步伐，似乎他的生活在那一瞬间变得不一样起来。没有了懒觉，没有了电脑游戏，没有了周末的大放松，没有了彻夜通宵的闲谈阔论，考研的日子变得比以前更加单调、枯燥。但事情远没有那么简单，那几本厚厚的课本《公共建筑设计原理》《居住建筑设计原理》《建筑构造》并没有如他预料地那般迅速地发挥它神奇的功效，用原来的学习方式啃起来，真的很难，他有些无法忍受，甚至有好几次都有了放弃的冲动念头，他现在的状态只能用三个字形容：痛苦啊！

他的话使我想起了一个大家熟知的自然现象，我便给他讲了这个鹰的故事。鹰是世界上寿命最长的鸟类，寿命可达 70 岁。在鹰 40 岁时，它的爪子开始老化，无法有效地抓住猎物；它的嘴变得又长又弯，几乎碰到胸膛；它的羽毛长得又浓又厚，翅膀变得沉重，飞翔十分吃力。它只有两种选择：等待死亡，或是开始另一个新生。这种新生是痛苦的：必须经过 150 天漫长的操练——在悬崖上先用嘴击打岩石，直到完全脱落，然后静静地等候新的嘴长出来。用新嘴把指甲一根根拔出，再用新长出来的指甲将羽毛一根根拔掉。五个月后，新的羽毛长出来了，鹰开始了新的飞翔，它将重新获得长达30年的生命。

这个过程无疑是十分痛苦的，也是个反复流血的过程，可以想象一下这个过程的滋味。但鹰有着强烈的再展雄姿的意志，所以再痛再苦，它依然坚持到底，相信我们每个人都有志存高远的时候，但内心的纷扰一次次验证着现实的无情，因为我们想要去成长发展，就需要不断地突破进去，就要不断地改变现有的状态，而这样的改变无疑会给自己的内心带来痛苦，而我们的自我防御体系就会发挥作用，趋利及求安全的本能就会成为我们发展的障碍。而时光只会载上能跟得上时光步伐的勇者，不会在乎你是不是年轻，更不会迁就你哪怕稍作的停留……

改变自己会痛苦，但不改变自己会吃苦……一个人的性格和习惯是很难改变的，如果想改变，那肯定是一件很痛苦的事。虽然是这样，但在很多时候，我们必须要改变自己。著名思想家弗洛姆曾经说过这样一段耐人寻味的话：“心若改变，你的态度跟着改变；态度改变，你的习惯跟着改变；习惯改变，你的性格跟着改变；性格改变，你的人生跟着改变。”考研是一段非常痛苦的经历，因为它意味着自我的改变，自我的突破。但同时它也是一个机遇，非常值得经历的过程，经历过痛苦的人才更加坚强，经受住了痛苦我们才能达到人生新的境界。

一个多小时的交流，他明显坚定很多，也轻松很多，我注视着他离开我办公室的背影，我也默默地祝福他在这场考研的奋战中，把握自我改变的机遇，不断地成长，更好地蜕变，成为一只展翅翱翔的雄鹰，为以后的彩色人生铸就华丽的开场。

鹰的故事让我很震撼，比起这个，我们经历的挫折与改变有什么困难的，人本来就是在挫折与改变中进化的，不断改变自己，才能不断超越自己，所有在奋斗的人们，加油！

这让我想起了小时候老师和我说过的一句话——“奋斗时的痛苦和不努力失败后的后悔，你选择哪个”，对于我来说，奋斗虽然会改变自己，但比起后悔自己没有作为，我更愿意接受改变时的痛苦。

“我可以改变世界，改变自己”“一点点改变，有很大的差别”，这两句歌词，不断激励着我改变自己，想到蜕变后的自己，其实路途上经历的痛苦也就不算什么了。

心若改变，你的态度跟着改变；态度改变，你的习惯跟着改变；习惯改变，你的性格跟着改变；性格改变，你的人生跟着改变。这句话已经成为我的人生座右铭了，加油！

抱怨世界不如改变自己、挑战自己，只有这样，人才会不断进步。现在的我刚选择了考研这条路，无论有多少的困难，要如何改变自己，我都不会放弃。

我和这位同学一样，大一大二时虚度时光，要考研了，突然改变了作息，非常不习惯。不过我相信，只要有信念，我就会坚持下去，总有一天，我会像鹰一样重获新生！

我们的故事

——大二：明天，你好

作者：刘开阳（管理学院）

导读：刘墉曾说过："一颗强壮的心灵敢于面对哀愁，因为他知道所有的哀愁都将淡远；所有的哀愁，有一天都能被咀嚼，被纪念，被转化，成为大爱。"你们即将面临的大二的改变，可能比大一时感受到的还残酷得多，诸如课业的压力、社团的工作、比赛的紧张，等等。我希望，不论怎么样，你们都可以笑着迎接明天的太阳，笑着对自己说："明天，你好！"

亲爱的孩子们：

入夜，微凉。

合肥罕有这样的天气，尤其是在炽热的夏季，此刻，天空中竟淅淅沥沥地下起了小雨。到了今天，2013级的迎新工作全部顺利完成。宿舍的书桌一隅，笼罩着昏黄的台灯光晕，此刻，看着眼前你们交给我的一摞迎新工作报告，审阅着你们的工作成果，又想起你们辛苦工作时，周围其他老师私下和我说过的认可和褒奖……对你们的赞赏，心中的感动，无以复加。

孩子们，你们终于长大了。

曾几何时，你们稚气未脱的眼眸里充满着对大学生活的迷茫和幻想。在你们之中，会有孩子半夜给我打电话说自己好想家、想爸妈；也有孩子在临考前告诉我"老师我都还没有复习好，怎么办"；还有在军训结束时喝醉酒被送进医院的那些少年，令我恨兮怜兮。

蓦然回首，一年光阴如白驹过隙。经历了一年的风风雨雨，你们学会了如何全面思考遇事冷静，你们学会了如何拓展素质平衡自己，你们更学会了如何关心别人开阔胸襟……而我，也一如既往地与你们站在一起，给你们鼓励；我能做的，就是始终如一地为你们遮风挡雨。在还没认识你们所有人之前，我就努力地记住我们学院这一届将近400位孩子的姓名，争取和你们中的每一位都用心地谈几次话，尽我所能地把我明白的经验道理与大学的适应技巧传承下去。我们都在成长，不是吗？记得我曾在班会上和你们讲："什么是幸福？我说幸福就是：有人爱，有事做，有所期待。"这一年，相信我们彼此都在努力幸福着、经历着，而这句话，也算是我送给你们的大二礼物吧。

一、有人爱

在我眼中，"有人爱"有两层含义：第一层：有人爱你们；第二层：你们爱他人。

关于第一层，大文豪雨果曾说过，生活中最大的幸福是坚信有人爱我们。你们都是90后，是在世界焦点中行走的一代人，是在众星捧月中长大的一代人。父母、老师、亲朋，都在你们身上倾注了大量的心血与精力。很多时候，你们身边从来都不缺少关心、爱护你们的人，你们所谓的寂寞和孤独不过是自我心理的难以排解，是成长的正常现象。所以，多看看周围的世界吧！你会发现身边有很多善意的微笑，还有很多双真诚的眼睛一直在注视着你、关心着你。

至于第二层，"你们爱他人"。这一年中，我很欣慰地看到你们在这个层次上的进步，离家的鸟儿们不再是一味地索取，而是学着反哺父母，报喜不报忧；你们也学会了同伴间的相互忍耐、相互包容。"感恩"二字，从刚开学的第一次班会上我就一直在强调，"人才"二字，先成"人"，后成"才"，爱人者人恒爱之，学会爱他人，才能更好地接受别人的爱，才能培养更高尚的品质，德才兼备的你们才是我最期待看到的青年人。

二、有事做

关于"有事做"这三个字，经历了一年的大学生活，我想你们都感触颇深吧。

刚上大学的你们，似乎是感受到了前所未有的"自由"。在网上，流传着各种"60分万岁，不挂科就好"的言论，还有就是"上了大学一切开禁"的传说。这些思想的误导的确不怪你们，老师上高中的时候也是被这样告知的，仿佛大学就是天堂。所以那个时候，整个大一都弥漫着一种浮躁的气氛，大一的课又少得可怜，怎么收回你们的心呢？让你们有正事可做就成了我刚成为辅导员时考虑的首要问题。

固定时间的晚自习，每天上课的签到表，随机频繁的寝室抽查，班级定期的学风评比，读书感悟的活动举办，班级文化的实施建设……所有这些工作，都是希望引导你们找到除了学习以外的有意义的事情。尤记得你们当时不理解、不配合的状态，和那心不甘情不愿的表情，那么楚楚可怜。但是如果你们能真正地明白老师的良苦用心，那么你们大二的心境，将会是另一番风景。除了选择留下并通过竞选之后，担任社团干部的少部分人以外，你们中的绝大多数同学大二主要的事业就是学习，那么针对大二的学习生活，在这里，我给大家提几点建议：

（一）保持良好的身体素质

作为当代的青年人，首先，你们必须树立“身体是革命的本钱”的意识。

不论你的目标、理想、生活节奏是什么情况，首先你要明白的是，没有好的身体素质保证，一切想法都是空谈。离开了父母的督促，你们中有个别人开始通宵上网、唱歌，你们中很少有人能坚持锻炼。那么这就是我要重点强调的两点：第一，生活有节制。不能为了自己的欲望无节制地玩闹取乐，不能因为自己是年轻人身体能扛下来就透支生命。身体不仅仅是你一个人的，也牵挂着父母的疼爱，牵挂着老师的关心，牵挂着你未来的生活质量，那么学会节制自己的欲望、有规律地生活就无比重要。第二，要坚持锻炼。大二以后，你们没有了每天定时锻炼的早操，减少了一学期每周体育课的安排，那么学会自我锻炼、保持强健体魄就需要更多督促与关注。因此从学院的角度，我提倡班级组织或者专业联谊举办一些运动会，从你们的角度，我希望督促你们要多坚持锻炼，不论是羽毛球、篮球这些竞技类运动项目，还是仅仅每天坚持慢跑几圈，都是不错的选择。

希望你们记住，“磨刀不误砍柴工”，不论有什么样的规划，良好的身体素质都是完成规划的保证。在保证了身体的前提下，你们一定能快马扬鞭，直奔远方。

（二）制定自己的学习安排

作为一名大学生，你需要调整好自我，扎实学习专业课程，为自己的未来道路、职业选择打好坚实的基础。那么制定一份高效、合理的学习计划的重要性就不言而喻。

每个人有不同的学习习惯，我提倡大家培养自己学习习惯的同时，学会合理地安排时间、高效地完成任务。首先，建议大家制定具体入微的时间计划，规划每天的任务安排，每周的短期安排，每月的中期安排，还有每学期的长期安排，按计划做事会使得你的生活有条不紊。其次，建议大家制定劳逸结合的时间安排，学习的专注用心固然重要，适当的放松也是保证效率的前提。每个人的记忆都有相应的遗忘曲线，随着学习时间的累计，大脑的疲劳度增加，效率也随之下降，那么合理的学习安排的好处也不言而喻。

这么一份高效而合理的计划，将会使得你的学习任务有序完成，生活安排井井有条。而在完成计划任务的过程中，你们将提升专业素质，学会延迟满足，学会控制自我，从而达到学习、生活、工作、娱乐四者的平衡，做一个具有专业化素养的青年人。

（三）丰富自己的知识内涵

除了完成专业学习以外，我们知道，人的素质的提高，不仅仅在于课堂知识的增长，还在于人文知识的累积，“书中自有黄金屋，书中自有颜如玉”。那么合理利用大学资源，就成了大二生活的第二项重要课题。

首先，大家可以安排时间到图书馆汲取资源，我们学校的图书馆还是资源广泛、分类清晰的，多借阅一些有益于拓展思维、丰富知识面的书籍，将会为你们铺垫更向上的阶梯。其次，我提倡大家在学习之余，多参加一些有利于能力提升的比赛，比如学院的心理知识竞赛、学校的演讲比赛、安徽省“双百”大赛、企业模拟大赛，等等，在投入比赛的过程中，你的能力将得到一定层次地提升，你的知识内涵也将得到不同角度的积累。

孜孜不倦地汲取大学的资源，求知若渴地扩展自己的知识层面，培养自己的思想内涵，而且勤勉坚持不懈怠，那么你的知识底蕴终将会十分扎实，你的内心世界也将会无比精彩。

（四）发展自己的兴趣爱好

除了知识层面的累积之外，我还提倡在大学期间，发展一项自己的兴趣爱好。你们中有些人觉得每天年华虚度，也有不少人觉得自己兴趣广泛。青葱岁月，美好时光，也应当更加精彩。在放松的时候，学习乐器也好，学习小语种也罢，甚至只是运动项目等都是兴趣爱好的不错选择。能将兴趣爱好转变为事业依托的事例也确实存在。三百六十行，行行出状元，不要小看兴趣爱好的力量，做一件自己喜欢做的事情，有一项心灵的依托，你的生活将会锦上添花。

三、有所期待

有了确切的计划、强劲的执行力，那么下一步，就应该是有所期待。既然选择了远方，便只管风雨兼程。储备的过程就是向上的车轮，所期待的东西便是奔向远方最为强劲的动力。从更广泛的意义上来说，期待即为自己的精神动力，指引着远方的地平线。我希望你们能够描摹出自己希望成熟的样子，青年人，趁着大好光阴，竭尽全力，完善自己，尽快成长为自己想做的那种大写的人。我期待，你们会带给我更大的惊喜。

刘墉曾说过：“一个强壮的心灵敢于面对哀愁，因为他知道所有的哀愁都将淡远；所有的哀愁，有一天都能被咀嚼、被纪念、被转化，成为大爱。”你们即将面临的大二的改变，可能比大一时感受到的还残酷得多，诸如课业的压力、社团的工作、比赛的紧张，等等。我希望，不论怎么样，你们都可以笑着迎接明天的太阳，笑着对自己说：“明天，你好！”而我，身为辅导员，兼任着你们的姐姐或者还是朋友，希望你们永远记住，我们，一直都在同一条战线；我们，一直拥有共同的事业。新的学期，孩子们——加油！

作为当代的青年人，首先，你们必须树立“身体是革命的本钱”的意识。不论你的目标、理想、生活节奏是什么情况，首先你要明白的是，没有好的身体素质保证，一切想法都是空谈。

当代大学生对体育锻炼的观念变得很淡，我们自己一直没有意识到。看到老师的言论之后，才发现我们应该多锻炼。

其实大家都知道平时应该多锻炼，但是这件事情还是要重在坚持。提倡班级组织或者专业联谊举办一些运动会。

磨刀不误砍柴工，不论有什么样的规划，良好的身体素质都是完成规划的保证。在保证了身体的前提下，你们一定能快马扬鞭，直奔远方。

作为一名大学生，我们需要调整好自我，扎实学习专业课程，为自己的未来道路、职业选择打好坚实的基础。那么制定一份高效、合理的学习计划的重要性就不言而喻。

美于心灵，帅在素养

作者：朱玲利（计算机与信息学院）

导读：高富帅、白富美，在这个物欲横流的社会，俨然成为对年轻人最高评价的代名词。大多数人都是从字面上理解：高富帅，身材较高，家庭富有，脸颊帅气；白富美，皮肤白皙，家庭富有，面容姣好。面对越来越充实的物质世界，传统礼仪与文化的缺失，正确引导当代青年不断培养富有的心灵，养成良好的品行与素养，迫在眉睫。

男孩，做一个“高富帅”，高于眼界，富于实践，帅在素养。女孩，做一个“白富美”，白于品性，富于思维，美在心灵。

——题记

铸就满怀素养的心灵。德育教育是教育的核心，学生的道德认知与道德德行相互统一，是当前德育教育的重中之重。有这样一个故事，有一个男孩有着很坏的脾气，经常喜欢发脾气，他父亲语重心长地对他说：“孩子，以后你每发一次脾气，就在院子里的木桩上钉颗钉子，当你能控制你的自己脾气时，就可以拔出一颗钉子。”一天天过去了，男孩钉的钉子越来越少，最后，他终于把所有的钉子都拔出来了。父亲握着孩子的手：“你做得很好，我的好孩子。但是看看那些围篱上的洞，这些围篱将永远不能恢复成从前。你生气的时候说的话将像这些钉子一样留下疤痕。如果你拿刀子捅别人一刀，不管你说了多少次对不起，那个伤口将永远存在。”父亲的话语，就像真实的伤痛，令人无法承受。为人处世，学会宽容，宽容自己，包容他人，拥有为而不争的处事心态，满怀事事坦荡的大度情怀，从点滴做起，从身边做起，努力塑造一颗简单且朴实的心灵。

培养始终践行的品性。与此同时，清华大学在迎接新生时，有这样一条标语曾风靡一时：天行健，学长以实力打倒高富帅；地势坤，学姐凭智慧战胜白富美。在生活中，思想与成果之间往往只需要一座桥梁——坚持不懈的行动。剖析当代大学生，大部分都有着光想不做的懒惰思想，个人性格独立且个性较强，有思想但付诸实践时，往往心有余而力不足，动手能力较差。在课程教育上，不断推动学校教育改革，增加实践性课程，培养学生将知识用于科研上，科研做在产品上，成果展示于工厂中。在课外引导方面，鼓励学生积极参加各种活动，除在不同阶段参与课题外，力争组团开展各种社会实践活动，实现校企联合培养，联合教育，在实践中学习，在学习中成长。在思想政治教育导向上，通过开展丰富的主题班会，采用谈心谈话、户外拓展等形式，培养学生的独立意识、团队意识以及合作意识，鼓励学生自我教育、自我管理、自我服务，逐步推进学生社会化的进程。

拓展富有思维的眼界。一个人的眼界影响着一个人的世界观、人生观和价值观，并在一定程度上决定着一个人的人生高度。思维是创新的源泉，思维的深度决定眼界的宽度。一方面，在生活中，学会一日三省，三思而后行，谨言慎行，多吃亏、善观察、勤思考，做到与人沟通真诚相待，为人处世恰如其分。另一方面，在学习中，始终秉承追根溯源的精神，静心研习，相互探讨，深入学习，并时时了解专业动态，把握专业脉搏。在大学这个价值观最后成型的阶段，除认真学习专业课程外，鼓励大家拓展视野，广泛涉猎经济、历史、文学、理学、法律等各方面书籍，充分了解社会百态。

美于心灵，帅在素养，以书籍充实头脑，把行动化为成果，用思维铸就未来。致青春，Say“hello” to“高富帅、白富美”!

美于心灵，帅在素养，以书籍充实头脑，把行动化为成果，用思维铸就未来。

希望我们以后每一个人都如朱导所说变成“高富帅”“白富美”。

作为一个姑娘，在我所有美好的品质中，比如努力、认真、负责，这些品质不仅是通向成功的重要途径，更是我逐渐长大的体现!

气质是一生最好的名牌。一个人若有气质，远比穿一身名牌更美，更受人肯定。想拥有气质你甚至不必花一毛钱，只需注意自己的脾气、端正自己的品格、净化自己的思想、充实自己的内在。我喜欢这样有气质的女孩子。

在我们班中，有些同学就像文章中所言，可能外表、家室并不属于“高富帅”“白富美”，但是他们饱读诗书后的气质和出口成章的霸气，让我们羡慕不已！

正如古人所云“纸上得来终觉浅，绝知此事要躬行”“腹有诗书气自华”，只有在书籍的海洋里遨游并将所学所感运用在实际中，才能算是真正地对社会有意义的人。

小时候并不懂为什么妈妈总是要我读那么多书，很多书有的时候连意思都不懂，可慢慢的随着时间的流逝，越来越觉得老妈的决定是正确明智的！

愿与你们共赴青春的约

——致2014级的你们

作者：黄倩（管理学院）

导读：灿烂犹如初升太阳的面纱，灵秀犹如崖一边的百合，热情犹如一株红色的玫瑰，散发着撩人的芬芳。你们朝气蓬勃，青春无限，那么就让奋斗的汗水浇灌你们的青春之花，让我们携手赴约！

当你们怀着无限憧憬踏入校园的时候，我也带着好奇迎接着你们；当你们装载着梦想开始在合肥工业大学展开新生活的时候，我也在心中许下一个愿望；当你们在这所崭新的大学开启你们又一段学习生涯的时候，我也迈出奋斗旅程的又一个步伐。

正值青春的你们绚烂多彩，在阳光下自由自在地徜徉。但你们是否知道青春已经跟你们定下了一个约定，约定好要一起奋斗、一起努力，不负青春、不负自己。我愿意带着你们、陪着你们共赴这青春之约。

你们也许听说过无数歌颂青春的华词丽句，可你们是否知道青春到底是什么？青春可以是柳绿桃红下的卿卿我我；青春也可以是把原本黝黑的头发染成五颜六色；青春还可以是大庭广众下肆无忌惮的快节奏街舞；青春也可以是不惜体力地通宵达旦网络神游！但我要说的是：青春绝不仅仅是这些！青春，代表着梦想；青春，象征着希望；青春，是人生最美好的季节；青春，是人生最铿锵的篇章；青春，是摧枯拉朽的豪情；青春，是旭日东升的力量；青春，使人意气风发；青春，使人斗志昂扬！青春是美好的，青春更是短暂的。

有人说青春是蓝色的，像深远的晴空，像迷人的海洋，神秘辽阔，富于幻想；有人说青春是绿色的，像滴翠的青竹，像坦荡的草原，充满无限生机与活力；还有人说青春是红色的，像火红的花朵，像燃烧的火焰，鲜艳明丽，光彩夺目。而我说，青春是白色的，似雪似浪，如云如月，洁白无瑕，犹如一张白纸，需要奋斗这支画笔来画最美最新的风景，让这张纸呈现七彩。“羡子少年正得路，有如扶桑初日升！”

生命对于每个人只有一次，而青春则是短暂生命中最易逝去的一段。青春是你们的资本，然而若是空有一张风华正茂的脸，空有幻想，你们的青春也将一事无成。青春的你们正值做梦的年纪，更是为梦想奋斗的年纪。“坐着谈，不如站起来行”，理想是巨轮的罗盘，是灯塔，指引你前进的方向，而行动才是这巨轮的发动机。任何理想，只有脚踏实地的努力才变得有意义。“临渊羡鱼，不如退而结网”“合抱之木，始于毫末；九层之台，始于垒土；千里之行，始于足下”，莫空想，把理想付诸行动，因为只有奋斗的青春才有梦想的底气！

作为当代青年，大家一定要明确自己的使命，肩负自己的责任。你们生逢其时，中国经济、科技、社会的全面快速发展为你们施展才华提供了广阔的舞台，当然也赋予了你们崇高的历史使命，党和国家对你们寄予了殷切的期望。你们要勇敢地肩负起时代赋予的历史重任，要勤于学习，善于创造，甘于奉献，积极投身实现中华民族伟大复兴的历史洪流中，把自己锻造成为中国特色社会主义事业合格建设者和可靠接班人。

灿烂犹如初升太阳的面纱，灵秀犹如崖一边的百合，热情犹如一株红色的玫瑰，散发着撩人的芬芳。你们朝气蓬勃，青春无限，那么就让奋斗的汗水浇灌你们的青春之花，让我们携手赴约！

青春，代表着梦想；青春，象征着希望；青春，是人生最美好的季节……在大学里，我们度过了最美好的青春时刻，同样遇到了我们的青春朋友。

不知不觉，自己已经度过了大学的三年时光；在这三年，自己的变化很大，也的确应了那句话“大学是一个改变你的地方”，在这里，不仅是学习，更多的是做人。

谈到青春，就不得不说到梦想与责任，我们每个人的肩上都担着重重的担子，这就是我们的责任。在大学，我们树立了自己的人生观、世界观，我们同样是在实现我们的梦想或者说在追逐我们的梦想。

总是听家长或者老师说“你们是祖国的未来”，是啊，我们是祖国的未来，但更重要的是我们是我们自己的未来。

折磨，是一种别样的人生赐予

作者：张栋（电气与自动化工程学院）

导读：在人生的旅途中，如果道路总是平坦，一帆风顺，你可能会感觉舒适而安逸，但同时也会失去历练的机会，你看到的风景也可能是平淡无奇的；如果你经历了一些坎坷，可能会感觉到痛苦和纠结，但这些会成为你人生中的宝贵财富，会成为你日后取得成功的重要资本。

似乎每个人的一生中都会遇到这样的人：他总是与你过不去，处处为难你，不停地否定你、挑剔你。在他面前，你会感觉不自在，你可能会怨恨他：为什么总是折磨我？为什么总是跟我过不去？可是，就在他的苛求中，你也在不知不觉地成长，变得更加优秀，如果不是他们，你可能会变得懒惰、懈怠，最终远离成功。如果我们把眼光放长远些，从整个人生的大格局来看，那些折磨你的人恰恰是成就你的人。

当蝴蝶还是幼虫的时候，住在一个出口很小的茧中。要想破茧而出，它必须通过那个小小的出口，这个过程需要它竭尽全力，很多幼虫就因此失去了生命，没有成为美丽的蝴蝶。有人觉得蝴蝶太可怜了，何不将那茧上的出口弄大一点，这样那些幼虫就不必遭受那样的折磨。于是他们用剪刀把茧上的出口剪大了一些，幼虫很容易就可以从茧中出来，但是它们却失去了飞翔的能力，只能拖着一双翅膀在地上笨拙地爬行。原来，那小小的出口就是帮助蝴蝶幼虫两翼成长的关键，只有经过了出口的挤压，两翼才能顺利充血，幼虫才能蜕变成为展翅飞翔的蝴蝶。人为地将茧上的出口剪大，蝴蝶的两翼失去了充血的机会，便永远无法飞翔。对蝴蝶来说，这是最悲哀的事情。

其实，人与蝴蝶一样，也要经历破茧的过程，只有这样，才能增加生命的韧性和厚度。所以，如果你遇到了折磨你的人或者折磨你的事，不必抱怨，不要退缩，这些都是你成长的机会，是你成功的必经之路。如果人生一片坦途，也许就会像那些得到“帮助”的蝴蝶一样，萎缩了双翼，无法展翅高飞。

记得我上中学的时候，有一位非常严厉的老师，几乎每次提问都会问到我，别的同学回答不上来的时候，他会很温和地说“坐下吧”，如果我回答不上来，他就会让我一直站在那里，直到下课。对于我的作业，一旦有错误，他必定让我改正以后拿到他办公室再看一遍。

那时候我们住校，晚上熄灯以后是不许同学之间聊天的，但十几岁的孩子正是活泼的时候，我们经常偷偷聊天。这不是什么严重的事情，很多同学都被老师抓到过，但多是说一句“快睡觉吧”就过去了。我也被抓到过一次，事情却没有那么简单。老师先是罚我写了一份检讨，然后又让我请家长来学校。当时我很不服气，觉得这位老师一定是与我有仇，才这样故意刁难我、折磨我。

后来长大了，我才明白，这种严厉其实是对我的偏爱。正是因为这种严厉，我的成绩才能越来越好，才能考上理想的大学。可以说，如果没有这位老师，我的命运可能就要改写。我永远感激他。在人生的旅途中，如果道路总是平坦，一帆风顺，你可能会感觉舒适而安逸，但同时也会失去历练的机会，你看到的风景也可能是平淡无奇的；如果你经历了一些坎坷，可能会感觉到痛苦和纠结，但这些会成为你人生中的宝贵财富，会成为你日后取得成功的重要资本。

罗曼·罗兰曾说：“只有把抱怨别人和环境的心情化为上进的力量，才是成功的保证。”的确，只有感谢曾经折磨过自己的人或事，我们才会理解折磨背后的深意，才能以平和的心态去努力地工作与学习，从而有所作为。

难怪有人说：“经一番挫折，长一番见识；容一番横逆，增一番气度。”

折磨是人生的必修课，只有读过这所大学的人才会将成功和幸福追求到底，因为他们深知其中的滋味，所以他们内心最渴望摆脱这种感觉。

法国启蒙思想家伏尔泰说：“人生布满了荆棘，我们知道的唯一办法是从那些荆棘上面迅速踏过。”

阳光总在风雨后，请相信有彩虹。挫折会给我们无限的财富，关键是看你如何去看待它。正确地对待，平常心地面对，才会在下一次挑战中取胜。失败是成功之母。

面对挫折，抱怨是最不理智的，要找到失败的原因，成功就在不远处等你，把那些不良的情绪都化作奋进的动力，才会在一次一次的打击中站起来迎接风雨，终见彩虹。

当你的生活给你开了天大的玩笑，你也只需要笑笑而已，不要因为其他难过的事而影响你的心情。梦想还在，生活还在继续，我们要继续加油，与挫折来一场挑战。

挫折不可怕，可怕的是你不敢面对，挑战无处不在，生活总是充满了许多意外，面对挫折要努力微笑，加油，不放弃才是正确的。微笑地面对挫折，终有一天它会以微笑面对你的。

致电源线君

作者：石楠（计算机与信息学院）

导读：希望你们摒弃游戏去追求自己的人生目标，与实现自己的人生价值的人同在。这一路上或许少不了谩骂、指责和质疑，但那又怎样？哪怕怨声载道也要让你们学得踏实，学得漂亮！请远离网络游戏，用行动为自己代言！

亲爱的“电源线君”：

对不起，我万不得已才把你抢了回来。我也知道，这样“夺人所好”是不对的，但我宁愿背上骂名，也不愿看到你每天晚上都发烧到滚烫。

对不起，当初我“派”你来到每一个小伙伴的世界里，是为了让你延续大家奋斗的信念。哪能想到，小伙伴们竟是如此地不顾你的感受，整日浑噩，无心学习。

对不起，我能体会到当你看到小伙伴们挂科后失落的心情。只是你每次看到主人兴奋、享受、满足、得意的面庞时，你好想说话劝劝他们可是你开不了口。

对不起，我知道你尽力燃烧自己来提醒小伙伴们时间到了，别再玩了。可是……

我们每天都在议论着，对待沉迷游戏的人，不能治标不治本，应该想办法从思想上解决问题。但我们后来却变成了懒到连“标”都不愿去治、不想去治的人。

我们每天都以为很克制地告诉自己，我只玩一盘。只是这一盘的输赢都改变不了继续玩下一盘的命运。输了，下一盘我要扳本，赢了，下一盘我可以打得更好。

网络“双刃”皆锋利，我们需要手握着这柄利器，在自己的学习、生活的漫漫征途中披荆斩棘，而不是将自己的青春、梦想、未来一点一点削平。

当你再次回到主人身边，看到主人再次沉迷时，我希望你把接下来这段话大声念给他听：

你只知道玩起来是多么爽快，刷装备、补刀抢人头。你有你的成就，我有我的原则。你质疑我的举动，但我真想它能决定你的未来。你不解我影响了你刷排名、刷装备、刷战绩，我心疼你再这么下去将走上一条不归路，即使回头也只能哭丧着脸看着同学、室友远去。你可以爆粗口说我“不解风情”，作为辅导员，我会用行动捍卫本该属于你们95后的美好时代，与网络游戏做斗争不是孤独的旅行。我和我9位优秀的班长、团支书，还有那么多关心你们的人，希望你们摒弃游戏去追求自己人生目标，与实现自己的人生价值的人同在。这一路上或许少不了谩骂、指责和质疑。但那又怎样？哪怕怨声载道也要让你们学得踏实、学得漂亮。请远离网络游戏，用行动为自己代言。

读了这篇文章，深切地感受到了辅导员对我们的关心与关爱；在游戏的世界，不断地、重复地点击鼠标，不停地盯着屏幕，是否应该把注意力转换到身边的人？

游戏几乎是每个男生的最爱，在男生的生活中，除了吃饭睡觉就是打游戏，甚至游戏高过一切，达到废寝忘食的程度；可是这样真的好吗？青春、梦想和未来，你还记得吗？

如果你跟一个男生说“你们就知道玩游戏”，他会立刻反驳你，说这是放松心情，这是团队协作，等等；也许，在游戏里真的会学到很多，但为什么不在生活中多学习一些呢？追逐自己的梦想，挑战自己的人生。

也许戒掉游戏就像爸爸戒烟那么难，也许你也曾删掉游戏，也许你也曾发誓从此再也不玩了……既然你都曾做过，为何不再坚持一下！

大师治愈系

作者：闫志伟（数学学院）

导读：今天很荣幸地聆听了中国科技大学刘利刚教授的一场小型的报告会，让我逐渐明白了何谓大师。大师就是用生活的语言表达哲学的思想；大师就是用严谨的治学传播科学的真谛；大师就是用丰富的阅历诠释简单的道理；有时候，就是这样，听着听着就进步了……

刘老师讲了一个简单的偏微分方程如何运用到图形图像的处理当中，他用精彩的实例和成果展示了学习数学的魅力，生硬的数学符号在新时代、新手段的运作下，转变为可视的、有趣的图文，真的感叹自然界内在的这些科学之美。

刘老师讲了几句话，让我受用终身。

一、每一个人都有长处和不足，有些人可能花一辈子的时间来弥补自己的不足，何不换一个角度淋漓尽致地发挥自己的长处

是的，每一个人每一天都奔波在各自的轨迹上，寻求生活的“最优解”。烦琐的事务、快速的节奏、激烈的竞争让这个时代下的青年人在职业道路上如履薄冰。为了更好地前行，不断改变着自己以适应这个社会的需求，然而我们经历得越多、人际网越细，暴露的问题也就越多，就好比数学中的解题步骤一样，写得越多出错的概率越大。因此，在生活工作中我们会暴露出各式各样的不足，而我们每一天似乎都在弥补着这些不足：工作方法不合理，就刻意地改变自己的方式，遵守一种别人似乎公认的一种法则；生活的不幸福，就不断改变自己的行业追求热门，却效果不佳。我们小时候学过一篇《骆驼和羊》，便早早地告知了我们这样一个道理：人各有长，择善发挥。其实，有时候自信和自卑，只是一种态度的小小转弯。我们应当看到生活中的正能量，加州大学洛杉矶分校的教授 Rakesh Sarin 得出结论：快乐是一道选择题。他认为，过去的 50 年，我们的物质生活得到了长足的进步，但是，快乐并没有得到相应地增长，他建议每个人都建立一本“快乐簿”，尽量选择做快乐的事。为此，他创立了六大快乐法则，例如第一大法则——我们经常与比我们拥有更多无知的同事、朋友比较，这会使得我们倍感难受，其实，我们要学会欣赏其他人的成功，这样会感觉好一点。

如果你还深陷在弥补自己不足的泥潭里，请转个弯，看一看自己的长处，把它放大。

二、学会合作，成功要靠自己，但不要光靠自己，没有最好的个人，但是有最好的团队

很多人都在讲这不是一个个人英雄主义的时代了，而是一个拼团队的时代。刘老师通过唐僧取经的故事，对几个角色进行了诙谐而又睿智的讲解：师傅做管理、悟空做业务、悟能做公关、悟静做后勤，各司其职，不致偏废。隐喻我们做工作也是一样的，术业有专攻，专业的人做专业的事。发挥自己的长处，有的事情不需要自己去做，找更合适的人去做。就像一个生产线，做好每一个环节，才有最终合格的产品。

想好自己要做什么了吗？那组建自己的团队吧，学会分享，学会分担，享受成功。

三、学会复制，在复制中寻求最新的东西

学习本身就是一种复制，复制不等于说是简单地重复一次，而是，将原有的重复后去制作。别人会的，我们去学会，然后用我们自己的语言表达出来，复制不等于盗版。复制是实现跨越式发展的有效途径，在得知既定经验中优秀部分，我们甚至不需要重复走一些弯路。复制，让你缩短与成功的时间距离；复制，让你学会博采众长，独善己身；复制，让你择善摒劣，跨越前进。

在复制中，体会成功与失败吧！

四、学会找高手过招

刘老师喜欢打羽毛球，他说过：要想打好球，一定得找高手过招。只有找高手过招，才能知道这个领域什么叫作标准。的确，有时候我们总是散落在一些平庸之中，仿若井底之蛙，一叶障目不见泰山，不但没有进步，反倒是拥有了一种莫名的优越感，殊不知自己已经落后了。

从今天起，寻找高手吧，有了落差就有了势能，转化这些势能为自己前行的动力吧！

大一的时候，有幸也听过刘利刚教授来我们学院做的报告，真的像闫导说的是治愈系，听过以后受益匪浅，有的时候就在想，多听听大师的讲座，我成长的也许就会快一点，少走一点弯路了。

虽然生活阅历不是很多，可是想想，做一件事情想成功也不是很难。首先，要会学习别人的长处，弥补自己的不足；其次，还要会和别人合作，毕竟一个人的能力有限，坚持一下，总会有成功的一天。

好巧，之前有一个学姐保研到中科大，她的导师就是刘利刚教授，听学姐说，刘教授确实很厉害，学姐也好幸运。其实我们可以从身边的人身上学习到很多优点，正所谓“三人行，必有我师”。

每个人都有自己的长处和不足，有的人一直在弥补自己的不足，换个角度何不淋漓尽致地发挥自己的长处呢？想想这句话说得好对，在生活中是不是一直在弥补着自己的不足却忽略了自己的长处呢？多多挖掘自己的长处，短处就不见了。

四年过去了，马上就毕业了，这四年是闫导一直带着我们这一届，虽然以前会嫌弃他磨叽，可是，他说的都是肺腑之言，是真的发自内心给我们建议，帮助我们。闫导，谢谢！

做事情相互合作确实很重要，作为一名班委，只有几名班委一起合作才能把班级建设得更好，团队真的很重要。一个人的力量是微弱的，大家一起就可以创造出和谐的班级。

青春与梦想同行

——致 2013 级新同学

作者：钟小要（仪器科学与光电工程学院）

导读：每个工大人都能为自己的大学生涯写上一本关于青春的书，书里面珍藏大学记忆，记录点滴生活，留下寄语祝福……在规定的时间内，做该做的事情，不找任何借口，踏踏实实，学会敬业，懂得感恩，敢于尝试，勇于挑战，不断奋斗，不断超越；为自己的未来努力奋斗！你们要用青春与激情来调色智慧与理想，展现自己无与伦比的魅力！

十余载的寒窗苦读，历经数次梦想催化，你们背负着理想的行囊，踏着青春的步伐，走进了折射着美丽光芒的大学校园，带着同一个梦想，怀揣着人生的希望，再次踏上了新的征程。可以想象你们略显稚嫩的脸庞也许有着旅途的劳顿，也许有着陌生的茫然。也可以想象你们充满好奇和惊喜的眼睛，迎接你们的将是多姿多彩的大学生活。作为你们的师长，我觉得有责任与大家共勉，珍惜未来的每一天。

第一，要学会规划。人如果没有了方向，就像船儿没有停靠的彼岸一样，漫无目的地飘荡，最后结果可能是兜了一个大圈子又回到了起点，或者徒劳地做了很多无用功，浪费了很多光阴却一事无成。懵懂的你们刚刚走进一个新的环境，难免会迷茫无助，会对生活失去信心。但如果你们有一个积极向上的理想，有一个明确的奋斗目标，当你们失意时，有理想作风帆，它会带你们乘风破浪，走出失意的情绪，迎来一个崭新的前景。

你们应该成为自己人生的设计者和创造者，应该为自己三五年的人生轨迹做一个整体的规划。根据自己的特点和兴趣确定一个奋斗方向。比如学习上有什么明确的规划，是按部就班学完规定的课程还是要以优异的成绩毕业？是专心致志学好专业还是多了解其他学科看看有没有自己更感兴趣的领域？是打算早毕业早工作还是毕业后继续深造？能力上有什么具体要求？要不要竞选学生干部以培养自己的组织和协调能力？是准备四年时间里埋头读书还是多参加社会实践？如果想实现自己的目标，你们要明白每一年、每一个月、每一周甚至每一天需要做什么，这样才不会迷失方向。

第二，要学会学习。大学将是你人生最重要的时光，在大学里你会发现学习的真谛。你们可能经常会问到“这门课程有什么用?”李开复在给女儿的一封信中所写的，“教育的真谛就是当你忘记一切所学到的东西之后所剩下的东西”，最重要的不是你学到的具体知识，而是你学习新事物和解决新问题的能力。这才是大学学习的真正意义——这将是你从被动学习转向自主学习的阶段，之后你会变成一个很好的自学者。所以，即便你所学的不是生活里所急需的，也要认真看待大学里的每一门功课，学习的能力将让你受用终生。

大学里要培养自己的自学能力，必须要提升自我纪律能力。进入大学，你们拥有了较为宽松的学习环境，可以自由地享受人生，自由地安排自己的生活。但请记住：无论在什么时候，学习永远是第一位的，在大学里更是如此。以教师为主导的教学模式变成了以学生为主体的自学模式，大学老师在一个课时里通常要涵盖课本几十页的信息内容，仅通过课堂听讲是无法把所学的知识学通学透的。最好的学习方法是在课前预习，然后在课堂上弥补自己理解上的不足。大学里的学习范围很广，你们不仅要学好扎实的专业知识，还需要博览群书，充分利用学校的图书馆资源和其他的学习通道。所以，你们要慢慢习惯生态谷畔，天鹅伴着理想飞，斛兵塘边，柳絮和着书声舞；实验室灯火通宵亮，课题组研讨继日行，逐渐融入“勤奋、严谨、求实、创新”的校风中去。

第三，要学会生活。大学生活是丰富多彩的，应该做到有效地学习，有序地生活，有益地实践，有心地交往，要树立正确的生活观念。大学生活是集体生活，又是独立生活。进入大学，生活环境会发生很大的变化，在大学里你们要交一些朋友，学会快乐生活。同学们来自五湖四海，生活习惯、脾气秉性和个人爱好会有所不同，所以产生一些矛盾是难免的，要怀着宽容理解的心去妥善处理好这些矛盾。大学里有丰富多彩的校园文化，学生会、社团、各种协会为你们提供了一个充分锻炼自我的平台；各类活动为你们的兴趣爱好、才华绝技提供了诸多展示的舞台，还有些青涩的你，请勇于亮出自己的热情，你们一定会收获一个意想不到的自己。积极参加这些活动，不仅可以锻炼你们的能力，还会让你们在潜移默化中学会竞争，学会适应社会。

但是，大学里也有太多的诱惑。逃课放纵让自己沉迷；网络游戏里让人兴奋无比的厮杀声；路边小树下又站着一对相互依偎的情侣……你们需要拒绝这些诱惑，在忍耐的过程中培养自己超强的毅力与过人的智慧。记得读过富兰克林的一篇文章《哨子》，深受启发，当你们大学毕业的时候，想想自己走过的那些路，可能才明白自己为一只又一只昂贵的哨子买了单。大学里游戏、面子、爱情等等很多东西都有可能成为你的哨子，请不要让那些哨子给你们带来的悔恨远远超过了所享受的快乐。

第四，我想告诉你们要为自己感到自豪。进入合肥工业大学证明你是一个优秀的学生。忘不了多少个烈日严寒下的苦读，忘不了多少个不眠之夜的挑灯夜战。如今，你们终于实现了人生的飞跃，走进了神圣而美丽的象牙塔。秉承“厚德、笃学、崇实、尚新”校训的合肥工业大学，将和你们并肩走过这段人生的旅程。这里，是你们放飞希望的地方；这里，是你们收获成熟的地方。她将以大度包容和其深厚的文化内涵影响和改变着你们的人生，更以她多元化的培养模式成全你们的梦想。主楼的红墙、斛兵的白鹭、生态谷的石凳、东风广场的蓝天……工大的风，永远都吹来奋斗不息的味道。在这里，你们将不会有孤独感，不会有离家后的寂寞感，你们所感受到的将是老师无微不至的关怀和同学真诚热情的帮助。在此，我想对你们说：“祝贺你，新同学!”父母、老师和同学为你们感到骄傲，你们也应该为自己感到自豪。

每个工大人都能为自己的大学生涯写上一本关于青春的书，书里面珍藏大学记忆，记录点滴生活，留下寄语祝福……在规定的时间内，做该做的事情，不找任何借口，踏踏实实，学会敬业，懂得感恩，敢于尝试，勇于挑战，不断奋斗，不断超越；为自己的未来努力奋斗！你们要用青春与激情来调色智慧与理想，展现自己无与伦比的魅力！

大学将是人生最重要的时光，在大学里我们会发现学习的真谛。最重要的不是你学到的具体知识，而是你学习新事物和解决新问题的能力。这才是大学学习的真正意义。

大学里也有太多的诱惑。作为学生，我们需要拒绝这些诱惑，在忍耐的过程中培养自己超强的毅力与过人的智慧。

大学里有丰富多彩的校园文化，学生会、社团、各种协会为我们提供了一个充分锻炼自我的平台，积极参加这些活动，不仅可以锻炼你们的能力，还会让你们在潜移默化中学会竞争，学会适应社会。

在规定的时间内，做该做的事情，不找任何借口，踏踏实实，学会敬业，懂得感恩，敢于尝试，勇于挑战，不断奋斗，不断超越，为自己的未来努力奋斗！

莫让“成长=空白”

作者：杨乾坤（管理学院）

导读：曾几何时，天下人都好为人师，而我总担心自己误人子弟，每每看到又有一群人考试挂科，上网通宵游戏，上课一直玩手机抑或是睡觉，都会想到也许自己能力有限，也许自己不够用心。一张《成长记录表》，一起记录我们的回忆，莫让“成长=空白”。

曾几何时，天下人都好为人师，而我总担心自己误人子弟，每每看到又有一群人考试挂科，上网通宵游戏，上课一直玩手机亦或是睡觉，都会想到也许自己能力有限，也许自己不够用心，或者这时有另一个辅导员比我能力更强，至少可以减少这样的一些人，那也是一件功德无量的事情，而反过来想我可能是误人子弟。特设计《成长记录表》，一起记录我们的回忆，接下来说下我们的《成长记录表》。

第一栏：基本信息全知晓

第一栏：在我们的“信息记录表”中主要是我们的个人信息。这一栏主要由个人基本信息和个人技能组成，基本信息主要包括我们的姓名、性别、民族、出生日期、户籍、政治面貌、健康状况、联系方式，方便我们对学生个人信息的掌握；在基本技能中，我们需要掌握大学基本的技能，比如外语等级和必要的计算机等级证书，另外，我们还需要在大学发展一个属于自己的爱好，这可以让我们更好地享受成长带给我们的“烦恼”，做到情有所寄托。

第二栏：大学目标——为未来定向

第二栏：我的大学目标或出路。大二的我们已经熟悉了大学的生活，现在的我们应该对大学有一个初步的学业规划了，我们需要知道我们大学毕业后，应该干什么，能干什么，或者说拿什么来养活我们自己，所以这栏我设计了大学毕业最普通的出路，如：就业/考研/出国/创业等，并把每一栏精细化设计方向，如：考研/清华大学/管理科学工程，就业/百度/用户体验类等，接下来我们再看下完成这些目标需要我们具备什么样的能力，然后再把这些目标分配到每一天、每小时、每分钟，我们就不会觉得平时自己没有事情做或者不知道自己做什么事情。

第三栏：上学期目标及完成量——为昨天清点

第三栏：上学期目标及完成量。有时候我们不但需要乘风破浪、马不停蹄往前冲，也需要停下脚步向我们身后看下，通过定性、定量总结我们上学期的目标完成量，没完成的需要我们总结原因，完成或超额完成的给自己一个肯定，奖励自己一顿大餐吧！

第四栏：自我评价——为心灵定位

第四栏：本学期自我评价打分及分数构成。为自己这学期的成长做个评价吧，这里的成长主要通过思想认识、学习上、生活上及其他方面对自己做个评价，评价包括一句话定性评价和各个方面打分定量评价。这里举个例子，自我评价打分 30 分，自我评价一句话："干什么事都没劲，什么事不干更没劲"，之所以举这个例子也是因为和许多同学聊天后发现，这种状态在学生中还是有一部分群体的，当然这个问题我在之前写的文章中也提到过，不知道该干什么，不知道自己能做什么，就尽力把自己现在的事情做好。只要你们比周围同龄同学优秀那么一点，这个世界终究是你们的。随着知识阅历的增多，我们会慢慢地发现我们的兴趣，我们的目标也会慢慢浮现，切不可因为现在目标不清晰，对未来迷茫，就对自己放纵。

第五栏：其他时间——为业余规划

第五栏：非上课时间主要从事的事情。大学的生活相对自由，我们经常说大学生拉开差距的一个主要原因是我们非上课的时间主要从事的工作。我们初来到大学的时候，其实大家的水平是在一个"波浪线"上的，没有太大的差别。为什么经过大学四年的"洗礼"，出现了这么多的差别？讲到这里，我习惯把大学分为五类：一、我们称之为学霸型，这一类人主要徜徉于图书馆与自习室，他们大学四年之后有了一个很深的沉淀。大学四年，他们的收获应该是考取更好的大学继续深造或出国留学，他们对以后的目标非常明确，缺点可能是社会适应能力较差，他们进入社会后需要有意识弥补；二、社交型，这一类人主要热衷于社团活动、班级活动，学校、学院大型的活动中总能发现他们的身影，大学四年他们收获的应该是有很强的组织、策划、语言沟通能力，大学生活异常精彩，他们目标也很明确。缺点可能是用于学习专业课的时间太少，应该加强专业课的学习，不要因为参加社团班级活动影响了大学正常毕业，毕竟大学生是以学习为主的，一个连自己的学习成绩都不能认真对待的同学不是一个合格的大学生；三、游戏型，他们非上课时间或者是上课时间主要的运动是“指尖操”，这类人把所有精力、财力都运用到了游戏上，经过大学四年，他们收获了高级别的游戏人物、华丽的装备及灵活手指释放技能的技巧；四、睡觉型，这一类人把时间主要运用到了睡觉上或床上，非上课时间一般都在床上，通过大学四年他们收获了超高的睡觉技术，体重也快速飙升，缺少运动及与人沟通；五、恋爱型，这一类人把时间主要运用到了恋爱上或几段恋爱上，经过大学四年他们收获了一段美好或凄凉的爱情，也锻炼了自己的恋爱技巧，缺少与周围人的交流，甚至连自己班的同学都认识不清。通过这五类人的罗列，我们发现每类人都有收获，我们说三年前的作为决定了现在的你，那么现在的作为也决定了四年后的你，这个时候我们拿自己大学四年的收获和社会的需求人才做对比匹配，这个社会到底需要什么样的人才，我们是否具备了这个能力，也许我们现在该做什么答案就很清楚了。

第六栏：成绩汇总——为学习交接

第六栏：本学期成绩汇总。这里主要需要填写的内容，是否挂科，若是欠多少学分，需要我们时刻警惕“红线”；测评前后的专业排名，让我们知道我们在专业中的排名，通过测评前后的对比，让我们知道我们在班级当中的受欢迎度，自己也好好做个反思吧。

第七栏：有意义的事——为人生增价

第七栏：本学期本人对自己、父母、班级、学院、学校、社会做的有意义的事情。其实上面几栏也都是在谈自己，我们需要不断地为自己充电，不断提高自己的综合素质，很小的一件事情坚持下来，都有可能是对我们成长很有意义的，如每天 7 点准时起床，每天背单词 10 个等。另外，我们大部分人也 18、19、20 岁了，我们的父母年龄应该在 40 多、50 多岁，部分可能会 60 多岁了，讲到这里我习惯把时间往后推 10 年，那个时候，我们已经30岁左右了，我们的父母60岁左右了，这时我们的父母基本丧失了劳动能力，这个时候的我们有条件为我们的父母提供更好的照顾了吗？如果我们连我们的父母都照顾不好，这时的我们也太不懂事了，我们再把时间拉回来，现在的我们需要做什么？“子欲养而亲不待”，多抽时间好好陪陪我们的父母，多和他们聊聊自己在大学的生活、学习、社交情况，可能一个电话、一条短信、一句问候都会让父母觉得我们长大了；我们还要有很强的集体荣誉感，多为我们生活的寝室做点事情，多为我们的班级做点贡献。也许你帮室友提的热水，不是你值日时的扫地，为班级加油的一个捧场，给班级投票的一个鼠标点击……都会是你我感动的瞬间。不要等到以后班级10年聚会的时候，回头想想发现自己在大学四年没有为班级做一件事情。另外，在我们照顾好自己、照顾好自己宿舍、班级的同时，我们也要有很强的社会责任感，要学会奉献，学会服务，找到自己的社会存在感、社会价值感，实现自我。

第八栏：本学期职务——为成长承责

第八栏，本学期职务/组织特色活动/取得成果。

第九栏：获奖情况——为拼搏烙印

第九栏，本学期参加活动及获奖情况。其实前面已经说到了一些，作为管理学院的学生，我们需要担任社团班级的一些职务，需要参加一些自己感兴趣的活动，增强自己的社会实践能力，现在就准备填写为我们大学毕业的简历。

第十栏：精读书目——为思想明哲

第十栏：本学期精读书目及经典书籍推荐一句话。我把精读书目分为两栏：专业书籍和其他书籍。专业书籍是指和自己本专业相关的一些书籍，增强自己的专业知识面，其他文史书籍是指人文历史哲学。通过一段话推荐的形式打破之前写读书心得的形式，使大家不要为读而读，读书不是我们的任务，不要把其当成一个负担，而是一种兴趣，喜欢就读，不喜欢就不读，随时可以读可以不读，仅此而已。

第十一栏：下学期目标——为未来启航

第十一栏：下学期目标。

第十二栏：违纪情况——为过失清霾

第十二栏：本学期日常学风记录及违纪情况记录

第十三栏：个人困惑——为管理定点

第十四栏：班级意见——为班级聚力

第十三栏、十四栏是属于问题信息反馈，一个是基于自己本学期的困惑或问题；一个是基于班级集体的建议或对班级文化的意见。

成长需要坚持，莫让“成长＝空白”！

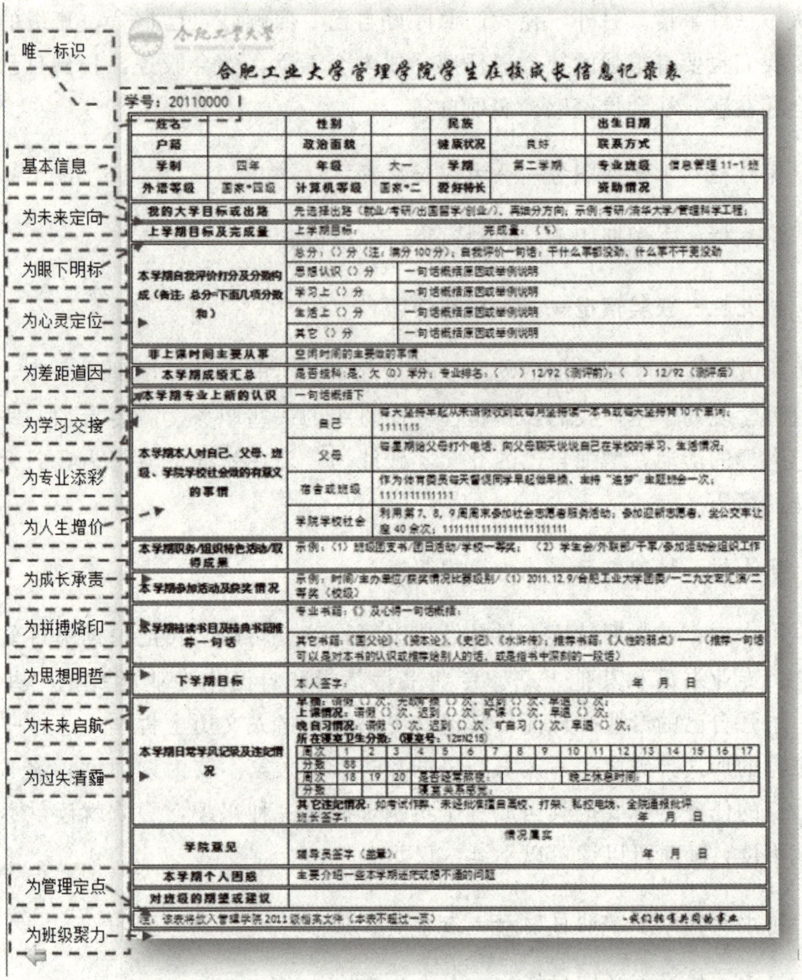

成长是一个沉重的话题，成长可不只是个头增长和年龄的增加，更是心智的成熟。记得之前看过一句话，“可以不成功，却不可以不成长”，我们趁着大好光阴，努力去追逐心中所想就好，不要顾虑太多，成长会告诉我们答案。

读了老师的文章深有感触，成长是有痕迹，也是需要痕迹的。我们不能让成长是空白的。青春在热爱与付出中精彩，成长从头到尾记录着我们人生路上的每一步。

辅导员提到过我们的本科作品问题，可不是毕业设计或者毕业论文，而是本科在读时自己自豪的作品，就是要大家的成长不要空白吧，辅导员有心了。

周边很多同学总是感觉无所事事，甚至异常烦躁。无聊到用网络游戏来麻痹自己。其实完全没有必要这样，多做些有益的事情，或者对自己今后的生活、工作有益的锻炼，不要让自己的成长变成空白。

大学一年，你成长了么？

作者：张栋（电气与自动化工程学院）

导读：你们的青春允许犯错，可是不允许一错再错，这是我们的后悔所在。怎么才能不后悔呢？当时跟大家谈到的是“成长”，我们在大学中，要做到坚持、做到宽容、学会承担、收获知识、实现梦想，这样的大学才是充实和无悔的。

引　言

2013级的学生们，还记得一年前你们刚入学的那些日子吗？你们的脸上写满了期待和向往。

入学教育第一节课，我首先跟大家谈到的是“后悔”。为什么后悔？为什么是所有的人都会后悔？因为我们正值青春，所以不懂得青春的珍贵，不明白努力和付出的重要。经历过之后，我们才对昨日的放纵和挥霍时光痛心疾首，才会理解逝去的青春一去不复返。你们的青春允许犯错，可是不允许一错再错，这是我们的后悔所在。

怎么才能不后悔呢？当时跟大家谈到的是“成长”，我们在大学中，要做到坚持、做到宽容、学会承担、收获知识、实现梦想，这样的大学才是充实和无悔的。

一年了，你们在不断地成长，在成长的过程中也听到你们很多的抱怨和悔恨。一年前同时起跑的你们，分别达到了不同的高度。

反思是前行最好的动力，让我们共同回忆这一段大学的成长经历，为青春展开一页新的篇章吧！

这一年，你做到坚持了吗？

大家都听过一个故事，苏格拉底给学生们布置一个貌似很简单的作业，每天甩手100下，一个星期有90%的人坚持下来，一个月有一半人坚持下来，一年后仅有一个人坚持下来，这个人就是后来成就伟大的柏拉图。

一年了，你能每天坚持吃早饭吗？能每天坚持到自习室学习吗？能每天坚持到操场锻炼吗？相信我得到的大多数回答是否定的。

坚持最大的敌人是懒惰，惰性又是人之本性，祛除惰性，找回我们自身的坚持，为目标的实现奠定基础。正所谓“不积跬步，无以至千里；不积小流，无以成江海”，不怕枯燥、不愿放弃、逐渐积少成多，我们才能够获得成功。

这一年，你做到宽容了吗？

大学的同学、室友是我们人生中最宝贵的一笔财富，对人宽容，得到别人认可的同时历练的是自己的心胸。

可是当你们一起来到我办公室说一个同学怕冷要开空调，一个同学怕热要开阳台门的时候，当你们为了收拾宿舍卫生引起纠纷互相撕扯的时候，你们想到了宽容吗？

宽容不仅仅是在大事上表现大度，它渗透在我们生活的点点滴滴中，培养的是我们的品质。

这一年，你学会承担了吗？

一个人只有勇于承担责任，才有可能被赋予更大的责任。大家虽然年少，但也已成年，我们必须要承担一些责任。为父母承担、为师长承担、为朋友承担、为同学承担、为集体承担，学会承担我们才能懂得成长。

一些同学存在这样的想法：班级事务应该由班长和班委承担；父母的压力我们无法分担；同学的事情应该由他自己去做，我们没有义务去帮助他。但是，如果你承担了呢？你的奉献将得到同学的认可和赞扬，你的一声问候换来的是父母无限的欣慰，你伸出的援助之手得到的是更多的回报。

责任是一种与生俱来的使命，承担是我们前进路上的背囊，勇于承担责任是我们取得收获的重要方式。

这一年，你收获知识了吗？

有句名言说：富有臂力的人只能战胜一人，富有知识的人却所向无敌。知识能够改变命运，但高考后的我们似乎都对这句话不太在意了，难道大家忘记了十几年寒窗苦读进入大学学习就是想通过知识改变命运吗？

我们在课堂上的消极，在自习室的迷茫，在网络上的放纵，都让最宝贵的知识从我们的面前，从我们的指缝中溜走。相信大家不会忘记，考试后面对父母的忐忑是因为知识的不足，物联网竞赛的失败是因为知识的匮乏。

丰富的知识能够带给我们力量，能够助推我们成功，不要忘记，作为学生的我们最重要的是习得知识。

这一年，你实现梦想了吗?

大家什么时候最充满梦想？很多人会毫不犹豫地回答是在小时候，那时候我们虽然天真无知，但是敢于追梦。慢慢长大，到高中我们似乎只剩下一个梦想，就是考上大学。

进入大学后，我们的梦想是什么？好多同学给不出答案。随着年龄和阅历的增长，我们的梦想不会像小时候那样遥无边际，我们逐渐意识到我们能够追逐到什么，又有什么是不可得到的。所以，我们现在的梦想不会是小时候非常宽泛的科学家、医生、老师、解放军，等等，而是一个个具体的目标。来年取得奖学金、科技创新取得成绩、考取一些相关的证书都是我们现实梦想的最实际的部分，确立短期目标的同时，还要为自己将来的职业做规划，实现更大的梦想。

身为大学生的我们，要勇敢地确定梦想，有的放矢，突破自身局限，利用所学知识科学、理性、有计划地实现梦想。

小　结

作为你们的辅导员，我见证了你们一年中无数的成功，同时也见证了你们失败时的懊悔与无奈。今天，我们共同面对后悔，分析产生后悔的原因，总结我们一年中出现的问题，规划未来的学习和生活。

为了我们的青春少一些迷茫和后悔，多一份成长与收获，大家共同努力。虽然一路风雨兼程，愿与大家携手共度四载。

大一刚来，有许多的问题，想家、跟舍友关系不好，但是这些问题都没有阻止我，我还是坚持了下来，这要感谢我的辅导员在这一年中给我的无微不至的关怀，谢谢你！

我刚来大学，和同学关系并不是很好，总会想念高中的小伙伴，觉得现在的同学不懂我，而且由于地域的差距我感觉他们有些做法我不能忍受。但是辅导员教我宽容，试着站在他们的角度理解他们，后来我和他们成了无话不谈的好朋友。

在大一的时候，我给自己定下了要拿到计算机二级证书的目标，经过一年的努力，不懈地坚持，我终于成功了，我很开心，我为自己早早地定下了目标。感谢辅导员给我的指点。

在大学中，我学到了许多知识，比如高数、线性代数等基础课，也学习了专业课来充实我自己，我觉得我更爱自己的专业了。在面对难题时也变得从容了。获取知识的感觉真好。

雏凤清于老凤声

作者：瞿浩（管理学院）

导读：他们，勤于思考勇于创新；他们，志存高远意守平凡；他们，活力四射激情奔放；他们，是我们国家的明天，是我们社会建设的主力军；他们，是我们的希望所在；他们，是我们的少年。

或许这是一篇早就应该出来的文章，但却迟迟没有动笔。总是在想，我究竟该以一种什么样的语言，以一种什么样的方法来记录和描述这个与我最紧密最相关的群体？担任辅导员工作已经多年了，对他们可以说是又爱又恨又悲又喜，一言难述！总之，他们是那样年轻，是那样充满希望。

梁先生说，“今日之责任，不在他人，而全在我少年。少年智则国智，少年富则国富，少年强则国强，少年独立则国独立，少年自由则国自由，少年进步则国进步，少年胜于欧洲则国胜于欧洲，少年雄于地球则国雄于地球。红日初升，其道大光；河出伏流，一泻汪洋；潜龙腾渊，鳞爪飞扬；乳虎啸谷，百兽震惶；鹰隼试翼，风尘翕张；奇花初胎，矞矞皇皇；干将发硎，有作其芒；天戴其苍，地履其黄；纵有千古，横有八荒；前途似海，来日方长。美哉，我少年中国，与天不老！壮哉，我中国少年，与国无疆！”

看，少年，一个多么美好的字眼。

他们，勤于思考勇于创新；他们，志存高远意守平凡；他们，活力四射激情奔放；他们，是我们国家的明天，是我们社会建设的主力军；他们，是我们的希望所在；他们，是我们的少年。

作为高校辅导员，作为学校第一线的学生工作管理者，我很开心。因为我总能或多或少地经历他们的成长。带过一批又一批的学生，看着他们一批又一批地成才。很欣慰，他们绝大多数最终都能成才，不管这中间的过程有多么曲折多么艰辛。

如何让学生都成才？如何帮助他们成长？我常常思考这个问题，这真是一个艰巨的任务！

百年大计，教育为本；教育大计，教师为本。在学生的发展前途中，如何加以正确引导，更是所有辅导员都要思考的问题。

我国著名教育家陶行知先生曾经说过："学高为师，身正为范。"辅导员的知识应该深厚，道德品质应该高尚，这样才能够更好地起到榜样教育的作用，从而增强大学生思想政治教育和其他各方面教育的实效性，促进学生工作的开展。辅导员应该思维活跃、创新能力强，对学生工作有许多新想法，处理问题时有许多新方法。那些被实践检验了的新想法和新方法正不断充实和丰富着高校学生工作的理论、实践。可以说，在学生管理工作中，我还在不断学习、不断实践。

我一直认为，青年是国家的未来，给予青年实质性地关怀和照顾，让学生工作真正落到实处、落到细处，让他们真正地好好利用这四年时间成长起来，是我作为辅导员义不容辞的责任。"问渠那得清如许？为有源头活水来。"社会人才哪里来？在大学不断地培养与成长中来，在许许多多教育工作者的辛勤培养下来！

如今的大学生大多数都是独生子女，他们在人际关系、心理承受能力上总是存在着这样或那样的问题。心理承受能力较差，一旦受到挫折之后，就很容易丧失自信心，在如今竞争如此激烈的就业市场，缺乏自信心肯定是不行的。工作中，我一直注意培养学生良好的心理素质，提高其心理承受能力，养成独立、自信、自强、不怕困难、百折不挠的意志品质，我想这对他们一生至关重要。

"千淘万漉虽辛苦，吹尽狂沙始到金"，一分耕耘，一分收获。不管多难，只要能看见他们可喜的成绩就是好的。辅导员的工作很辛苦，有的时候甚至是通宵达旦地工作，有的时候会被学生的某些行为某些事情烦得焦头烂额，但不管多难，我都会认真地做下去，尽一个辅导员的责任，幸好也取得了一些成就。多年担任辅导员的经验告诉我，学生的成长过程是有规律可循的。研究学生的成长规律，尽快地促进其成长，而又不"拔苗助长"，这一直是我对于学生培养的方针。寓教于乐，因材施教，不敢说自己做得很好，但我一直在不断努力。可以说，我院在人才培养中表现突出，涌现出一大批能力强且具有创新精神的学生骨干。看见他们青出于蓝而胜于蓝，我很欣慰，所有的付出都是值得的。

现如今，在学校学院的精心培养下，我校的学生正在成长，相信他们未来必是建设和谐社会的主力军。他们必将在社会前进的潮流中尽情书写出灿烂的人生华章。大学生正处于人生的黄金季节，发展潜力是很大的，这个时候他们所学的东西将在他们的一生中都有很大作用。如果抓住这个时机，加以正确地引导，他们的前途将无以限量。

“桐花万里丹山路，雏凤清于老凤声”。他们，一定会比我更优秀，国家的明天，在他们手里也一定会建设得更好！“天行健，君子以自强不息；地势坤，君子以厚德载物。”就让我们拭目以待吧，且看明天他们的答卷！

“让他们真正地好好利用这四年时间成长起来，是我作为辅导员义不容辞的责任。”看完老师的描述，我能深深感受到老师作为辅导员对学生成长成才强烈的责任感。

现在的大学生大多是独生子女，提高心理承受能力，养成独立、自信、自强、不怕困难、百折不挠的意志品质至关重要。

“‘千淘万漉虽辛苦，吹尽狂沙始到金’，一分耕耘，一分收获。不管多难，只要能看见他们可喜的成绩就是好的。”这些话饱含了辅导员对我们的关心。

辅导员的工作很辛苦，有时候甚至是通宵达旦地工作，有的时候会被学生的某些行为某些事情烦得焦头烂额。辅导员平时的付出很多，我们应该体谅他们。

同学们，要学会生活

作者：李正星（化学与化工学院）

导读：合肥工业大学是知识的殿堂，在这里你可以学习科学文化知识、可以锻炼自我、可以交到好朋友，但你们在享受这里的一切的时候，作为老师，同时也作为一名学长，我劝诫同学们要学会生活。因为，只有你学会了生活，你才能努力地奋斗拼搏！

今天有个同学过来跟我请假，说是昨天晚上参加社团活动太晚了，没有睡好觉，不舒服，早晨起不来；还有一个同学早上跟我说："老师，我拉肚子了，浑身没劲。"我问他昨晚吃什么了，他说到校外小摊上吃了一些小吃；又一个同学，我连续三次看到他拿着泡面回宿舍，我问他怎么老是吃泡面呢？同学说食堂人多，吃泡面省事……我可爱的、可怜的同学们啊，你们就是这样照顾自己的吗？难道离开家、离开了父母的照顾就不会生活了吗？

俗话说："身体是革命的本钱"，身体都不好了，还谈什么奋斗呢？天天身体输出体力，却不懂得好好恢复；天天忙于活动，却没有好好吃饭；不合理分配时间，导致生活没有规律。同学们，这种生活质量会严重影响自身成长和发展的！因为我们谚语所讲："女大十八变，越变越好看""二十三，窜一窜"，大家现在正是长身体的时候，如果在这个阶段大家不尊重身体成长规律的话，那应该说不是生活抛弃了你，是你没有好好生活！

在这里，我也有一些生活小建议与大家分享，望同学们谨记：

一、早睡早起，勤勉有持；

二、早饭一定要吃，而且要吃好；

三、注意饮食卫生，谨防病从口入；

四、合理膳食，荤素搭配；

五、多运动，注意锻炼身体；

六、多参加集体活动，增长见识；

七、留心天气变化，注意冷暖；

八、多晒被子，勤洗衣服；

九、记住校医院的位置，身体不适，请紧急就医；

十、手机里存上辅导员老师的电话，有事及时跟辅导员老师汇报。

在大学里，学会做人、学会做事，还应更好地学会生活。家长把你们送到学校，饱含了殷切的希望，你们更是要学会照顾自己、学会生活！所以，同学们，在学校里，不仅要对自己负责，更好肩负起对家长的责任，别让他们担心！

愿同学们的大学生活越来越美好！

以前都是在爸妈的照顾下生活，现在终于上了大学，离开了他们的保护，我都不知道怎么生活了。不过，我想对他们说，我一定会照顾好自己的，不会让你们担心！

作为学生，不仅要学习，还要学会生活，安排好生活是学习好的前提。大学已经是一个小社会了，作为马上要步入社会的一员，我们更应该学会照顾自己，对自己负责，这才是一个完整的人嘛！

记得刚来学校的时候，完全适应不了没有父母的生活，三天两头生病，吃饭时间混乱，导致了学习精力无法集中，学习效率超级差。所以，我建议各位同学好好安排自己的大学生活，规律生活，拥有一个美好的大学生活。

作为刚刚毕业的学长，回想自己的大学生活，简直可以用惨不忍睹来形容。如果再给我一次机会，我一定会好好安排自己的时间，该学习的时候学习，该休息的时候休息，学会做人，学会做事！

进入大学了，我们都是小大人了，不应该再继续当温室里的花朵了。大学生活应该是丰富多彩的。我们要学会当自己身体的医生，毕竟身体才是革命的本钱，干什么都要健康的身体。

看了这篇文章，作为大一的学生感触很多。没了束缚，过于放纵自己，导致了生活的紊乱。然而，学习需要一个稳定的环境，成长也需要一个稳定的环境，我以后一定会按时吃好三餐，早睡早起，多锻炼，我看到了一个美好的大学生活在向我招手！

做一名“有灵气”的大学生

作者：闫志伟（数学学院）

导读：有人讲社会浮躁，有人讲网络迷失，有人讲思维脱节，从今天起，打开自己的视野，用一种成熟的眼光来观察周围的每一个人每一件事情，清晰明了，干净利落地应对这些事物。减少思维杂质，理顺思考步骤，还原一个更清晰、更有灵气的自己。

今天备课的时候，收拾大学的那些关键词，不知是有一种陌生已久而又如释重负的欣喜感，还是一种沉浸回忆画面当中怀念如初的厚重感，手机、旷课、奖学金、挂科、社团，等等，很好地诠释如今大学生这满满的四年光景。怎么能够在这些繁杂的、疏于整理的关键词中规整出属于自己的那条路径？这或许是解决迷茫的一个办法，走出迷茫，需要什么，是“灵气”。

这里说一说，培养“灵气”的三个小方法：

一、精于表达——说得精彩、做得漂亮

有一次上课，我悲观地讲了一个“六六法则”，即目前我们的大学生只有60%的人达到了一个标准优秀大学生的60%的水平，其中有很重要的一部分就是语言表达能力的缺失，缺乏有灵气的语言表达。有多少学生如今回家和爸爸妈妈说话缺乏有效的情感？有多少学生在面试的时候脸红紧张缺乏艺术？又有多少学生在生活细节处丢失文字而丢失机会？举个例子：两个人一起进了办公室，一个人讲话结结巴巴，问一句答一句，仿若在梦里一样不自在，紊乱不堪、丢三落四；另一个人条理清晰地讲完自我诉求后，弱弱地问一句：老师还需要什么帮忙的吗？如果没有那我先走了。最后一个成了某社团的主席，成绩优秀、圈子更大、机会更多、收益更大；另一个默默无闻、无所建树、平凡毕业、怀疑形势、怀疑自己。这当然是两个极端的例子，但这就是表达的灵气而附带出来的人与人的区别。

表达要清晰、灵动、舒服、艺术，尝试去看一些经典书籍，提升自我

涵养和话语的厚重感；尝试去看一些经典喜剧和轻喜剧，增强说话幽默感，塑造更好的人际圈；尝试做一些有准备的谈话，积累讲话素材，讲究表达环境，翻新表达方式。

二、运筹时间——不要高估昨天也不要低估明天

聪明的人是善于运筹时间的人。在这个年华似乎被定制的时代下，若不能合理地运用时间、经营时间、掌握时间，很容易造成理想与现实的落差。似乎很多人都在讲每一天都很忙，忙得假期没时间看看爸妈、忙得没时间去安静地读一会书、忙得没时间完成计划……不是没有时间，而是没有有效时间。有灵气地珍惜“有效”时间，愈来愈重要了。沉迷在游戏中的小伙伴们，每一天在砍杀血魔的负面词汇中，在 2D、3D 之间的草绿色当中，漫不经心地消遣着贬值的青春，铺满血丝的呆滞眼神、僵硬成缕的头发、油光疲惫的面容，缺乏应有的灵气和能量，本来是求学的年华却在迷醉与清醒之间被丢弃了。

做一名“有灵气”的时间决策者，浓缩“有效”时间，忙而有效，忙而有节奏。分配做事情的步骤和主次，不要分散注意力和学习力。换个角度，学习不一定是“愁苦”的缩影，游戏也不一定是“幸福”的写照，时间错位了，或许就是。

三、洞悉规律——“渔”胜于鱼

“细节决定成败”，生活中有很多规律，有些人善于整理，有些人却乏于思考。有灵气的人总是善于在很短的时间内很清醒地掌握事务的规律，哪个时间办什么、怎么办、怎么办效果好。生活中的“灵气”其实就是一种“领悟力”，这就是为什么有些人变成了懂事的人。同样观看一部电影，有些人能够领悟导演的意蕴，有些人却忘记了；同样谈一场恋爱，有些人爱的有原则恨得很明白，有些人聚散无常，挥霍无度；同样填一张表，有些人缜密细致深谙内中要求，有些人却疏于观察漏洞百出；同样遭遇喜怒哀乐，有些人性格弹性好不易弄伤，而有些人性格乖张不易把握；同样的房间，有些人打扫得那般整洁舒适，有些人却如其内心一样杂乱无章……心灵手巧，是因为能够掌握做活的规律；学习高效，是因为能够掌握求学的规律；谈吐清晰，是因为能够掌握表达的规律。

有人讲社会浮躁，有人讲网络迷失，有人讲思维脱节，从今天起，打开自己的视野，用一种成熟的眼光来观察周围的每一个人每一件事情，清晰明了，干净利落地应对这些事物。减少思维杂质，理顺思考步骤，还原一个更清晰、更有灵气的自己。就好比有人讲："读那么多书，有什么用?"读书的过程，就是一个掌握各种规律的过程，改变的不仅仅是你人生向前奔跑的速度，更是你进步的加速度。

灵气是一种聪明，让你提高做人做事的效率和质量，灵气更是一种内在的气质，让你总是能够自信地站在风景线的中央。请不要再用"迷茫"来唐突别人对你未来的质疑，而你应当清醒地告知他们，你是一个富有视野、勇于担当、有灵气的大学生。

做一名"有灵气"的大学生，感觉是很新颖的一个题目，什么样才算是"有灵气"呢？灵气是聪明，是花费少的时间却完成了多的事情。生活中的"灵气"其实就是一种"领悟力"，这就是为什么有些人变成了懂事的人。

现如今的大学生大多过于浮躁，比如之前找工作时，很多同学都会觉得凭什么给我这么一点钱，其实我好想问这样说的同学，你觉得你能为这个公司挣多少钱？第一份工作难道不是应该积攒经验嘛，谦虚一点学一点灵气还是有好处的。

如何使自己成为有灵气的大学生呢？读完这篇文章，不禁陷入思考中，想想自己之前做的事情，自我评价下还算可以，但还是不够好，在之后的日子里继续努力。

马上就毕业了，看到这篇文章，想想自己的四年大学生活，感觉自己的四年过得很充实，应该算得上是有灵气了吧。之后的路会继续有灵气的，加油自己！

大学生活不同于初中、高中，会有更多自己的时间，有的同学选择沉迷网络，有的同学则选择充实自己，在如今这个浮躁的社会，沉下心来，做一个有"灵气"的大学生，对今后的生活会很有帮助。

大学就像一个小型的社会，除了学习我们还需要在更多方面提高自己，表达能力尤为重要，今后走上社会，与人交流的机会很多，没有良好的表达能力会很吃亏，在大学学习的过程中提升自己，很有必要。

绘人生蓝图

生涯坐标

习总书记在视察天津市大学生招聘会时勉励当代大学生要志存高远、脚踏实地，转变择业观念，坚持从实际出发。大学生职业生涯规划包括大学期间的学业规划、职业规划。职业生涯规划直接影响大学期间的学习生活质量，更直接影响到求职就业甚至未来职业生涯的成败。辅导员作为大学生职业生涯的引路人，在这一篇章中，将立足实际、着眼细微，引导学生形成正确的职业生涯发展观、职业价值观和择业策略观，培养学生成长为满足社会需要的复合型人才。

□时光轴

2014届毕业生——我想对你说

作者：宋燕（计算机与信息学院）

导读：别再犹豫，穿上你的新衣，牵起你倾慕人的手，好好享受那碗美味的羹汤！不要再去等待，在你青春最美好的年华，去做你最想做的事吧！衷心希望你们每一个人都会有一个美好的未来！加油！！

相信对很多人来说，每个人肯定都会有过这样的经历。

曾经，买了一件非常喜爱的衣服，但是你却怕它可能会因不小心而刮坏，或者因长穿而现褶，抑或是因晾洗而被风刮了去……总之，为了充分表现你对它的爱惜和珍视，你会把它高高挂起，除非正式的场合或者重要的约会。就这么过去许久，当你再将它拿出想要重温初见时的欣喜，却恍然发现，衣服已然过时，不再是记忆中的样子！我想，那一刻的内心该是多么的伤心和失望！

曾经，喜欢过一个人，哪怕不说话，远远看到一眼，也会觉得就连下雨的一天也是那么的美好。如果，哪怕是他一个不经意的眼神飘到你身上，都会有一种冲动，立马跑回寝室，关上房门在里面开心地大叫，哪怕被同学责怪也甘之如饴。每每冲动之时，总想要表达自己的情感，但却止步于种种自卑、面子或者自尊心。就这么过去许久，终于有一天，你发现他的旁边站着一个你感觉还不如你的她。我想，心里的起伏不亚于世界末日时的绝望吧！

曾经，亲手做了一杯羹汤，你得意着它的美味，想象着朋友们的赞赏，在等待中，转而投入到繁杂的工作中，当你想起你得意的羹汤时，它已经不得不去它该去的地方报到了——垃圾桶。我想，此时的心情，除了懊恼和后悔，还有的是对此时生活节奏不能自控的无奈吧。

青春和感情，就这样在等待中如细沙一般悄无声息地从指缝中溜走。等到暮年，回首青春岁月，你只能黯然感慨，荒芜了青春，流失了岁月。

没有在最喜欢的时候穿上那件漂亮的衣服，没有在最美丽的时候牵起倾慕人的手，没有在最美味的时候品尝最鲜美的羹汤。我想，人生最遗憾的事，莫过于在最想做的时候却没有去做最想要做的事情！

亲爱的同学们，新学期即将开始，这一年，也是你们在合肥工业大学度过的大学时光的最后一年，我希望，你们可以抓住这最宝贵的一年青春时光，跟随你青春的梦想，不要再去等待，去做你们最想要做的事！作为你们的一名新辅导员，我对你们有太多的热情和期待，在倍感开心的同时，也深刻感受到了责任重大。因为这确实是你们大学最重要的一年，关乎着你们个人、家庭，甚至是社会的未来。在这里，或许，我也可以用你们的学姐身份与你们推心置腹地交流，作为刚刚经历不久的过来人的身份，我会有更加深刻的感触，更加直接的想法，以及更为贴切的意见，希望可以给处于这个关键时期的你们一点帮助。当你们开学之后，忙着考研、工作、出国，依然像往年一样，生活忙碌而单一，却突然发现多了些莫名对未来迷茫的压力。这时候的你们会因为一时烦躁的情绪与室友拌嘴，与同学相隔，或心生暗自悲观的情绪……亲爱的同学们，请正确看待这些情绪，并学会妥善地处理它。在这个时候，我会强烈建议你，多跟你的朋友、同学，多多地互相交流，说说自己的情况。有时候你惊奇地发现，大家都会有相类似的情况，进而可以互相理解、互相包容，不好的情绪也会随之而排解，你们的友谊也会因此而更加牢固。我想，朋友的陪伴，不仅是在你开心时分享你的喜悦，更会是在你伤心时理解你的难过，包容你的小脾气。不要去等待别人找上门，请主动推开别人的那道门！

亲爱的同学们，我想告诉你们，请珍惜你们最后一年的大学时光！

如果可以，你可以提前联系晚到的室友，并去接站，因为说不定下一次就是你去送站的时刻，请珍惜每一次相逢的机会！

如果可以，你可以多跟室友出去聚个餐，哪怕是大排档，聊一聊各自遇到的难题，抑或是聊一些共同关注的八卦，放松紧张的心情，因为说不定下一次就是在班级的散伙饭桌上，请珍惜可以和室友畅所欲言的机会！

如果可以，你可以跟你的同学们一起去食堂吃饭，不要抱怨食堂的饭菜多么的油少盐多，多么的难以下咽，请珍惜你们在一起的机会！

如果可以，请多跟你的同学们相约去图书馆，不要嫌它人多无座，书籍类少而不全，电脑网速慢，请珍惜大学里给予你更多知识的地方！

如果可以，请在夜幕降临，休闲之余，跟同学们在操场边上席地而坐，仰望满天的星空，畅聊自己的理想，请珍惜在寂静的晚上，还有几个可以谈心倾听的朋友！

如果可以……

当然，你们还会有更多的如果，我希望你们可以自己去发现，自己去感受，四年时间转瞬即过，此时的你们，不会感受到离别的伤感，但当你真的身处其中，看见昔日的同学们背着行囊一个个离开，那种感觉就像四年前同学们背着大包小包刚进校门时的场景，但独独少了当时的那份欣喜、好奇和笑容，多的却是难过、不舍和眼泪。这一年结束，你们将各奔东西，奔赴属于自己的工作岗位，拥有自己的全新生活。或许这一别，对于有些同学来说，真的是很难相见。当然大学四年的情谊不会就此终止，它会因我们的离别而显得更加珍贵，并成为我们青春回忆中最瑰丽的一笔！

别再犹豫，穿上你的新衣，牵起你倾慕人的手，好好享受那碗美味的羹汤！不要再去等待，在你最美好的青春年华，去做你最想做的事吧！

最后，衷心希望你们每一个人都会有一个美好的未来！加油!!

博主饱含着激动的心情激励着2014届毕业生，提出几点希冀，在迷茫的时候多多交流，在犹豫的时候坚定信念，希望每一个人都有一个美好的未来。

作为一名2014届毕业生，看了宋老师的文章深有体会。大学前几年并不知道未来是什么，现在未来就在我们面前，世界那么大，不免迷茫，但是同学们多聊聊天，每个人都有自己不一样的感受，真的可以受益匪浅。

我是大二学生，看了这篇博文，审视了一下自己，觉得自己这两年来真的没有一个明确的目标，为了不让以后再着急，我现在就要努力起来，为自己做一个规划，一步步踏踏实实走下去！

是的，同是2014届毕业生，我也觉得博主说的是，记得当时迷茫于考研还是工作两条路的时候，我找了好几个上届的学长询问经验，最后才坚定考研的道路并为自己的目标努力着。

现在的年轻人心里装着太多的事，做事情犹豫不决的情况普遍存在，真该如文章中所说，要敢于去追梦，去奋斗，才不负自己的青春。

我是一名大三学生，在来南区了之后，看着学长学姐忙碌着考研、保研、找工作各种事，然后这边学校的招聘宣讲会、考研班宣讲会，等等，让我开始为未来着想了起来，现在是迷茫期，看来我是需要多找人交流了。

不经意的一句回答赢得就业机会

作者：张金锋（建筑与艺术学院）

导读：在价值观日益多元化的今天，我们面对90后的大学生，在日常教育管理中，对学生的思想教育绝不能放松，要切实提高实效。我们不经意间的一句话，可能就会影响一个学生的一生，为此我们在课堂上或日常与学生交流的过程中，一定要注意言行，尽可能地给学生传递正能量。

一世界知名的集成电路制造公司来校招聘结束后，我和他们交流时，我问公司负责人，对我校毕业生整体情况感觉怎么样。该公司技术副总告诉我，非常好，尤其是一个同学令他很感动。我仔细询问得知，原来在该副总面试时，都会在最后问应聘的同学“还有什么需要了解的吗”这个问题，其中有个同学的回答使他改变了计划不录用他的决定，最终破格录用了他和另外一个本不在面试之列的他的同班同学。因为这个同学的回答是“我对贵公司非常向往，希望能给我一个机会，但请问，我同学某某，成绩比我好，平时表现也不比我差，为何给我面试而不给他面试的机会?”。听完这个同学的回答，该副总立即拍板，决定录用他，并问他他所说的这个同学是谁，如果他确实有意向的话，可以破例让他直接过来参加最后的面试。该同学立即联系了其同学，他的这个同学也很向往这个公司，立刻赶了过来参加面试。果然，该同学以不凡的表现获得了面试官的一致认可，最后也被录取了。该副总对我说，他每年要到许多高校招聘，面试了许许多多的同学，没想到在就业竞争如此激烈，就业压力如此大的现实下，还有同学问这样的问题，显然比他好的同学参加面试，无疑是降低了他成功的机会，虽然在开始面试的过程中，他对该同学的专业素养不是十分满意，但是他的人品是公司最看重的，因为专业知识可以学习，能力可以培养，而人品却不是一朝一夕就能变得高尚的，感谢工大为社会培养了这么好的人才，今后他们公司每年都会来招聘……为了进一步弄清楚，我向该副总要了该同学的名字和联系方式。

过了几天，我把该同学叫到办公室，问他当时的情况，和公司副总说得差不多，而且他也觉得自己很幸运，很朴素的一个回答竟然赢得了公司老总这么高的肯定。我问他当时是怎么想的，他说："其实也没有刻意地去想，当时潜意识里面的确很纳闷儿，公司为何没有看中他的这个同学？自己甚至其他几个不如这个同学的都参加面试了。"他还说："不过老师你给我们上就业指导课时的一句话，让我记忆深刻，或许就是这句话起了真正的作用。"我当时也很好奇，我还有这本事？就问他哪句啊。他说："记得有次就业指导课上，你说'现在是个竞争的社会，到处都充满着竞争，眼下你们就要面临着激烈的就业竞争，我希望同学们要合理竞争，同学之间也要互帮互助，你们要尽可能地把自己的优势和最完美的一面展现给用人单位，但千万不能靠贬低别人来抬高自己……'，老师你这句话已经使我受益，不但帮了自己，还无意中帮助了同学，今后不管到哪里，我都会记住这句话并努力这样去做……"我仔细回想一下，自己好像的确在课堂上说过类似的话。

通过这个案例，我更加明确了两点，其一是我们经常抱怨现在的学生不好管，自己天天苦口婆心地给学生讲这讲那，他们根本听不进去，其实不然，或许是时机未到，或者我们没有感受到，然而我们不经意间的一句话，可能就会影响一个学生的一生。为此我们在课堂上或日常与学生交流的过程中，一定要注意言行，尽可能地给学生传递正能量。其二是用人单位其实也更加看重学生的人品，和我们平时所说的德才兼备，以德为先是一致的。我们在给毕业生传授这样的面试技巧，那种面试秘籍的同时，千万不要忘记一个人最本源的东西往往是最核心的。为此，在价值观日益多元化的今天，我们面对90后大学生，在日常教育管理中，对学生的思想教育绝不能放松，要切实提高实效。

在现在的生活中，我们常常说同学之间是竞争的关系。但是我们也是一起成长一起学习了四年的朋友，在找工作的过程中应当互帮互助，每个人都无私一些，相信大家都会有一个好的结果。

从中我看到的更多是一种坦诚，公司看中的也是这么一种品质。当面对一些事情，我们不应该是侥幸或者难过，而是要一直准备着，绝不放弃，终将会成功！

我们要对自己有个自我认知，而不是通过贬低别人来让自己获得机会，有时候一份为他人担心的思量反而成了人性的闪光点，公司看中的不仅是才学，也有人的品质。

人生的走向往往能被一句话改变，希望每个人都可以善良一些，大家都要好好的才能无愧于心，勿忘本心。朋友一生一起走，大学期间的友谊要真心对待，也要珍惜。

从毛泽东交友“三不谈”原则论时间利用

作者：成建（化学与化工学院）

导读：青年毛泽东与朋友们约定了“三不谈”原则：不谈金钱、不谈男女之间的问题、不谈家庭琐事。虽然伟大领袖已去世多年，但他年轻时就形成的充分合理地利用时间的观念，以及管理时间的方法，至今仍然值得我们学习和研究。

青年毛泽东为达“改造中国与世界”的目的而求友心切，但他并非饥不择食，而是有严格的交友准则。他与朋友们约定了“三不谈”原则：不谈金钱、不谈男女之间的问题、不谈家庭琐事。毛泽东后来在同斯诺谈话中，回忆他在湖南一师的生活时说：“我逐渐地团结了一批学生在我的周围，形成了一个核心，后来成为对中国的国事和命运产生广泛影响的一个学会。这是一批态度严肃的人，他们不屑于议论身边琐事。他们没有时间谈情说爱，他们认为时局危机，求知的需要迫切，不允许他们去谈论女人或私人问题……记得一次我在一个青年的家里，他对我说起要买些肉，当着我的面把他的佣人叫来，说买肉的事，最后吩咐他去买一块。我生气了，以后再也不同那个家伙见面了。我的朋友和我只愿谈论大事——人的天性、人类社会、中国、世界、宇宙！”

从毛泽东交友“三不谈”原则，可以深刻地感受到毛泽东为了心中的理想，充分地利用好自己的时间，把时间都用在了自己的理想上。这与毛泽东一生伟大的成就是分不开的。

然而，反观我们的现代青年，常常缺乏伟大的理想，大量地荒废着自己的青春。我们经常用手机玩游戏、看娱乐节目、看动漫、唱歌、喝酒……

我常与同学们交谈“人生目标是什么？”。他们通常告诉我：“自己过得快乐”“找一份好工作，找个合适的人结婚，家庭幸福”……大家追求个人快乐、家庭幸福固然没错。然而，可能因为市场经济竞争以及西方个人主义思想的影响，我们的心始终还在“我的成长”或“我的家庭”上，还不能投入较多精力去认认真真关注社会时事，建立起个人与社会的联系，还难以树立高远的社会理想。

市场经济确实需要我们为了自己和家庭的利益努力奋斗、激烈竞争，然而，自身利益只能成为我们的生产条件和需要，不能成为我们的人生目标。我们的人生目标仍然应该是为国家和人类的事业做出贡献，这样才能实现我们的人生价值。也只有终身怀揣这样的人生目标并为之奋斗，我们才能在日常的生活中，充分利用好自己的时间，为我们周围的人，为我们的国家和人类做出巨大的贡献。这样，周围的人才会真心地感谢我们，对我们好，国家和人民也不会忘掉我们。这样，我们才能真正地实现自己和家庭的幸福。如果我们的目标树立得很低，只为个人或家庭努力，我们可能成为自私自利的人，甚至为了一己私利而违法犯罪，最终自己的目标也成为泡影。

在确定了为周围人、为国家、为人类做出自己贡献的目标后，我们也需要明确自身的各种角色，如“父母”“子女”“上司”“下属”“老师”“学生”等。认真思考，每一种角色需要自己做什么，怎样才能做到更好，哪些事更重要，哪些事次重要或不重要。

从毛泽东交友“三原则”以及日常作风，可以看出，他将自己主要的时间用在了重要的事情上，尤其不在琐碎繁杂的事情上浪费时间，有条不紊。这与史蒂芬·柯维的时间管理原则非常吻合。史蒂芬在《高效能人士的七个习惯》中提出，我们花费时间所做的事大致可以分为四类：第一类，既重要又紧迫的事，如危机、迫切问题、在限定时间必须完成的任务等；第二类，重要但不紧迫的事，如预防性的措施、建立关系、明确新的发展机会、制定机会和休闲；第三类，紧迫但不重要的事，如接待访客、某些电话、某些会议、公共活动等；第四类，既不重要又不紧迫的事，如琐碎繁忙的工作、消磨时间的活动、令人愉快的活动等。

如果我们过分注重第一类事务，那么他们的范围就会变得越来越大，最终占据我们全部的时间和精力。这样，我们通常会非常疲惫，需要借助第四类事务来放松自己，如看电视、玩游戏等，浪费时间，增多第一类事务，形成恶性循环。

如果我们将大部分时间花在第三类事务上，却自认为在忙十分重要又紧迫的事，实际上并不那么紧迫，也只是对别人的优先，自己若有要事要做，别人也可以自己解决，如同学急着约自己去打球、逛街等。

高效能人士总是避免陷入第三和第四类事务中，因为不论是否紧迫，这些事都不重要，他们还通过花费更多时间在第二类事务来减少第一类事务的数量。第二类事务包括建立人际关系、学习、确立人生目标等。比如，毛泽东青年时便喜欢结交良师益友，还以“二十八画生”之名，向长沙各校发出征友启事；通过读书、学习、讨论，不断确立和修正自己的目标，把自己的时间都用在最重要的目标上。

以第二类事务为生活中心的时间利用方法只有一个目标，就是有效的管理。这需要我们有完善的原则，对个人使命有明确的认识，能兼顾重要的和紧迫的事情。让第二类事务成为生活中心的有效工具必须满足以下六个重要标准：

一、和谐一致：个人的理想与使命、角色与目标、工作重点与计划、欲望与自制之间，应和谐一致。

二、平衡功能：管理方法应有助于生活平衡发展，提醒我们扮演不同的角色，以免忽略了健康、个人发展等重要的人生层面。

三、围绕中心：理想的管理方法会鼓励并协助你，着重虽不紧迫却极重要的事。我认为，最有效的方法是以一星期为单位订计划。一周 7 天，每天各有不同的优先标的，但基本上 7 日一体，相互呼应。如此安排人生，秘诀在于不要就日程表定优先顺序，应就事件本身的重要性来安排行事历。

四、以人为本：个人管理的重点在人，不在事。行事固然要讲求效率，但以原则为重心的人更重视人际关系的得失。因此有效的个人管理偶尔须牺牲效率，迁就人的因素。毕竟日程表的目的在于协助工作推行，并不是要让我们为进度落后而产生内疚感。

五、灵活变通：管理方法应为人所用，不可一成不变，视个人作风与需要而调整。

六、携带方便：管理工具必须便于携带，随时可供参考修正。

毛泽东虽然已去世多年，但他年轻时就形成的充分合理利用时间的观念，以及管理时间的方法，至今仍然值得我们学习和研究。

我们每天都在提“时间管理”，但我们又有几个人及毛主席的一半。我们哪天不是把一天的时间计划，从清晨的赖床就打破。毛主席给我们树立了好榜样，辅导员给我们提供了好方法，我们的改变，从现在开始。

我必须承认，我是拖延症重度患者。不上课、不起床、不收作业、不写作业。虽然知道自己的拖延给自己带来了很多损失，但依然改不掉自己的毛病。我马上就尝试一下辅导员文章中提到的方法，做一个高效能人士。

当下，“手机”绝对算得上是扰乱大多数同学时间安排的元凶。智能手机的飞速发展，让我们越来越离不开手机。它带来便利的同时，却也严重地影响了我们的学习生活，我认为要想管理好时间，首先要“放下手机”。

毛主席成为伟人是有道理的，他时刻保持着最佳的状态，这样他才能在机会来临的时候紧紧抓住。而我与周围同学每天把大把的时间浪费在手机、电脑、恋爱中，一直这样下去，我们的大学注定就虚度了。我才大一，感谢辅导员这篇文章，给我指明了方向。

简　历

——寻找“纸”上行走的另一个你

作者：闫志伟（数学学院）

导读：这不是一个你躲在小屋里就会有人喊你来工作的时代了，这是一个将知识转化为生产力的时代，需要你用实实在在的“干货”做事情的时代。成熟的季节到了，请把自己投放到市场当中，填好这份说明书，去寻找在“纸”上行走的另一个你吧。

又到就业季了，我一直和学生讲：要把找工作这件事情当成一件事情来做。从穿着打扮到言谈举止，从简历设计到面试表达，从个人诉求到企业需求，每一个细节都是需要艺术化加工的，当然这一切的基础是有足够的硬实力。这就又提到以前讲的“我们应当尝试多去做一些且命题，少做一些或命题，尽量不要做非命题”，即我既有实力去企业经过学习做好本职工作，又能当下把简历写得足够出彩，既能做事情又能喊口号。

简历，一个神奇的敲门砖，经历了从文字到图表的结合，从黑白两色到五光十色，从一页纸到一本书，从静态叙述到动态视频等过程，各种就业指导的课程、网站教程使得简历如今变得越来越专业。做一个不恰当的比喻：如果把一个毕业生比作就业市场中的一件产品，那么简历就是说明书，就是在“纸上”行走的另一个你，因此确保两点：一是说明价值，能够表述清楚基本信息。二是真实有效，证明自己不是“假货”。

现在的简历投递方式，第一种网络投递，即通过就业单位在互联网设置的投递方式，按格式按要求投递到指定的“地址”，这种方式缺乏对人和对简历细节设计的主观评审，那怎么才能出彩呢？建议：

一、客观部分注意格式细节，即人人都需要填写的部分严格按照要求进行填写，文字不增不删，审词夺字，填写之前务必查看填写说明，确保信息有效性；

二、主观部分，即涉及个人评价等时，注意填写“价值个性”，不是简单地获奖堆砌，坚持人无我有，人有我精的原则，能够让筛选简历的主管第一时间看到亮点。鉴于篇幅，尽量以单事实体现多能力，即通过一至两个典型事件，体现自己道德能力、学习能力、表达能力、合作能力等综合能力。

第二种就是常规的纸质简历了，即学生根据自身表现和企业需求，将自身的特点、能力、经历、需求转化成文字图表的形式。我们这里主要讲初次面试中怎么营销自己，怎么把四年的所学所得压缩在一张 A4 纸上，怎么让一个陌生的企业对你产生瞬间的吸引和信赖，着实需要费一番周折。建议：

一、注重字体和版面布置，切记除特岗要求，不艺术不彩色不非主流；常规采用宋体，建议使用微软雅黑、黑体，不加粗；表格设计多用线条表格，少用框格；版面布置分基本信息、学习经历、技能特长、所获奖励、实践经历，适当可加就业宣言、自我评价、他人推荐等信息。

二、突出重点和规避风险，即把企业所需的硬性条件，要客观显眼地陈述出来（例如：岗位需求、联系方式、C＋＋、四六级等），多项技能特选一至两项擅长的作重点描述，其他作为支撑，要避免夸张的冗余表达。

三、叙述经历和获奖，首先经历和获奖尽量靠近当前企业的需求，叙述经历多采用祈使句，凸显动词，即做了什么收获了什么扮演了什么角色，避免流水账式地表述；获奖情况切记累计叠加，注重排序，科研竞赛、学业成绩、学生活动、公益活动均有涉猎。

四、无处不在的细节，首先不要有错别字、歧义词、病句，措辞选择职业化词汇，简历中能够通过就业宣言或者 logo 的形式体现当前企业的有关信息，通过引号、下划线、段前符、数字等博取关注。

这不是一个你躲在小屋里就会有人喊你来工作的时代了，这是一个将知识转化为生产力的时代，需要你用实实在在的“干货”做事情的时代。成熟的季节到了，请把自己投放到市场当中，填好这份说明书，去寻找在“纸”上行走的另一个你吧。

四年的经历需要压缩在一张纸上。怎样将自己的简历做得与众不同？怎样突出自己的优点？怎样将自己展示出去？这都是接下来的日子要学习的，还有一年毕业了，早点吸收总结经验吧。

虽然才大一，可是看了这篇文章就有了莫名的紧张感，感觉自己马上就要找工作了，现在还没什么能力，所以之后要努力充实自己了，不然都没有什么写在简历上。

前段时间找工作的时候才发现简历是多么重要的一张纸，它要浓缩你所有的事迹，你所有的能力，以及你所有可以吸引企业的关键点，文章中所提均是需要注意的细节，希望学弟学妹他们可以借鉴吧。

原来写简历要有这么多需要注意的地方，真的是长知识了，现在先把这篇文章收藏起来吧，挺有意义的一篇文章，之后用到的时候就会少走一点弯路。

前段时间看学校的学长学姐们找工作，有看到他们的笑脸也有看到他们发愁，现在看这篇文章，感触颇多，原来有这么多细节需要注意，自己还是早点准备，希望可以找到一份好工作。

虽然自己读研，可是看室友们之前找工作，感觉他们心情还是挺复杂的，不过好在都找到还算满意的工作。听辅导员这么聊，找工作的过程中确实有很多需要注意的，真是细节决定成败。

就业三字诀

作者：闫志伟（数学学院）

导读：择业，是一个很严肃的问题，一个通过兴趣培育吸引，通过需求营造诱惑，通过关系建立连接的过程。走好三部曲，做好三字诀“被”、“迷”、“搭”，或许在你且寻且择的就业路上有些许帮助吧。

迎来送往，又是一个毕业季，又是一个选择季，在经过意向需求、岗位选择、面试笔试、签订合同等一系列动作之后，人流又开始了像高考一样重新分配，每一次人的重新分配都会面临着意识状态的改变，因为要离开当前环境，换一种姿态去和另外一拨人融合。近些天来，好多学生开始将自己摆放到就业市场当中，根据自己的价值找寻属于自己的位置，这不是一件简单的事情。

接下来，给大家分享一个找工作的策略，分三个步骤：培育吸引、营造诱惑、建立连接。

一、择业“被”字诀之培育吸引

澳大利亚一名电视工作者朗达·拜恩，于2008年出版了一本名为《The Secret》的书（中文可译为《秘密》），曾引起较大的反响。这本书最核心的内容就是阐述了一个法则，即“吸引力法则”，大意是说“心中所想之事越发强烈，似乎就越容易实现”。对于一个即将就业的毕业生来说，在经过自身的综合性测量之后决定了就业的行业、用人单位、岗位，那么就要以最强烈的心态去接受它、准备它、拥有它，去奠定一个强大的就业引力场，不然很快就会动摇的。引力不够是不行的，切莫让“跳槽”心理前移到择业的阶段。在引力培育阶段，掌握一个“被”字诀，当然不是让大家被动地去就业，而是通过简历设计、面试表现让你“被”用人单位的人事部门圈出来，通过长期表现、业务素质让你“被”学校的老师同学圈出来。现代社会是一个求关注的时代，一份关注就携带一份信息与资源。

那么，在就业之前要列举个人与用人单位的吸引点，逐条比对，为后面的建立连接做好准备。

其实，吸引就是兴趣，是用人单位和你之间产生价值认证的原动力。

二、择业“迷”字诀之营造诱惑

用人单位与毕业生是双向选择的过程，是一种市场关系，存在着收益分配，也就是诱惑。对用人单位来说，诱惑有行业前景、薪资待遇、就业环境，等等；对就业者来说，诱惑有内外形象、综合素质、业务水平，等等。这个环节我们需要掌握“迷”字诀。说说后者，就是我们毕业生如何增强自己的“诱惑”部分。首先，提升自身的形象建设，内外兼修。最起码有一套干净整洁、搭配合理的正装，且不说貌美俊朗，但须头脸精神、保持微笑、行走有力，精心设计简历，凸显形象诱惑；其次，体现自己的精英元素。就是良好的专业技能水平和极具个性价值的综合素质，且不说成绩齐优，但须懂得规律、勤于动手、能够实践，不说能言善辩，但须知礼有品、掷地有声，认真准备面试细节，凸显精英诱惑；最后就是个人高价值展现，这一部分体现在自我的核心竞争力的高光展现上，即使这个岗位和领域我不是最优的，但我是最合适的，这也是用人单位最看重的一点，招之即来，来之能战，战之必胜。简而言之，就是学以致用并为用人单位创造效益，扎实提升业务水平，凸显价值诱惑。

其实，诱惑就是需求，是用人单位和你之间进行供需匹配的奠基石。

三、择业“搭”字诀之建立连接

就业的成功，就是用人单位和毕业生签订就业协议或劳动合同等并能够顺利展开合作，从而达到互惠互利目的的结果。对毕业生而言，就是最终能够与用人单位建立起有效连接。在找工作阶段，注意掌握一个“搭”字诀，即尽最大努力实现双方需求的同步性共振，搭起关系，主要体现在两个方面：一个是价值，就是用人单位在某一岗位设置若干条件，例如学历、专业、技能、薪资等，而你自身也正好符合这些条件，即所谓的价值共振；另一个是可得性，就是你所选择的用人单位一定是你能力范畴内的，如果是一家与你不可能建立连接的单位，即使再好，也与你无关，既不要自大包装也不要枉自贬值，即可得性共振。例如，写简历的时候，能够通过 logo 或是文字体现应聘单位的相关信息，可以第一时间与 HR 产生共鸣；面试的时候，随着面试进程口吻从“贵单位”逐步转为“咱们企业”等，也是产生共鸣的方式，等等。这种搭建的过程涉及硬实力和软实力等多个方面。当然了，建立连接之后还有连接升级，即“高层搭建”，比如你努力工作升职加薪了，为企业创造良好的形象和产品等等，使得彼此连接更为牢固并且更趋于合理。

其实，连接就是关系，是用人单位与你之间进行利益合作的关系网。

择业，是一个很严肃的问题，一个通过兴趣培育吸引，通过需求营造诱惑，通过关系建立连接的过程。走好三部曲，做好三字诀，或许在你且寻且择的就业路上有些许帮助吧。

就业问题对于一个毕业生来说是目前面临的最大的问题，现在就业形势不容乐观，毕业生就业压力较大。这篇文章给了我许多这方面的指导，在我找工作的过程中提供了许多帮助。

我是一名大三的学生，虽然暂时还没有面临就业，但是从各方面了解到现在的就业形势不太好，如何能找到一个好工作是我们即将面对的问题，文中提到的一些注意的地方很实用，能对我明年就业提供一定的帮助。

我是一名数学专业的学生，在找工作的过程中很难找到对口的工作，就业竞争中并不占优势，如何在简历中或者面试阶段给招聘公司留下好印象很重要，文中的一些内容是我之前没有意识到的，值得注意。

之前的生活都在校园里，面对的是老师和书本，现在要毕业了，面临就业，文中提到的许多内容给了我很大的帮助，赞一个！

看了这篇文章，觉得对我很有帮助，分享给了班里的同学，许多同学从中得到了一些启示，完善简历，认真准备面试，得到了不错的结果。

文章中有许多细节确实值得注意，我之前没有意识到，在关注了这些细节之后，我找工作的情况有了明显的改善，很实用的文章！

致大三孩子们的一封信

作者：柏晴（外国语学院）

导读：大三这一年将是你们最为辛苦播种、艰苦奋斗的一年。大三，你种下什么种；大四，继续耕耘；毕业，你就会收到什么果。考研、出国、就业，你的选择是什么？衷心祝愿每一位同学都能迅速找准自己的定位和方向，为了美好的明天努力拼搏！

亲爱的同学们，不知不觉大三来了，这一年将是你们最为辛苦播种、艰苦奋斗的一年。大三，你种下什么种；大四，继续耕耘；毕业，你就会收到什么果。

考研、出国还是就业？心中不能仅有目标了，要有切实可行的执行计划和行动。

想要考研的同学，首先，你要仔细想一想，你为什么考研？你能不能沉下心来、吃下这份苦。第二，你要结合自身条件，量力而行。不要盲目追逐考名校、跨专业，脚底下踩实了，才能一步一个脚印地朝着目标迈进。这里，我特别想强调的是跨专业考研，咱们一道分析分析：本身你们是文科生，能把高数、法律等难度较大的课程啃到什么程度，自己一定要掂量掂量，倘若没有进行长期专业的系统学习，光凭一腔热情、一丝执念去打无把握之仗，我想说，这不叫勇敢，叫鲁莽；不叫明智，叫滑稽。有同学可能会说，我并不指望一考就中，一年不行，我再考一年，甚至两年。好的，如果具有了这种顽强的拼搏力和良好的心理品质，没问题，你尽管去拼，愿苍天不负有心人。否则，为师还是劝你们三思三思再三思，慎重慎重再慎重！

第三，考研除了看书，还要积极发掘有效资源，可以主动联系身边的亲友、老师、学姐，获得报考学校、专业以及招生导师的相关有效信息，更好地做到有的放矢。

下面来说说“出国”。近些年，想要出国深造的同学越来越多了，且已经呈现出逐年递增的趋势。出国留学固然很好，可是，亲们还是要想好了：第一，不要给家庭、给父母带来过大的经济负担和心理负担。因为咱们专业的学生申请出国能够凭自身条件申请到奖学金的很少很少。第二，申请出国留学，并不比考研轻松，因为谁都想尽可能地申请到一所好学校。因此，考得不好的课程，你要重新学习（就是你们常说的“刷分”）；雅思、托福等单词背到你开始怀疑自己的智商、怀疑自己是否还有个健全的大脑。第三，除了学习还要应对各种忙碌：寻找可靠、适合的留学中介，不厌其烦地准备各种申请材料、找你崇拜的老师恳请他为你写封推荐信以及等待 offer 的漫长煎熬。第四，不要把“出国镀金”想象得那么“高、大、上”，时代不同了，有能耐的人太多了，“海归”待价而沽的时代早已结束，留学以后的竞争依然很残酷。

最后来说“就业”。对于“毕业即就业”的同学来说，大三是你们提升自己就业竞争力的黄金时节。一方面，要在保证正常学习的前提下，尽可能多地关注时政新闻、热点话题，做一个 fashion 青年。同时，也要多看一些资料，尽可能地广泛涉猎，如计算机方面的、办公文秘方面的、对外贸易方面、市场营销方面的、心理学方面的等，并有意识地做一些训练，着力提升自己的语言表达能力（也就是人们常说的“口才”）。口才好的人往往会不由自主地由内而外散发“自信”，一个充满自信的人，传递给招聘者的感觉往往是“可靠的、有安全感的、有能力的”。另一方面，要寻找、把握做兼职的机会，争取宝贵的“实践经验”。这一点对于就业的同学弥足珍贵。这就要求你们在选择兼职时要慎重，做的时候要细致。兼职绝不能仅仅停留在“做家教”的层面了，最好是在某个机构，如：某个英语培训学校、某个外贸单位、银行机构等有着较为长期和稳定的实践经历。在实践的过程中，虚心学习、认真工作，积累必要的工作经历、工作经验和人际交往技巧。

好了，今天就先叨到这，改日再叨：衷心祝愿每一位同学都能迅速找准自己的定位和方向，为了美好的明天努力拼搏！

柏老师是我最喜欢的一位辅导员，大学期间她给了我很多的帮助，感觉她就像一位家长一样时刻给予我们关怀。很庆幸自己在大学遇到这样一位好老师、好辅导员。

大三，尤其关键的一年，这一年我们不能再迷茫。我们要想好自己以后的发展方向，并朝着目标努力下去。不忘初心，方得始终。

大三，我决定考研了，给自己的大学生活一个交代，为自己的青春再奋不顾身地奋斗一回。努力了，就不至于成为空白。

自己离工作还差得太多，所以接下来的时间里会全面提升自己的能力。

为找工作做充足的准备。相信我们文科专业的同学一样可以鹤立鸡群！

时间，你都去了哪

作者：张旭（仪器科学与光电工程学院）

导读：所谓勤恳，就是要充分利用时间，不让时间白白流逝。耽误什么其实都可以不在乎，唯有时间我们耽误不起，耽误时间是最不好的事情，因为没有人可以让时间逆转。亲爱的同学们，从大一开始养成良好的习惯，对时间进行合理地规划和管理，相信大家会尽快适应大学生活。

转眼间已不再是那个四处探头探脑、懵懵懂懂的新生了，大学生活已经开始了一个月，你早已熟知这校园中的每一个角落，熟悉了自己的同学和班级，有了新朋友。为了迎接新同学的到来，各个学院的学生团体都组织了丰富多彩的活动。一瞬间，你看得眼花缭乱，不少同学也慢慢开始抱怨总是在课余之时奔波于各个活动现场，想要花足够的时间学习，但是却又不想错过从各类活动中开阔眼界，感受大学生活乐趣的机会。晚上睡得晚，为了完成学习任务和各类社团任务，不得不忙活到夜里凌晨过后，第二天早操又得拖着疲惫的身躯出现在操场上，课堂上也难免趴在课桌上呼呼大睡。如此恶性循环，难免有同学开始吃不消，大呼大学生活只能用一个“忙”字来形容。

可是你认真思索过时间都去了哪儿，你是时间的主人吗？又或者像朱自清先生在《匆匆》里说过的那样：聪明的，你告诉我，我们的日子为什么一去不复返了呢？——是有人偷了他们罢：那是谁？又藏在何处呢？是他们自己逃走了罢：现在又到了哪里呢？

法国思想家伏尔泰曾出过一个意味深长的谜语：“世界上哪样东西最长又是最短的，最快又是最慢的，最能分割又是最广大的，最不受重视又是最值得惋惜的？没有它，什么事情都做不成；它使一切渺小的东西归于消灭，使一切伟大的东西生命不绝。”

鲁迅先生说过，时间就像海绵里的水，只要愿挤，总还是有的。时间对于每个人来说是一笔公平的财富，不会多也不会少。要想充分利用时间，就要学会管理时间。时间到底是什么呢？时间对于不同的人有不同的意义。对于活着的人来说，时间是生命；对于商人来说，时间是金钱；对于做学问的人来说，时间是资源；对于无聊的人来说，时间是债务；对于绝大多数的人来说，时间就是财富，是人生最大的资本。

问题在于“时间是无始无终的，而每个人的生命却是有限的”。因此，时间管理的对象不是“时间”，而是每一个“使用时间的人”，其本质就是“自我管理”。另外，富兰克林说“时间是组成生命的材料”，那么，管理时间，也就是管理生命，即管理自我。

所以，要解决时间不够用的问题，我们首先要管好自己，在预定的时间完成自己预设的事情，而不是一拖再拖，也不是拿着手机窝在凳子上踟蹰不前。

其次，给自己定一个计划，将每天要做的事情列成清单，分清轻重缓急，可以将事情分为：重要紧急目标；重要非紧急目标；不重要紧急目标；不重要不紧急目标。然后逐件完成，而不是眉毛胡子一把抓，只顾干着急，哀叹要完成的事情太多，却又无从下手。

在执行计划时，要提高效率，对整个效率进行优化，提高效率，一个效率糟糕的人与一个高效的人工作效率相差可达10倍以上。生活或者工作，无论做什么都应当有较高的效率，这在无形中就可以延长时间，这就是注重效率的好处。

提高效率还需要为自己创立一个整齐安静的环境，避免受到外界干扰。整齐的书桌有助于各位同学随时找到自己需要的东西，杂乱无章只会在紧急情况下让自己更为被动。

在拥有了良好的自律意识，制定了周详的计划后，各位同学还要空出足够的时间进行休息，早睡早起，这样才能不陷入恶性循环，保证每天拥有充沛的精力，活动、学习两不误。

前面所提到的只是一些管理时间的手段，而自身内在的品质也尤为重要。只要勤恳，慢慢事情就会朝着好的方向发展。所谓勤恳，就是要充分利用时间，不让时间白白流逝。耽误什么其实都可以不在乎，唯有时间我们耽误不起，耽误时间是最不好的事情，因为没有人可以让时间逆转。时间不等人，昨天已经成为历史，明天还遥不可知，而今天是一个礼物，所以英文把“现在”称为“Present”。

亲爱的同学们，从大一开始养成良好的习惯，对时间进行合理地规划和管理，相信大家会尽快适应大学生活。

时间都去哪了？我相信会有很多和我一样的同学会问自己这个问题，不知不觉，一天的时间就这样过去了，甚至连思考自己这一天究竟做了什么的时间都没有。

如何能够充分地利用好时间是一门艺术，有的人的大学生活过得十分充实，并且具有他们的特点，但是很多人的大学时光都在无聊中打发度过，最后也很难留下深刻的印象。

很多人疲于应付各种各样的社团、活动还有学业，最后甚至本末倒置，把自己的学业弄得一塌糊涂。如果问他们做了什么，他们总会借口说自己很忙，但是究竟忙什么他们也说不出来。

时光如流水，但是时间总是可以挤出来的，一个合理的计划便是我们成功利用时间的关键。但是计划制定之后，不能放任不管，而应该高效地将自己的计划执行，从而达到自我的满足。

【不二大三】
——能力提升篇

作者：杨乾坤（管理学院）

导读：在大学这一大环境中，我们能学习到的不仅仅是专业能力的提升，还有就业能力、考研能力和创新能力等各方面的能力。在这一能力提升篇中，将给大家带来的分享是：在学习好专业知识的前提下，怎样根据自己的目标，来有针对性地提升自己的核心竞争力。

在上一篇文章专业学习篇中，我已经为大家分析了专业学习对于大三的重要性。我觉得一个人以后的事业是否能成功，最重要的是他们如何对待大学生活，是选择充实的还是选择颓废的，全都握在自己手里。我想大家应该也深有体会。众所周知，只要你肯付出努力，在你找到了自己应该奋斗的目标之后，在大学这一大环境中，你能学习到的不仅仅是专业能力的提升，还有就业能力、考研能力和创新能力等各方面的能力。在这一能力提升篇中，将给大家带来的分享是：在学习好专业知识的前提下，怎样根据自己的目标，来有针对性地提升自己的核心竞争力。

“工程基础厚、工作作风实、创业能力强”，这是我校逐渐形成的人才培养特色。我就以此为基础，分别为大家阐述各项能力提升方法：

一、专业能力提升

专业知识的学习真的很重要，之前为大家详细叙述了我心中专业学习的几种境界。现在就能力提升提一些建议，在这里跟大家分享一下。

学习要讲究效率、提高效率，途径大致有以下几条：

（一）心中有张计划安排表

在大学，最重要的还是学习，不管你想发展什么都脱离不了这个基础。在你想清楚一周内所要做的事情之后，合理认真地制定一张作息时间表。在填写完那些非花不可的时间，如吃饭、睡觉、上课、娱乐等。安排好这些时间之后，留出充足的时间用于学习，还有必要留出富裕的时间来完成正常的课外阅读和课后作业。当然，学习不应该占据作息时间表上全部的空闲时间，总得给休息、业余爱好、娱乐留出一些时间，这一点对学习很重要。计划赶不上变化，一张作息时间表并不能解决你所有的时间问题，但是它起码能让你了解如何支配这一周的时间，从而使你有充足的时间学习和娱乐。

（二）学习要有合理的规律

学习时需要全神贯注，但一天到晚伏案苦读，却不是良策。学习到一定程度就得休息、补充能量，充分注意劳逸结合。课堂上做的笔记你要在课后及时复习，不仅要复习老师在课堂上讲授的重要内容，还要复习那些你仍感模糊的认识。还要坚持多去图书馆，书本上的很多东西都讲得比较浅，你需要多去图书馆深化、扩充自己的知识。如果你还能坚持定期复习笔记和课本，并做一些相关的习题，你定能更深刻地理解这些内容，你的记忆也会保持更久。定期复习能有效地加深你对知识的记忆。

（三）要对学习抱有积极的态度

只有积极主动地学习，才能感受到其中的乐趣，才能对学习越发有兴趣。有了兴趣，效率就会在不知不觉中得到提高。在平时的学习生活之中就应该注意，学习过程中遇到不懂的问题，要及时向人请教，大胆提出自己的不解，跟上老师课堂的节奏。唯有如此，一点一滴地积累下去，才能进步。如此，才能逐步地提高效率。还要注意在学习的过程中，把各科课本、作业和资料有规律地放在一起，待用时方便查找复习。有条理才有效率。

（四）保持自身状态良好

首先，每天有个好心情，做起事来才会充满正能量、干净利落，学习积极投入，效率自然提高。其次，把个人和集体结合起来，和同学保持互助关系，团结进取，也能提高学习效率。再者，每天保证8小时睡眠。晚上不要熬夜，早些入睡。中午坚持留出午睡时间。充足的睡眠、饱满的精神是提高效率的基本要求。最后，还要注意坚持体育锻炼。身体是革命的本钱。没有一个好的身体，再大的能耐也无法发挥。因而，再繁忙的学习，也不可忽视锻炼。

提高专业学习能力并非一朝一夕之事，需要长期的探索和积累。需要充分结合自己的特点养成良好的学习习惯，合理利用时间，等等。总之，“世上无难事，只怕有心人”。

二、就业能力提升

（一）培养良好的心理素质

拥有一个良好的心态，是提升就业能力的根本。在现实生活中，大学生不仅承担着未来建设祖国的重任，更是社会的中流砥柱，面对就业的压力和父母的期望，无数学子承受的心理压力可想而知。而大学生在求学期间，注重专业知识学习，却很容易忽视心理素质的情况，使一些同学在面对困惑或逆境时，总是表现出一脸的茫然，尤其是一些学生在求职过程中遭遇失败，便一蹶不振，这也是大学生就业难的原因之一。因此，大家在求学过程中应注意提高心理素质，特别是在日常生活中注意锻炼自己坚韧不拔的性格；在求职中，充分了解就业信息，沉着、冷静应对所遇到的困难，用积极的心态扫除成功路上的障碍，并树立正确的择业心态，避免盲目追求。

（二）形成良好的社会适应能力

虽然大学被称为“小社会”，但是学校和社会还是有一定差距的，其运行规则有很大不同。这种环境的隔离，往往使得“象牙塔”里的大学生对社会的看法趋于简单化、片面化和理想化。刚毕业的大学生缺乏工作经历与生活经验，角色转换慢，适应过程长，所应聘的公司在挑选和录用大学毕业生时，同等条件下，往往优先考虑那些曾经参加过社会实践，具有一定组织管理能力的毕业生。这就需要你们在就业前注重培养自身适应社会、融入社会的能力。对社会和环境的适应应该是积极主动的，而不是消极地等待。为此，大家可以从以下几点先入手：首先，要认识自我。大学生心理尚未完全成熟，由于生活阅历有限，对自己缺乏全面而客观的认识。要及早地了解现在社会的需求，尽早规划自己的职业生涯，无疑对大学生自身就业以及人生都有着巨大的帮助。然后，借助社会实践平台，提高自己的组织管理能力、心理承受能力、人际交往能力和应变能力等。在实践平台了解到就业环境、政策和形势等，有利于他们找到与自己的知识水平、性格特征和能力素质等相匹配的职业。因此，在不影响专业知识学习的基础上，大胆走向社会，参与包括兼职在内的社会活动是大学生提升自身就业能力和尽快适应社会的有效途径。

三、考研能力提升

在讲述这一节之前，我想问一下同学们，为什么考研？是出于对学术的热爱，还是为了今后就业文凭这张具有“敲门砖”意义的纸张？是为了以后能够在工作上有一个更好的平台，有更大的升职空间？还是为了逃避现在的就业压力？……

因为考研的目的是否明确，直接关系到考研的决心是否坚定，能否坚持到最后，所以这个问题很重要。从某种程度上来说，现在决定考研的心有多坚决，就意味着未来能为考研付出的程度有多大，这也就在很大程度上决定了考研的结果了。

“随大流”和出于盲目跟风的态度都是不可取的。看着周围的同学都考研了，甚至社会上很多在职的人辞掉了工作来考研，就觉得自己也应该考研。认为反正时间还早，所以自己也先跟着去复习，但却看看歇歇，闲散心情去参与，这样的习惯以及循环一旦形成，不管最后是否会迈入考研大军，对未来的发展都是不利的。这还关系到可能考上研究生之后未来三年对自己负责任的态度，其实这些在考研之前就应当有所决断。

（一）考研方向的选择

对于还在持观望态度，尚未下定决心考研的同学们，建议大家现在可以听听关于考研形势的讲座。了解一些考研院校以及专业的信息。

首先，自己心里要清楚，到底在意的是什么。注重学校还是注重专业或者是注重城市。如果是注重学校，那么参考对比看看学校的师资力量、地理位置、周边环境，以及考虑到自己将在哪个城市发展等因素。如果看重的是专业，那么就要综合对比各高校在该专业上面的实力。学校专业学科排名、硬件的配备、师资力量，是否有自己专业学科的研究所或者是事务所等附载部门或单位，外围环境（如出国条件、城市条件）是否有利于自己今后在专业上的发展，是否能够拓宽自己的眼界等。此外，了解学校和专业一个最直接的办法就是逛学校的论坛，本校的同学应该能回答你最想要知道的问题。

在这人生重要的分岔路上，不管是从国家在教育上的政策等宏观上的把握，还是从自身状况等细节来考虑，一定要考虑成熟后再做选择。

（二）制定复习计划

看过上面之后确定考研了，并且选择好了学校及专业后，就可以从细处着手准备复习计划了。考研是一个跨年度的大工程，科学的复习计划是考研路上的指路牌，可以避免走弯路。而复习计划一旦制定出来，则应该严格遵守，方能达到效果。

对于制定复习规划要分为大章程、小计划。所谓大章程，是要从着手准备到上考场之前在时间和内容安排上有一个整体的把握和规划，将复习阶段大体划分，例如初期导学阶段、强化提高阶段、冲刺阶段，再在此基础上对每个阶段的复习内容再进行具体安排，做到心中有数，有的放矢。小计划就是日常安排，每天保持清醒的头脑，高效的学习，乐观的心态就好，参见专业学习计划表的安排。一张一弛，方为文武之道。

每个人都有自己都不会相信的潜力，选择了考研的道路后就放手去做吧！高考都经历过了，还会有什么考试能难倒大家呢？

四、创新能力提升

（一）主动融入活跃的创新氛围

一方面，我们要积极利用好大学里的各种硬软件方面的环境资源，如图书馆、实验室等，这些场所通常是培育和激发创新灵感的绝佳环境；同时，作为大学生的你们，不应该仅仅局限于大学校园，要主动走出校门，参加社会调研实践活动，让理论和实践相结合，在社会实践中发现问题、思考问题、解决问题，并在实际活动中及时反馈，提升我们的创新能力。

（二）积累夯实基础知识

良好的基础知识是创新能力提升的良好基点。优秀的创新成果都是饱含科技含量的，没有坚实的知识积累和深厚的知识底蕴，是不可能孕育出优良发明的。创新成果大都来源于基础知识的深层次组合，另外，如果没有打下好的基础，大家们也很难真正理解高深的应用技术。因此，打好基础知识的根基，对提高创新能力起着至关重要的作用。同时关注基础知识的延伸和新知识的发现，侧面提高触发创新意识的机会。

（三）培养科学的思考方式

“出色的科学家之所以能源源不断地有新成就，在于他们有从不枯竭的兴趣，并不断地培养自己的知觉，最后聚精会神地去研究它。”由此看来，新发明新发现和科学家的思维习惯和学习精神是分不开的。这要求我们，要摒弃浮躁的社会氛围，将自己的心沉静下来，切实发现自己的真正兴趣，并把自己的兴趣推而广之，坚持不懈地沉醉在发现问题和解决问题的思考当中；另外，要善于用逆向思维考虑问题的症结，不断地延伸自己的思维网络，并把思维的灵感火花及时保存，成为研究的新发现；严谨认真的态度也很重要，这需要我们在思考问题的时候聚精会神，真正深入到问题的每个层次中，详细考虑每个现象，得出各种结论。这就要求我们必须要勤于思考和研究解决问题，培养我们思考的习惯和方式。

作为大学生，应该刻苦学习、深入钻研，积极主动地成为创新活动的重要角色，为成功推进自主创新战略的实施做出自己应有的贡献。

五、结语

写到这里，“能力提升篇”基本也告一段落了。大学四年到了现在，还剩一半，好好把握，你们还有很大的提升空间。怎么能将大好青春在浑浑噩噩中虚度光阴呢？所以，为了你大学剩下的时光的快乐、开心，也为了你今后这道路的坦荡、幸福，做出一些努力吧！让我们一起奋斗在当下！

注重学校还是注重专业或者是注重城市。如果是注重学校，那么参考对比看看学校的师资力量、地理位置、周边环境，以及考虑到自己将在哪个城市发展等因素。老师这点说得很有道理。

硬件的配备、师资力量，是否有自己专业学科的研究所或者是事务所等附载部门或单位，外围环境（如出国条件、城市条件）是否有利于自己今后在专业上的发展，是否能够拓宽自己的眼界等是考研报学校应该重点考虑的问题。

考研还是重在复习，重在扎实，就当是重读一个高三，缓解自己的压力，调整好心态就积极备考。

准备复习计划是考研取得好效果的前提，一个好的考研计划对考研的帮助是巨大的。

考研是一个跨年度的大工程，科学的复习计划是考研路上的指路牌，可以避免走弯路。而复习计划一旦制定出来，则应该严格遵守，方能达到效果。

【不二大三】

——专业学习篇

作者：杨乾坤（管理学院）

导读：站在大三这个人生的十字路口上，就应该开始正视自己毕业以后的发展问题了，不论是考研、就业、还是出国都应该慢慢开始做准备，并确定方向为之努力了。但想让未来人生道路走得轻松些，前面提到的一切选择，都离不开一个重要前提——对于专业知识的掌握程度。

谁的青春不迷茫？对于已经大三的你们来说，当你拨不开眼前迷雾的时候，请在自己心上点一盏灯，照亮自己前进的道路……

对于你们来说，在大学的四年中，其实每一年都很重要；但非要做一个比较的话，那我会毫不犹豫地说，大三是关键。大三，其实是你们大学最好的时光，你可能已经真切地感受到了自身的变化：没有了大一懵懂的青涩，也没有大二在学业、社团两者之间权衡的困难，暂时也感受不到大四求职就业的压力，恭喜你走入了大三。

站在大三这个人生的十字路口上，就应该开始正视自己毕业以后的发展问题了，不论是考研、就业、还是出国都应该慢慢开始做准备，并确定方向为之努力了。但想让未来人生道路走得轻松些，前面提到的一切选择，都离不开一个重要前提——对于专业知识的掌握程度。考研离不开专业知识作为基础，就业需要你熟练运用专业所学到的技巧方式，出国同样需要很好的成绩。所以，大三学习专业知识的重要性可见一斑。大一大二主要是学习一些基本知识的，到了大三，各个专业开始接触自己本专业的专业课。你可能会说之前都没有好好学习，你可以说大一的时候什么都不懂，没有去珍惜，而大二的时候什么都懂了，又没有好好把握，浪费了时光。现在才发现大一大二学的很多课程其实是为了学习专业课做准备的，却全还给老师了。重温还是继续混？这是个问题。可能你早已经学会为自己不负责任的行为找各种各样的理由，但是想要离成功更进一步，却只要努力这一条就足已。你要知道：觉得为时已晚的时候，恰恰是最早的时候。你也许已经习惯晚睡晚起，白天翘课晚上游戏的生活。但是人啊，怎么可以在青春时如此没有梦想、没有动力、没有期待？做值得做的事情，永远不要放弃你真正想要的东西，学习并不是人生的全部。但既然连人生的一部分——学习都无法征服，还能做什么呢？所以，重新静下心来，拾起课本，为努力学好专业知识而奋斗吧！

在我看来，大三专业知识的学习有三个境界

基础境界：专业知识＋课外延伸

大三是学习专业知识和充电的黄金时期。在对待专业的学习态度上，首先要特别严格和高标准地要求自己，制定的初步目标要中等偏上，行动计划步调适中，节奏分明。最好能有发自内心的真实原动力，推动自己向前走。在课堂上认真听课，理解老师的思路，扎实地打好知识基础；课下去图书馆充充电，借一些专业课相关书籍作为课堂内容的延伸，复习并补充课堂上所学内容，开阔自己的专业认知面及提升知识储备。

大三是大学四年中韬光养晦的最佳时期。趁一切都还来得及，放平心态，静下心来，为自己的目标努力奋斗。有道是“浪子回头金不换”，很多有志气的学生都是在大三奋起的。即使大一大二离拿奖学金很遥远，可是到了大三却拿到了不菲的奖学金，让所有同学刮目相看。原因就是，只要你肯学，你就会有收获。世界是公平的。大三才是真正成就人生的转折点。所以，那些认为自己已经失败的同学应该重新认识自己。学业负担并不是很重，业余时间较充足，可以把大段的时间好好利用起来。比如英语不过关，可以专门攻英语；专业知识不过关，可以整天泡在图书馆里；社会知识不过关，可以多接触社会，去了解、去体验。很多人大学毕业了感觉很遗憾，觉得大学教育有问题，没有学到东西，其实重要的不在于大学教育本身，而是在于自己没有去努力，只要努力，就一定会有结果。

思想境界：专业思维＋创新能力

一、构建自己的专业思维

同学们在课堂上感受、理解知识产生和发展的过程的时候，要培养自己的专业思维习惯。“学起于思，思源于疑。”在管理课堂上，同学们对不解的地方应大胆质疑，勇于用发散思维思考、猜测，同学们求知欲越旺，兴趣会越浓。积极创造条件，积极参与到教学过程中去，以使自己从被动学习转变为主动学习。充分调动学习的自觉性，让自己的思维越发活跃、敏捷，善于思考解决各种问题。着重培养自己获取、运用知识的能力。让自己的思维在解疑中得到培养和提高。

二、培养观察问题、发现问题、解决问题的思维习惯，激发创新意识

我们发现新问题的能力是与大脑的积极思维分不开的，培养大家发现问题的能力是培养创新意识的前提。管理知识的获得，是通过对具体案例和定理定义的思考和观察。抽象概括出它们的规律和本质属性，并用自己的语言给出定义和提出问题。让学生发现管理的思路，体验创新思维的形成过程。兴趣是培养学生创新意识的前提，是构成创新动机最现实、最活泼的心理成分，是创新的动力源泉。我们要想方设法发现学习动力、兴趣，调整学习心理的转变，有意识地培养自己有效的创新意识和创新能力。

道德境界：做学问与做人相辅相成

做人与做学问是人一生当中最重要的两大追求，两者的关系相辅相成。做人是做学问的基础。假如一个人没有坚韧不拔的毅力与严谨负责的心态，如何奢求他能将学问做深做广？做学问是为了追求深层次的做人境界。不学无以知人生之哲理，无法洞世间之善恶，无可明天下之是非，故欲完善自身必有学之不懈精神。

一个人的性格和思想，决定了一个人对于事物的分析思维和处理办法，其中就包括做学问。换而言之，一个人对于知识的思考、掌握和实践，会影响人的思想理念。

做学问与做人是相通的，二者相辅相成。

这三个学习的阶段，你做到了哪一步？无论你在哪个阶段，都请不要再迷茫，人生苦短，梦想太多，要脚踏实地地向前进。从现在开始，让你每一分每一秒都过得有意义，那么成功就不会再遥远！让我们一起努力，共度大三！

构建自己的专业思维。我们在课堂上感受、理解知识产生和发展的过程的时候，要培养自己的专业思维习惯，让自己的思维在解疑中得到培养和提高。

我们应该培养自己观察问题、发现问题、解决问题的思维习惯，激发创新意识。时刻保持清醒的头脑，多听多看多思考，从点滴中汲取成长的养分。

做人与做学问是人一生当中最重要的两大追求，二者相辅相成。做人是做学问的基础，做学问是做人的升华。

假如一个人没有坚韧不拔的毅力与严谨负责的心态，如何奢求他能将学问做深做广？做学问是为了追求深层次的做人境界。

一个人的性格和思想，决定了一个人对于事物的分析思维和处理办法，其中就包括做学问。换而言之，一个人对于知识的思考、掌握和实践，会影响人的思想理念。

主动是一门语言，你学会了吗？

作者：范选娇（生物与食品工程学院）

导读：人生不能被动，学习、工作和生活都需要主动。学会主动，是为了增加锻炼自己的机会，增加实现自己价值的机会。我们应该努力让自己成为一个积极主动的人。主动地行动起来，不仅是为了锻炼自己，更是为了让自己获得更大的成功而积蓄力量。

“主动是一门语言，你学会了吗？”这句话是大一时期一位优秀的学长时常向我们提起的一句话，很通俗，也很简单，但时隔几年后的今天才深深体会到，学会主动，是多么重要。

什么是主动？就是在别人说之前做着你该做的事。美国文学家及哲学家 Henry David Thoreau 认为：“采取主动并不表示要强求、惹人厌或具侵略性，只是不逃避为自己开创前途的责任。最令人鼓舞的事实，莫过于人类确实能主动努力以提升生命价值。”

主动，就是在时间上更提前一点，比如八点上课，不妨早起十分钟，提前来到教室，多给自己一些时间主动学习本堂课的内容，使自己课堂上对待老师的提问游刃有余。主动，就是在程度上更加深一些，所谓知其然，更要知其所以然。主动，就是在范围上更扩大一些，每当你刚结识一位新友时，你希望了解他的性格、所学专业等以便更好地交流。在跆拳道中，我们强调主动出击。因为主动进攻就是最好的防守。主动可以打掉一切畏惧和犹豫，让我们信心十足。只有主动，才能更有自信，才能超越自己；只有主动，才能有力量去改变去创造；只有积极主动，才可以得到更多的帮助、更多的机会。

很多人都知道《稻草人》：一个稻草人尽心尽力地看守一片庄稼，一个满天星斗的夜晚，他目睹了一件件悲剧的发生，小飞蛾侵蚀庄稼，木桶中的鱼儿苛求生还的无奈，悲痛欲绝的女人投河自杀。难过的稻草人晕倒了，它是多么的心地善良，但是却因为种种的原因，不得不无能为力。我们虽喜欢他的心地善良，却不能让自己成为一个“稻草人”，不管是在学习上，还是生活上，我们都要以“活人”显身，因为我们看到了一个稻草人的痛苦、委屈，而且它又是多么的被动，什么都被人控制着，什么事也不能做。如果一个人只有别人逼他、压迫他，他才会前进，那么工作又怎么会好，生活又怎么会好，学习又怎么会好呢？所以，我们要学会主动，主动学习，主动工作，主动学会生活，这样才能在社会中站稳脚跟，才不会因为社会的不好而被淘汰。这几天的谈话，让我深深地觉得很多同学因为大学生活的惬意，条件的充裕，没有了父母、老师的唠叨与责备，已经变成了一只温水里的青蛙。挂科对你们来说意义甚浅，暑假的不复习、父母的宠爱让你们记不得大学是为了什么，没有目标、生活平淡无味、每天三点一线、课堂上的半睡半醒，这一切的一切看着是多么令人焦急，为什么觉得大学生活没有意思呢？生活的意义要自己主动去寻找，学校的各种活动都鼓励大家积极参加，可是却有人说从来没有收到过这样的通知，为什么优秀的同学更加优秀呢？主动去寻找，而不是被动接受。

从自己做起

“外在环境是造成问题的症结所在”，这种想法不但错误，而且正是问题的根源。假使不能反求自己，一味希望外在环境改变来达成个人的愿望，无异于任凭别人摆布。

正确的做法应该是，先改变个人的行为，主动出击，做个更充实、更勤奋的人，过程和结果对你来说同样重要，抓住每次机会。《圣经·旧约》中的约瑟夫便是这样的一个人。他 17 岁时就被亲生手足卖至埃及，任何人处在同样的境遇下，都难免自怨自艾，并对出卖及奴役他的人愤愤不平、怨声载道。但约瑟夫不这么想，他专注于修养自己，不久便成了主人家的总管，备受倚重。后来他遭到诬陷，坐牢 13 年，可是依然矢志不渝，化怨愤为前进的动力。到最后，成为法老以下、万人之上的大人物。

这种行为的确不是一般人所能企及，可是人人都可以为自己的生命负责，为自己开创有利的环境，而不是坐等好运或厄运的降临。学会主动，主动掌握自己的命运，主动丰富自己的生活，主动迎接未来的挑战，自信满满，生活才会处处充满阳光。

如果遇上实在无能为力的状况，保持乐观进取的心情仍是上上策，不管快乐或不快乐，同样积极主动。有些事物不是人力所能控制，比方说天气，但我们仍可保持内心或外在环境的愉悦气氛。对力不能及之事处之泰然，对能够掌握之事则全力以赴。

人生不能被动，学习、工作和生活都需要主动。学会主动，当别人气喘吁吁的时候，你可以镇定自若；当别人茫然无序的时候，你可以胸有成竹；当别人如履薄冰的时候，你可以游刃有余。学会主动，是为了增加锻炼自己的机会，增加实现自己价值的机会。我们应该努力让自己成为一个积极主动的人。主动地行动起来，不仅是为了锻炼自己，更是为了让自己获得更大的成功而积蓄力量。

所以，主动是一门语言，你学会了吗？

主动和被动有时候只受自己心理因素的决定，你如果让自己积极地面对，自然会主动地应对生活、学习以及工作；但如果你选择一种消极的态度，生活往往会因此变得被动万分。

什么样的生活是好的生活？又有什么样的生活是不好的生活？这完全取决于你愿意被动地被生活所驱使，还是愿意主动地去把握生活的节奏，去控制生活的咽喉，掌控自己的人生。

自己学着主动地面对生活，不能仅仅依靠环境的改变以及他人的帮助，那样的生活仍旧是被动的。一个主动的人生应该是从自身做起，改变自己，从而主动地生活。

主动地面对生活会给自己增添很大的动力，一段时间的成功会不断地积累，让你更有自信地面对下一阶段的生活，在不断的积累当中，消极转化为积极，被动转化为主动，生活自然惬意万分。

大四，走起！

作者：刘芳芳（电气与自动化工程学院）

导读：步入大四后，除了要完成教学计划安排的学习任务外，我们还肩负着另外一个任务：为未来做选择，毕业后是就业、考研还是出国，这是准毕业生们要解决的首要问题。

这个问题难倒了不少同学。前段时间某同学到办公室询问我关于就业与考研的事宜，我跟这位同学分析了在就业与考研间做选择应该考虑的因素，帮他理清思路。讨论过后，该同学坚定地望着我，说："老师，您帮我定吧。"在他的眼神中，我看出了这个过程的焦虑和痛苦。

选择，是一个很重要的字眼，主要是指一个人要挑选什么，要做出什么决定，要选取什么。生活中，选择无时无处不在，尤其是在经济日益发达，物质愈发充裕，我们的选择越来越多。西方哲学家J·E·丁格曾说过：命运不是机遇，而是选择。尤其是在人生关键时刻，一次选择可能决定了今后的发展轨迹。那么，在即将离开大学校园之际，我们该何去何从？面对就业、考研、出国，我们该如何为自己、为未来做出选择呢？

首先，消除焦虑，正确看待。相信大家都希望自己能成为人生的主宰者。而实现这一目标的关键是具有主动选择权。在上大学前，可能小到我们的一件衣服，大到填报高考志愿都是家长代替我们行使了选择权。现在，我们已经年满18周岁，经过对知识的学习和生活阅历的增多，认知能力和判断能力不断成熟，我们要尝试为自己今后的发展做出选择。

其次，认识误区，引以为鉴。做选择时有三忌：一忌，随性不谨慎。有些同学面对这个选择时不愿意分析思考，不愿意咨询他人，只想简单了事，甚至想到靠抓阄来做选择。这是对自己极不负责任的行为。二忌，武断专行。在做选择时，除了自己要思考外，最好听听亲友的建议，尤其是年长者，过来人的经验能让我们少走弯路。忌闭门造车、武断专行。三忌，随意放弃做出的决定。我的一个大学同学，从大一时就决定毕业后继续读研，到了大四，她发现身边的很多同学都去找工作了，于是她放弃了考研的决定，加入了找工作的行列。工作后，一遇到不开心的事，她就后悔当初，不该草率放弃考研，云云。三年后，她辞去工作专心考研，然而，由于学习上三年的断层，并未考取研究生，她对此后悔不已。当我们经过全方面考虑做出决定后，要坚持住你的选择，并为之努力奋斗。

再次，全面考虑，慎重决断。选择是为自己而做，首先要考虑的是做选择的主体本身，为自己做一份全面的总结，性格、兴趣、未来的发展方向如何，都应该进行细致地分析。比如，对于想到高校从事教学科研工作的同学，那必须要继续深造。在自我分析的过程中，多向亲友征求意见，有时我们最难认识的是自己，也许别人的一句话能让我们对自身有更加全面的了解。

选择是一个复杂的过程，经历了这个过程，我们会变得更加成熟。

虽然我还没有到大四，但是也已经开始迷茫于工作还是考研了。看了文章，感觉自己还有时间，抓紧最后的小半年给自己选择好，理性地看待，希望到了大四不要手忙脚乱的。

我觉得考研这个事情，看自己是不是还想继续学习，然后在准备考研的过程中，一定要坚持啊，千万不要因为身边人而改变，这是大忌。

选择的过程考验了我们的心理素质，经过这个相信大家都会成长起来、成熟起来，对自己更好地认知，在未来的职场中能更好地适应，更好地面对生活的考验。

我觉得辅导员真的是给我们这些学生一些指引。生活中的苦恼可以倾诉，学习上的困惑常来咨询，一直尽心尽力地对我们，很辛苦啊。辅导员真的是棒棒的！

面对就业季，我想对同学们说

作者：朱文拿（化学与化工学院）

导读：无论大家毕业后即将去哪，步入何种工作岗位，抑或是继续读研深造，只要保持一颗学习的心，人生的发展一定会呈现上升模式。现阶段，同学们不必过分纠结于薪资的高低、职位的好坏，不仅仅对于同学们，对我自己也是。因为我们都是在同样道路上奋斗的青年，我们都还很年轻，保持一颗学习进取的心，未来终将绚丽多彩！

校园招聘的浪潮已经袭来，同学们也是为此开始奔波忙碌，此阶段的意义对同学们不言而喻。每想到这点，心中的担子也不由得重了许多。帮助同学们更好的职业规划，这不仅是我身为辅导员分内的责任，更是和同学们朝夕相处后的情感所向。

作为辅导员，我想对同学们说：

作为毕业班的辅导员，这一年的工作从大四刚开学时，就注定与上一年工作不一样，任重而道远。我希望在这一年里，自己可以更加努力，一步一脚印，真正从学生的角度出发，认真为同学负责，做好每一件事情，更是希望同学们有什么困惑与想法都能积极主动地与我交流。因为能帮助到大家，是我的责任和义务，更是我的追求与希望。

言归正传。关于就业，同学们在了解就业政策、掌握基本知识后，要做好求职准备。在就业前，大家要先了解自身情况，合理定位、做好职业选择，并及时调试自己的心理状态。其中，我认为值得强调的是，求职过程中，同学们不要过多地在意薪资问题，而要多注重所谋职位的学习机会与发展潜力。

许多同学可能会将成功的目标定得非常高，但又不愿意从小事做起，一心只盼望能够一步登天，最终却是难以有所成就。事实上，当我们经历过，对于很多事情，想获得的越多往往得到的越少。相反，有时一心耕耘，却能实现理想与目标。同学们要相信：有为才有位，有为必有位。世有千里马，然后有伯乐。

求职路上，难免遭遇挫折：面试的失败、等待 offer 时内心的焦虑与忐忑等，大家都应该以合适的心态去对待，一次两次的失败不算什么，相反是在提醒我们该不断地自我反思、自我提升，同学们要相信自己是最棒的。

作为曾经的学姐，我想对同学们说：

时光荏苒，转眼间发现自己已经毕业一年多了。面对现在校园招聘的热潮以及同学们奔波求职的身影，我不由得想到当年大四的我亦是和同学们一样，满腔热血，对未来充满憧憬，也夹杂着迷惘。回首往事，亦是有着别样的感悟。与此，我想和同学们分享下自己的看法。

就业？读研？出国？该如何抉择困扰着同学们，同样也困扰着当年大四的我。对于应该如何选择工作，是求薪资高，是求稳定性，还是求更多发展机遇？同样是个令人忧心的问题。对于如此的烦忧，我清楚地记得，那年大四，我希望自己能够得到更多的锻炼，能够学到更多的东西，于是选择了双肩挑辅导员的职位。虽然不敢去宣称，这一职位是最理想的职位，但适合我自己，我追随了自己内心的声音。

在选择双肩挑辅导员这一职位之前，我进行了深刻地自我分析。我认为自己性格开朗，乐于与他人交流、帮助他人，渴望更加深入地学习专业知识的同时，能得到更多全面锻炼自我的机会。当我得知有双肩挑辅导员这一职位时，觉得特别适合自己，便毅然决然地选择朝着这个方向努力。我很享受现有的岗位以及该岗位所给我带来的许多幸福与感动，以及提升自我的机会。当然，我也庆幸当初自己能够坚定守候，听从自我内心的声音。

成长路上的彷徨与迷茫，谁都会有，但重要的是坚持下去，选择了的路就要去坚持。有句话说："自己选择的路，跪着也要走完。"迈过一道道坎，人生的经验与阅历才会更加丰富。唯有坚持与努力，我们才能对得起成长路上曾经给我们最大帮助与支持的家人、老师、同学和朋友们，才能对得起自己灿烂的青春！

学会认清自我，适合自己的才是最好的。之后便朝着这个方向努力前行，坚定踏实。作为个人的经验看法，作为一名也曾迷茫过的学姐的经验之谈。与同学们共勉！

作为同样在奋斗着的青年，我想对同学们说：

步入工作岗位已经一年多，比同学们多了些工作经验，也是处于奋斗在青春道路上的青年，未来的道路也是充满着各种变数。总结之前的工作感悟，最想说的莫过于也一定会是——保持一颗渴望学习的心。

俗话说：“活到老，学到老。”乔布斯也曾说“Stay hungry，stay foolish!”对于当今日新月异的社会，学习精神已经成为我们当代青年立足于世的根本。在这一年多的工作中，我也常常觉得困惑，也常会有力不从心的感觉，仔细分析，归结到一点，莫过于自己的知识储备与自我追求之间有着很大的差距罢了。自己要做的唯有多读书、多提升自我。

同学们即将离开美好的大学校园，我想大学的意义不仅在于传授大家专业知识，更多的是教会大家学会学习、学会思考。如果大家能够做到这一点，大学生活肯定会收获颇丰，亦会有一个美好的未来。

当然，无论大家毕业后即将去哪，步入何种工作岗位，抑或是继续读研深造，只要保持一颗学习的心，人生的发展一定会呈现上升模式。现阶段，同学们不必过分纠结于薪资的高低、职位的好坏，不仅仅对于同学们，对我自己也是。因为我们都是在同样道路上奋斗的青年，我们都还很年轻，保持一颗学习进取的心，未来终将绚丽多彩！

作为一个身处毕业季的大四学生，深深地被未来困惑着，对前路感到迷茫。看了这篇文章后，感觉自己一下子看到了方向，无论以后我做什么，我一定会坚持奋斗！

我以前荒废了好多时间，现在常常会有力不从心的感觉，想来是自己对自我的认识不够，看来该找个时间看清自己，分析下自己。当然，还要坚持与努力，选择自己的路，加油！谢谢这篇文章！

看这篇博文的时候，我正等着 offer，内心无比煎熬。不过，看完后，我反而不紧张了，大不了再失败一次。失败乃成功之母，只要我继续坚持，继续增强自己的能力，总有一天会得到自己满意的结果！

这位老师用自己的经历来告诉我们经验，让我有一种真实的感觉，更加值得相信、借鉴，作为同样奋斗着的青年，相信我们都会有绚丽多彩的未来。

刚接受了一份 offer，但薪水有点低，感到很沮丧。看完这篇文章以后，我觉得我不应该沉浸在失落中了，应该不断锻炼自己，一分耕耘，一分收获，努力一定会有回报的！

Stay hungry，stay foolish！说得真好！我要开始学习了，现在浑身充满了干劲！只要有能力，我相信自己无论处于什么境地，最后都会成功的！

你最痛苦迷茫的时候，也是你成长最快的时候

作者：杨乾坤（管理学院）

导读：什么样的定位就有什么样的实现方法。充分利用所剩不多的大学时光吧！雾蒙蒙的清晨背几句英语，精力充沛的上午做一份有意义的实习，慵懒的午后看一些新闻，金黄色的下午写几篇申论，华灯初上的夜晚找几名志同道合的好友共同学习和进步……不同的选择，不同的道路，无论哪一条，既然选择了，就要义无反顾地走下去，活出最精彩的人生！

不痛就不会成长，最痛苦迷茫的时候也是成长最快的时候。

史玉柱曾位列《福布斯》内地富豪第 8 位，却因为巨人大厦的停工一夜之间变为一文不名的穷光蛋，是永远苦痛的沉沦，是死心做些小买卖，还是顶住巨大的压力和风险再度崛起？在他最痛苦迷茫的时候，也是他成长最快的时候。没有闪光的荣耀更容易使人冷静，经受过打击更容易使人坚韧，史玉柱终于发现“脑白金”的契机，再度崛起称霸市场。

大学何尝不是这样？我们努力实现梦想的过程可能充满艰辛和痛苦，平静的湖面练不出好水手，殊不知身处痛苦之中恰恰是我们进步最快的时候，知不足而后进才能带来成长的喜悦。

两年的大学时光已经飞逝，转眼我们已经站在了大三这个青黄不接的十字路口上，我们都在张望、在思索，甚至彷徨。很多人处于一种“对过去感到很失败，对现在感到很空虚，对未来感到很迷惘”的状态，因为已经大三了，告别大一的懵懂，告别大二的浮躁，我们又一次来到了人生的交叉路口上。考研、找工作、公务员、出国……这真的是一道选项很多的考题，但是这道考题从来没有人能肯定地说哪一项正确或者错误。在你最痛苦迷茫的时候，也是你成长最快的时候。

失败的人可能从大一就开始萎靡不振了，而成功的人，一定都是到大三才奠定胜局。你可以说大一在适应和摸索中度过，你可以说大二在虚度光阴中逝去，但倘若大三再没有抓住，就真正错失了大学的意义了，因为大三是大学四年中韬光养晦的最佳时期。大一大二是夯实基础的时候，而大三则是全面接触专业课，真正学习的开始。即使你的大一大二并不光鲜，但只要能够把握大三这个真正成就人生的转折点，只要你肯付出，你就会有收获。

意识到了大三这个转折的重要契机，也要勇敢地提前做好打算，充分利用战机。每一种选择都有其利弊：

一、考研可以提升自己的竞争力，站在一个更高的台阶上，视野肯定会更宽广，在本科生遍地开花的年代，考研也会逐渐成为一种趋势。然而，考研也意味着青春的流失，工作机会的错失，并且毕业之后同样会面临找工作的境地。

二、找工作可以提早减轻家庭负担，投入社会这个大熔炉中实现自我。然而，找工作也需要有足够的底气（比如热门的专业），还要有坚持不懈的毅力，本科生出身就要从基层做起，吃苦耐劳的精神需要保持。

三、都说公务员是个光鲜的铁饭碗，但也要认清铁饭碗背后的真实：这是一份稳定但薪水不高的职业，而且千军万马过独木桥的现象也很普遍。考虑自己的专业是否适合，以及自己是否喜欢这份职业再慎重地做出选择。

面临众多的选择，要仔细扪心自问：自己最终想要成为怎样的人，近几年想成为怎样的人。接着再问自己：毕业后想拥有怎样的生活方式，若干年后又想拥有怎样的生活方式。有了明确答案，我们才不是随着命运之风飘着的叶子，才可能通过理性来给自己作出选择。

在你痛苦迷茫的时候，你可能会征询家人老师的意见，你可能会观望朋友同学的选择，你可能会全方面考虑自身综合实力，你可能会搜索资料数据……总之，做出决定的过程会比较艰辛和痛苦，但是在这个过程中恰恰是你成长最快的时候。

命运掌握在自己手中，路在自己脚下，勇敢地迈出第一步吧，因为一味地徘徊只会贻误你的人生，“坚持”是建立在“选择”之上的，两头热可能导致竹篮打水一场空。

什么样的定位就有什么样的实现方法。充分利用所剩不多的大学时光吧：雾蒙蒙的清晨背几句英语，精力充沛的上午做一份有意义的实习，慵懒的午后看一些新闻，金黄色的下午写几篇申论，华灯初上的夜晚找几名志同道合的好友共同学习和进步……不同的选择，不同的道路，无论哪一条，既然选择了，就要义无反顾地走下去，活出最精彩的人生！

大三了，愿君早日告别迷茫，让梦想从此扬帆起航！

意识到了大三这个转折的重要契机，也要勇敢地提前做好打算，充分利用战机。辅导员的这番话犹如醍醐灌顶，发人深省。

我本身是选择了考研的，考研可以提升自己的竞争力，站在一个更高的台阶上，视野肯定会更宽广，在本科生遍地开花的年代，考研终会逐渐成为一种趋势。

找工作可以提早减轻家庭负担，投入社会这个大熔炉中实现自我。然而，找工作也需要有足够的底气（比如热门的专业），还要有坚持不懈的毅力，本科生出身就要从基层做起，吃苦耐劳的精神需要保持。

都说公务员是个光鲜的铁饭碗，但也要认清铁饭碗背后的真实：这是一份稳定但薪水不高的职业，而且千军万马过独木桥的现象也很普遍。考虑自己的专业是否适合，以及自己是否喜欢这份职业再慎重地做出选择。

面临众多的选择，要仔细扪心自问：自己最终想要成为怎样的人，近几年想成为怎样的人。接着再问自己：毕业后想拥有怎样的生活方式，若干年后又想拥有怎样的生活方式。有了明确答案，我们才不是随着命运之风飘着的叶子，才可能通过理性来给自己作出选择。

"大"与"小"的选择

作者：张金锋（建筑与艺术学院）

导读：大公司就像航母，在经济波动中不易受到影响，因此企业发展稳定，个人的职业发展也相对稳定，个人比较容易借助大公司平台生存，但却因管理层级太多无法成长，不容易脱颖而出，取得快速发展。小公司就像小船，虽然灵活快速，却容易失去平衡，在经济大潮中，有的小公司会快速成长，甚至成为未来的行业霸主。无论是大公司还是小公司，每个人都有自己的目标与想法，都有自己适合的方向，适合自己的才是最好的。

一天，一名管理类专业的毕业生小罗，拿着两个单位的接收函来我办公室征求我的意见，希望我能帮助他做出理性的选择。看着小罗满脸的纠结，真是应了那句话：没有选择会痛苦，选择多了也会痛苦啊。

为进一步了解情况，给予合理的建议，我让小罗坐了下来，详细询问具体情况。小罗说，他家是江西的，自己对工作地点并没有特别的限制要求，通过参加招聘会应聘，自己拿到了几个公司的接收函，经过权衡，最后有意加盟的有两家，但是这两家公司从规模上有很大的差别，一个是国有大集团公司，一个是民营小企业，自己觉得这两家公司虽然规模、体制不同，但都符合自己的基本要求，加上周围有的同学说现在国有大企业好，有的说小企业有发展前途，使得自己有些纠结，不知如何选择。拿过小罗手上的接收函，我一看，一个是安徽一家国有的大型汽车公司，一个是温州的一个家族式民营企业。

我告诉小罗，抛开地域因素，这两家公司的确不管是从规模上、所有制形式上、对人员的要求及今后发展上都有较大的差别，至于哪个所谓的好哪个所谓的坏，这个不好笼统地说，要看哪个更适合自己，对自己未来的职业发展更有利，就像我们经常说的"适合自己的才是最好的"。

小罗说，他比较喜欢自己所学的专业，学习成绩也不错，大学里一直担任班长，老师和同学对他也都很认可，自己对未来的憧憬是成为一名职业经理人，如果条件成熟的话，最终还有可能选择创业。

通过小罗对自己未来的描绘和他的言谈举止，可以看出，他对自己未来的定位还是比较合理的，为了帮助他做决定，我首先结合国有企业和民营企业的基本特点，给他分析了当前这两家公司的优劣势。比如说，国有企业管理更加规范，有着成熟的企业文化，注重人才的全面培养和发展潜力，愿付出精力培训员工，但繁文缛节多、组织庞大、运作不灵活、竞争激烈；而民营企业尤其是一些家族式企业相对之下管理不太完善，更注重效率、技能和回报，但强调独立作业，可获得较多实战经验，职务变动频繁，有成效的付出能及时得到回报。

有一股“冲劲儿”，不太局限于安逸的现状的小罗，听了我的分析之后，觉得民营企业可能更适合自己的发展。为了保险起见，小罗决定先到温州企业实地考察一番再做决定。小罗的想法得到了公司老总的认可和欢迎，给小罗买了往返机票。小罗到公司后，受到了老总的高度重视，带他仔细参观了公司并告诉小罗，这个公司是他白手起家，一路打拼发展壮大起来的，产品现已处于业内的领先水平。当前正是转型升级的关键时期，缺乏专业的管理人才，他对小罗各方面的综合表现都很满意，希望小罗能够加盟。

通过实地考察，小罗觉得这个公司还是比较有发展潜力的，而且老板也比较爱才。最后他选择了温州的这家民营企业。

三年后，小罗打电话告诉我，公司现在发展不错，自己当年到了公司之后，在认真调研的基础上，协助老板出台了一系列的管理制度并做了发展规划，收到了显著效果，老板对他很器重，把他提拔为公司副总，凡事与其商议，公司现在正在准备上市呢。

在确保毕业生充分就业的基础上，逐步提高就业质量，是当前我校就业工作一直倡导的，为此，我们在积极鼓励和引导毕业生到国有大型企业建功立业。作为教育部直属的全国重点大学，积极为国有企业输送人才是我们义不容辞的责任，但对于毕业生个体来讲，我们也要个别问题个别对待，因为就业的选择毕竟是涉及毕业生个人切身利益的重要选择。我们要站在毕业生自身发展和适合性上考虑，而不能太过于盲目地强调和引导毕业生到国有企业就业。当前非公有制经济的蓬勃发展，对我国经济增长和社会进步发挥的作用也越来越显著。作为以培养人才为己任的高校，我们要通过加强对毕业生的职业发展和就业指导，帮助毕业生早日找到适合自己发展的就业之路，才是最为重要的。

找工作真的是难啊，不仅是专业，还要考虑未来发展和自己生活区域。很感谢学校每年都会给我们开就业指导大会，让我们更好地选择自己的工作。

不能通过公司的规模大小来选择，适合自己的而且自己喜欢的才是最好的。我觉得公司对待员工的态度很重要，才能让人对待工作更加热情，对待公司更加忠诚！

当遇到太难抉择的事时，我觉得求助辅导员也是比较机智的做法。面对抉择自己也要理智，多方面考虑清楚，适合自己的才是最好的！

实地考察这个做法很好啊。实践是检验的标准，亲自去看一看，才更能感受到公司的各方面，才能让自己做出正确的选择。公司的做法也是让人感受了温暖，才会想要留下来。

〇百花齐放 览缤纷校园

教育部、共青团中央《关于加强和改进高等学校校园文化建设的意见》中指出，要努力建设体现社会主义特点、时代特征和学校特色的校园文化，不断满足大学生日益增长的精神文化需求。大学教育应更加注重学生身心的全面发展，坚持思想教育、学术科技、文艺体育并举的原则，打造思想与时俱进、内容丰富多彩、形式百花齐放的校园文化新局面。辅导员作为大学生校园文化的织梦者，在这一篇章中，将用跳跃的文字与精彩的图片，还原大学生青春积极的精神面貌，展现精彩纷呈的校园文化。

□万花筒

多彩大学生活之社团

作者：王宏蕾（资源与环境工程学院）

导读：青春是一篇无法回头的剧本，慢慢长大以后宁可为了做过的事情而后悔，也不要为没有付出的努力而遗憾，所以老师也是非常支持和鼓励同学们积极参加到各项实践活动当中去，丰富咱们的大学生活，为青春画上一笔绚丽的色彩。

同学们告别了十几年的应试教育，终于走到了梦寐以求的大学校园，那么我们的大学生活如何进行才能有别于中学生活？如何进行才能充实、丰富自己的大学生活，使青春不留白？

大学生活不应只停留在课堂，那样与中学有何不同？大学中最为引人入胜的当属各种实践活动了，在各种实践活动中，同学们认识自我、改变自我、提升自我，从而培养独立思考、组织协调、人际交往、时间管理、团队合作等综合能力，那么实践活动主要分为文体活动、社团活动、青年志愿者活动、科技创新活动以及社会实践活动五大类。

据我了解，刚进入大学就有三分之二的同学会选择去加入自己感兴趣的社团，从而一方面来充实课余生活，另一方面希望得到锻炼。

那么无论是团学组织还是兴趣社团，老师对这一部分同学有几点提醒：第一，心态一定要端正。咱们进入社团为了兴趣得到发展也好，为了能力得到锻炼也好，在各位“前辈”面前，咱们就虚心学习，千万不要以此作为显摆自己的资本，牛人到处有，高手在民间，所以也没有什么非得去装的，何必要那份虚伪，咱们还是应该踏踏实实做事，本本分分做人。第二，平衡好主业与副业的关系。咱们加入社团是为了丰富大学生活，让课余休息的时候能有点让自己兴奋起来的事情去做，但千万不要把社团工作当成负担，甚至因此耽误了学习，这样即便咱们活动搞得有声有色，能力也能够得到广大师生的认可，但是学习成绩一旦被耽误了，那么就会与很多东西失之交臂，本末倒置，得不偿失。第三，各大社团到了现在这个季节也开始筹划着换届的事宜，也是各位同学要做抉择的时候了，咱们有这个意愿想留下来，继续为社团出谋划策贡献力量的同学们应该去思考了，以往做事情都是按照部门计划或者部长安排来进行，但是想做“领导”咱们得做脑力劳动者，策划一些有创意的活动，也许只是一点点还不成熟的想法，都应该大胆地向部长推荐自己、销售自己，千万不要因为怕错或者害羞而错过了机会，那么不想留下来的同学们，我想这个时候就应该渐渐退出来，当任务来临的时候也应该适当地拒绝了，一方面可以给其他人更多的表现机会，另一方面自己能更专注于学业。

青春是一篇无法回头的剧本，慢慢长大以后宁可为了做过的事情而后悔，也不要为没有付出的努力而遗憾，所以老师也是非常支持和鼓励同学们积极参加到各项实践活动当中去，丰富咱们的大学生活，为青春画上一笔绚丽的色彩。

大学已不像高中那样，每天被繁重的课业拖着，我们如今青春正当时，应该走出来，融入社团中，感受不一样的精彩。

“再不疯狂就老了”，现在不把握青春，去体验之前没体验过的团队生活，还有什么时间去弥补呢？

在高中时，对大学的社团特别向往，但看了博主的文章后，我才意识到我考虑得太简单了，选择社团某种层面上也是对自己人生的选择，需要摆正心态，理性抉择。

社团生活固然精彩，但我们作为学生，本职工作还是学习，就像博文里提的“要平衡好主业与副业”。

学校给我们提供了很好的实践便利，我们需要理性选择社团。每年都有一些同学加入很多社团，自己忙得焦头烂额，最终却还做不好事，得不偿失。

选择社团，可以多问问自己的辅导员和往届的学长，作为过来人，真的感觉，不进社团很可惜，进错社团很烦恼，选好社团很幸福。

辅导员眼中的铁拐李

作者：任颖（数学学院）

导读：古代传说八仙中有精专于药理、恩泽乡里、普救众生、深得百姓拥戴，被封为“药王”的“铁拐李”，数学学院现有酷爱足球、喜欢音乐、坚强独立、深得班级同学喜欢，被封为“学霸”的“铁拐李”。不管有多少苦难折磨，只要有梦想、有毅力，总会拨开云雾见青天！

一、初知——7月23日，合肥晚报《合肥“单腿学霸”被合工大录取》

第一次知道“铁拐李”是我的学生是在2014年7月23日，一条学生QQ空间转发的消息《合肥“单腿学霸”被合工大录取》吸引了我的注意。怀着一份好奇点开了报道网页，当看到报道称“最终，李桢被合肥工业大学数学系录取”时，内心隐隐一震，因为这位“单腿学霸”即将成为我2014级的新学生。

“为什么他会是单腿?”“‘单腿学霸’是如何克服种种困难成功考上大学的?”一连串的疑问从我脑海里浮过。带着疑问、怀着一份责任，我点开了合肥晚报早期关于这位孩子的报道——《“单腿学霸”原来也是足球迷!》。

通过报道，我了解了“铁拐李”，他是一位幼年意外致高位截肢的不幸孩子，是一位酷爱足球的小球迷，是一位喜欢数学的小学霸，是一位独立、坚强、热心助人的大男孩。

二、初识——8月28日，合肥工业大学2014级新生报到现场

第一次见到“铁拐李”是在学校2014级迎新现场。

学院迎新志愿者打来电话：“老师，我在北门接到了我们的新同学李桢，他是和爸爸一起来的。”十分钟后，在数学学院迎新点，我第一次见

到他。

住宿、注册、报到、领军训服、体检，所有的流程和学院其他169名新生一样，“铁拐李”没有选择任何特殊。

考虑到学生的身体原因，学校特意为“铁拐李”安排了一楼的单人间寝室。但是，当“铁拐李”走进自己和其他同学分配到一起的寝室时，开心地拒绝了学校的“好意”，因为他更喜欢和同学们在一起的感觉。

通过新生报到，我认识了“铁拐李”，他是一位不愿意享受特殊照顾的普通孩子，是一位自理能力极强的高中住校生，是一位励志当老师的有梦孩子。

三、相知——9月1日，合肥工业大学2014级军训

第一次被“铁拐李”感动是在学校2014级军训训练场。

无论是骄阳烈日还是细细小雨，在2014级军训训练场上，我们都能够看到“铁拐李”的身影，他带着自己的双拐始终保持军姿的姿势与全营1267名同学一起训练、一起踢球、一起演习。军训指导员考虑到李桢腿不方便，建议他在一旁休息。而李桢却坚持说：“既然我可以做到，为什么不去呢?”他选择用“站军姿”的训练方式与同学共进退。

通过军训，我理解了“铁拐李”，他是一位永不服输的孩子，是一位自信要强的孩子，是一位集体荣誉感强的孩子。

四、相熟——9月21日，合肥工业大学数学学院2014级学生干部竞选

第一次熟悉“铁拐李”是在数学与应用数学2014级1班班级干部竞选会上。

“我是李桢，我今天竞选的职位是学习委员。我从小喜欢数学，高中时曾做过课代表。在学习中我会迎难而上，在自己当好‘学霸’的同时带领全班同学成为‘学霸’。”“铁拐李”在竞选中如是说。最后，他如愿在三名候选人中脱颖而出，成功当选班级学习委员。

当选后，每天上课前我总会在班级QQ群里看到“铁拐李”会提醒大家上课时间与地点的温馨提示，每次课后我会在班级群里看到“铁拐李”会提醒大家课上老师布置的作业的友情提醒，自习室里我会看到“铁拐李”主动请教学长问题的身影和帮助班级同学的画面。

通过竞选，我熟悉了“铁拐李”，他是一位认真负责的孩子，是一位热爱学习的孩子，是一位热心助人的孩子，是一位责任心强的孩子。

五、遇见——9月28日，合肥工业大学数学学院2014年迎新晚会

第一次对“铁拐李”另眼相看是在学院2014年迎新晚会上。

“我送你离开，天涯之外，你是否还在？琴声何来，生死难猜，用一生去等待。”学院迎新晚会上，“铁拐李”用一曲费玉清版的《千里之外》感动了所有在场观众。他悦耳动听、惟妙惟肖的表演证明了自己的多才多艺。

通过演唱，我重新认识了“铁拐李”，他是一位能文能武的孩子，是一位喜欢音乐的“发烧友”，是一位积极主动的孩子。

古代传说八仙中有精专于药理、恩泽乡里、普救众生、深得百姓拥戴，被封为“药王”的“铁拐李”，数学学院现有酷爱足球、喜欢音乐、坚强独立、深得班级同学喜欢，被封为“学霸”的“铁拐李”。

虽然是一个学院的，可是从没有见过这名学生，还是通过这篇文章了解到他，真的是从心底油然而生的一种敬佩之情，他用自己的实际行动证明着他的优秀，他的顽强。

之前一直觉得这样励志的故事都是从新闻报纸上才会遇到，原来我和他在一个学校，虽然不认识，但是我很佩服他，感觉自己有的方面还没有他做得好。唉，自己要努力了哦。

真心为这个同学点赞，以后有机会一定要认识一下，好想听听他内心坚强的故事，想听他从自己口中讲述他励志的故事。

有幸和他成为一个班的同学，他的为人就如上面文章中所讲，他很优秀，很认真负责，我们大家都很喜欢他，喜欢找他问问题，每次他都会耐心地给我们讲解，不会觉得烦。

初知，初识，相知，相熟，遇见，几个不同的过程，却更从各个角度彰显出这个同学的优秀，他用自己的行动告诉大家他的优秀，想想，我们是不是更应该努力一点呢？

这个同学应该被评为感动工大人物，觉得他好厉害，比很多人都勇敢，也比很多人优秀，虽然有点和别人不一样，可是他却做得比很多人都好，这位同学，加油。

关于校园文化建设的几点思考

作者：李澍（外国语学院）

导读：学校的校园文化建设还有很长的路要走。首先建立基础的文化设施体系，让广大同学在课余时间可以不受时间、地点限制接收到优秀文化的熏陶，其次根据文化的多元化发展方向指导各种学生文化团体的建设，满足不同层次学生的文化发展要求。最后在机制上有所为有所不为，坚持指导文化建设和具体实施文化活动相分离，重在引领和监管而不是具体实施。

最近我们学校推行了小班辅导制度，让辅导员进课堂，成为思想政治教育的辅导老师，我相信工大在全国也是比较早开展这方面实践的学校。作为合肥工业大学一名辅导员，我倍感压力，要给学生辅导前，恶补了一下以前欠下的理论知识，总觉得难成体系，同时又有感而发，结合最近十七届六中全会的精神，结合校园环境，谈谈自己在这方面的一点思考。

学生的基础文化设施还有明显不足

很多地方还没有建立基础的文化网络，先说电视：看电视只能到食堂，而且仅仅是就餐时间可以，食堂下班后电视就会断电，有很多服务不够完善的地方。再说网络：在学生宿舍上网有很多实际限制，当然这也是为了防止学生打游戏，但网络服务质量差、速度慢，缺乏有效的管理。网络中心经常反映有的学生大量违规占用网络资源，导致网络运行缓慢，这也暴露了网络监控能力的不足。我校网络移动图书馆开馆是件非常让人兴奋的事情，如果能有效地管理和使用确实可以弥补一些文化建设的不足。

学生的文化需求呈现多元化趋势

学生群体来源呈现出多元化趋势，大城市、中小城市、城镇及农村生源对文化产品的理解和需求各有不同，举个不恰当的例子，很多农村生源学生买手机主要看中性能，对设计和外观的要求一般。而城市尤其是条件较好地区的学生对手机的外观和设计要求较高。社会的多元化发展也折射在校园环境中，学生关注的焦点也发生了变化，有文体特长的学生更易于参加各项活动，反之则处处碰壁。

学校对学生文化的引领还缺乏机制的保障

学校作为引领青年文化的主要力量，在机制上还有待完善。往往会出现两种误区：一种是抓得太死，给学生主动参与的机会很少，有的学院书记、辅导员把整个活动策划甚至细节都布置到人，活动看似非常严谨，但是实际上学生锻炼发挥的空间不足，成为活动的附庸；另一种是放的太宽，完全把一些活动交给学生去做，缺乏必要的指导，结果活动看似很受学生欢迎，但内容方面还比较肤浅，难以使学生受到全方位的教育，没有发挥出文化阵地应有的功能。

综上所述，学校的校园文化建设还有很长的路要走。现在重视这项工作是一件非常好的事，但不能急功近利，要脚踏实地，按照文化建设的规律来办事，首先建立基础的文化设施体系，让广大同学在课余时间可以不受时间地点限制接收到优秀文化的熏陶，其次根据文化的多元化发展方向指导各种学生文化团体的建设，满足不同层次学生的文化发展要求。最后在机制上有所为有所不为，坚持指导文化建设和具体实施文化活动相分离，重在引领和监管而不是具体实施，保障学生作为自我管理、自我服务、自我教育的主体，参与到校园文化建设中去。

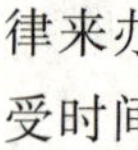

看到辅导员提到的第一条内容，真是深表赞同。不仅仅是电视播放地点和时段的问题，更主要的是没有人监管。经常看到，食堂的电视在放动画片，我想这作为校园文化的营造途径，放动画片不太好吧？

校园文化对学生的影响是潜移默化的，校园文化对促进学生的成长有着至关重要的作用。建设校园文化，是我们每一个工大学子的事情，我们需要让我们的校园文化更加健康、积极，更有益于同学们的发展。

我感觉我们学校推行的小班辅导和主题班会就是很好的文化建设，尤其是主题班会，不仅能给同学们传达积极的思想，还能收集同学们的想法，更有利于学校掌握同学们的思想动态。

就我们学校来说，新区和老区的文化建设就不一样，新区可能是底蕴浅，学习文化的氛围较老区不是那么的重。我认为两个校区应该因地制宜分别来看待，不能一刀切。

铿锵玫瑰

——记军训中那一朵忍痛绽放的花

作者：张玺（经济学院）

导读：她用她的坚韧描绘了生命最美的姿态，她用她玫瑰一般的高傲书写了当今女子的铮铮铁骨！或许，生命的优雅内涵正如同这玫瑰，曾经的光滑细腻逐渐被粗粝深刻取代，带刺的身躯在沟沟壑壑里凝聚起时光烙下的印痕。

青黛色的烟霭笼罩在玉龙白的晨曦中，忽隐忽现，远处姗姗来迟的层云一点点抹亮天际。好似一幅丹青，淡雅、留白，恰似未曾着墨处，烟波浩渺满目前。我仿佛看见山的简约和淡然，山下一片玫瑰园，那是一种多么高傲的美，带刺的花朵竟也如此葳蕤，它用冷艳诠释着一切与生命有关的笑与泪，我在心里默默感叹。可以听见各种花发痒的骨子里发出的声声怒吼，然而并不是所有疼痛都可以呐喊，玫瑰选择了默默忍受。

军训的日子里，有个女孩她的存在亦真、亦美，宛若新生的玫瑰，忍痛绽放。

她便是王亚，四营二十二连四排的坚强女孩。

那天，她一瘸一拐地出现在热气蒸腾的训练场上，她似乎很想跟上队伍不给方阵拖后腿，但她顺颊而下的汗水终是无法掩饰她承受的疼痛。我喊了她，她拖着腿仍旧脚步坚定地走向我，她抬起脚走的每一步背后我似乎都听到一声声细微的呻吟；到最后，她涨红的脸告诉我她的疼痛已经耗尽了她所有的体力，在到台阶的一刹那，她倏地一下坐下了，然后小声而慢悠悠地吐着气，吹散了面前浓浓的烈气，看得出来，她在忍，尽量不让我看出什么。我有些心疼，问道：“王亚，你还好吗？”只见她缓缓抬起头，眉宇间因为疼痛而拧成了一个小疙瘩，鼻尖沁出一层薄汗，嘴角微微抽搐着，还泛着白，有些地方都干燥得起了皮，但是她仍旧努力地笑着，绕开话题回答：“辅导员，我可以参加的，不会给方阵拖后腿！”我感觉鼻尖酸酸的，我仿佛看见了她骨子的那份傲气，似玫瑰般绽放，高贵而坚韧。

后来才了解到原来王亚同学得的是甲沟炎，那会儿她的指甲刺破了皮，刺进肉里，已经血肉模糊了，她还曾经因为这种情况做了好多次手术，一直没有痊愈，但是她都忍痛训练了近两个星期，还出色地完成了她的任务。

训练场上，我一直远远地望着她，默默地为她呐喊着，然而我看见她湿透了的衣裳，比别的孩子们多了一份血的疼痛与忍耐的意志，她在颤抖，帽檐剧烈地抖动掩饰不了她因指甲穿破皮肉带来的剧痛，这可不是铁打的身躯啊！我不忍心看她这般卖力，便拉她下了场，一下场，她便哭了，她抽噎着：“辅导员，我真的很想做好的！”我默默地给了她一个拥抱，笑着告诉她：“你做得漂亮！”她只笑笑，不语。遗憾的是，训练如此刻苦的她被医院下了最后通牒：动手术。最终，没能在训练场上看到英姿飒爽的她，然而，手术后她仍旧和我大笑：“辅导员，就揭了个盖哦，全好了！”

好一个霸气的女孩！好一朵忍痛绽放的铿锵玫瑰！她用她的坚韧描绘了生命最美的姿态，她用她玫瑰一般的高傲书写了当今女子的铮铮铁骨！或许，生命的优雅内涵正如同这玫瑰，曾经的光滑细腻逐渐被粗粝深刻取代，带刺的身躯在沟沟壑壑里凝聚起时光烙下的印痕。

王亚好样的！她的坚持不仅仅是对自己的突破，同样也是对军训含义的完美诠释。今后的路必定还是坎坷的，只要认准目标，无论多痛，我们一定能乘风破浪。

“不给方阵拖后腿”，王亚首先考虑的不是自己的痛苦，而是集体的荣誉，这是多少人所不及的品质。虽然她没有一直和大家共同奋战下去，但是我相信，方阵里的每一个人都不会忘记有这样一位意志坚定的战友。

真是巾帼不让须眉呀，我们男生看了都汗颜。想想当初我们军训时的偷奸耍滑，再看看文章主人公的行为，真为自己当初的行为所不耻。祝王亚的病能尽快痊愈，不再复发。

张导，军训那时，王亚都是我们女生的榜样呀！能和王亚是一个方阵，很是荣幸。王亚看起来还算是那种柔柔弱弱的女孩子，却没想到小宇宙那么强大。

虽然想说，得病了就不应该参与这么高强度的训练，但是看到王亚的坚持，这种话真是说不出口，作为同班同学，我们能给的也只能是鼓励，加油！

王亚身上表现的坚韧不拔、团队至上的品质，值得我们每一个人学习。我们和王亚比，还有什么理由赖床不起、还有什么理由跷课、还有什么理由无休无止地游戏？

致 2013 级机汽学子

作者：王翔宇（机械与汽车工程学院）

导读：在即将开始的大学生活中，要勇于接受挑战，严格要求自己，加强道德修养，提高自身的思想素质，健全自己的人格，培养自己的责任心与使命感；要勤奋刻苦，在深入学习本专业、本学科知识的同时，博采众长；要学会思考、学会实践、学会为人、学会处事，锻炼自己的创新、协作、沟通、管理等多方面的能力，为把自己培养成一名德才兼备的新型人才而努力，为让“中国梦”在我们这代人的手中实现而奋斗！

亲爱的机汽 2013 级学子，非常高兴能够见到大家，欢迎你们选择了合肥工业大学，选择了机械与汽车工程学院。在这里，你们将用自己的勤奋和拼搏书写你们青春里最华美的篇章。

十年寒窗，凭着“衣带渐宽终不悔”的执着信念，你们脱颖而出，满怀着收获的喜悦，也带着几分对家乡的眷念和对未来的美好憧憬，来到合肥工业大学机汽学院。迎新时，看到你们一个个拿着红色的录取通知书，眼睛里充满期待的目光，我也不由自主地被你们的青春气息感染，同你们交谈，陪你们一起畅谈未来。

作为一名已经毕业的机汽学院老生，回想自己四年前第一次来到合肥工业大学翡翠湖校区报到时的心情，回想自己在机汽学院度过的四年，真是感慨万千。还记得当年 226 路公交车从火车站到新区一个半小时的几乎令人崩溃的车程；还记得在工程制图课上精心画下的第一个齿轮；还记得在工陪中心浇筑的第一个模具；还记得课程设计中画出第一幅图纸时的成就感；还记得为毕业设计答辩而废寝忘食的每一天。过去种种，每一幕现在都已经深深印在我的脑海里，随着时间的流逝越发沉淀在我的心底。

合肥工业大学作为教育部直属高校、国家“211 工程”重点建设高校，是一所以工为主，工、理、文、经、管、法、教育等相结合的多科型全国重点大学。60多年来，合工大以民族振兴和社会进步为己任，坚持社会主义办学方向，秉承“厚德、笃学、崇实、尚新”的校训，形成了鲜明的办学特色，成为国家人才培养、科学研究和服务社会的重要基地。合肥工业大学机械与汽车工程学院作为工大众多学院之一，其中的很多专业都是在工大建校之初就成立的，经过多年的沉淀，已经在全国领域内享有盛誉。60多年来，数以万计的机汽学子，成了社会各个领域中的佼佼者，成了国家、社会的栋梁之才，他们在实现社会价值和个人价值的同时，也为母校赢得了荣誉。

我们机汽学院是有着光荣历史的学院，我们在全国大学生“挑战杯”比赛中披荆斩棘，在全国机械创新大赛中崭露头角，在汽车方程式大赛中与全国顶尖高校一较长短，在学校田径运动会中不畏强敌、奋勇拼搏，十连冠的荣誉，充分展示了我们“机汽学子”的豪情！

你们不远万里从全国各地来到合肥，意味着你们即将开始人生的一个新阶段。“雄关漫道真如铁，而今迈步从头越。”作为你们的老师和朋友，总是忍不住给你们一些叮咛和嘱咐，下面的建议是我的一位老师告诉我的，现在转送给你们。

第一，应该怀有一颗勇敢而又执着的心。作为工大人，作为机汽学子，要有“为天地立心，为生民立命，为往圣继绝学，为万世开太平”之信念，要有敢为人先、勇于创新之精神，要有终生学习的毅力。这也是我们工大为什么能够历经挫折，而依然奋勇前进的动力所在。

第二，要有良好的团队合作精神。要学会放下身段，能够向别人虚心学习；要能够摆正自己的位置，学会与他人沟通交流；要能够全面融入团队，能够把自己的个性同团队的发展紧密联系在一起。少一点抱怨，多一点宽容。这也许是我们工大学子能够在“汽车行业三分天下”的秘诀吧。

第三，要怀有感恩之情。无论身处逆境还是顺境，都要有一颗感恩的心。要珍惜生命与健康，要学会换位思考，要多关心一下你们所爱的和爱你们的人，特别是你们的父母。

现在，你们已经是工大的学生，而工大将成为你们终生的母校，这将铭刻在你们的生命之中。今天你们在这里成长，四年后，当你们走向社会的各个岗位时，不管你们是在工厂里实现“工业报国”的梦想；还是在祖国的边疆默默奉献，母校和学院将永远对你们充满期待。“不忘初心，方能始终”，希望你们记住这句话，请别忘了我们都曾经使用过一个共同的名字：合肥工业大学机械与汽车工程学院。

2013年五四青年节，当我们学院的学生出现在央视“中国梦”五四青年节晚会的舞台上，说出那句“让中国制造的汽车能够行驶在全世界所有的道路上”时，工大的奋斗精神也传遍了全国。

同学们，作为在改革中成长的一代青年，我们共同担负着国家、社会赋予我们的责任与使命。“日月如梭韵华逝，光阴似箭莫等闲”，面对全新的学习、生活环境，昨日的辉煌已成为过去，新的起点、新的征程就在我们眼前。希望你们在即将开始的大学生活中，要勇于接受挑战，严格要求自己，加强道德修养，提高自身的思想素质，健全自己的人格，培养自己的责任心与使命感；要勤奋刻苦，在深入学习本专业、本学科知识的同时，博采众长；要学会思考、学会实践、学会为人、学会处事，锻炼自己的创新、协作、沟通、管理等多方面的能力，为把自己培养成一名德才兼备的新型人才而努力，为让“中国梦”在我们这代人的手中实现而奋斗！

能进入合工大机汽学院是缘分，能和机汽学院一起成长是幸福。机汽学院带给我的不仅仅是知识，更多的是人生，在这里我感受到的是浓烈的热爱与青春的昂扬。

从博文中可以看出，辅导员对我们13级同学深切的希冀。我们13级机汽学子，必定奋勇向前，不留遗憾，为学院荣誉而奋发图强。

辅导员的确对我们很好，不过在没看这篇文章前，却没想到，辅导员对我们的规划、期盼是那样明确，那样热烈。我想每个机汽学子看到这篇博文后都会有很深的感触。

不是每个辅导员都能像博主这样，全心全力地对待自己的每一个学生，把他们培养成“勇敢而执着”的工大人。我虽不是机汽学院的学生，却也被辅导员的用心良苦所感化。

成长的道路必定充满荆棘，我们需要这样一个能为我们点亮前进明灯的辅导员在前方为我们指路。在我们摔倒的时候能给我们几句鼓励；在我们玩物丧志的时候，能给我们几声训斥。

青春是精彩的，同样也是艰苦的，博主想告诉我们的不正是这个道理吗？在人生最美好的时刻，去储备美好未来，即使路途艰辛，我们也无怨无悔，那颗勇敢而执着的心必定带我们走向美好。

致我最亲爱的你们

作者：张忠明（建筑与艺术学院）

导读：正因为生活中的形形色色，你的大学才会丰富多彩。即使你看似简单的一张黑白素描，里面也有很复杂的光影、透视关系。我们都不是小孩子，我们生活在现实中而并非童话。所以，你要为了你的目标而努力。迷茫无果，抱怨无用。把握住自己，大步向前！

看了你写的日志，我心里久久难以平息。作为一个大学新生辅导员老师，我对大学给你造成的“负面”影响表示抱歉。你们是刚刚从高中过来的，经历过刻骨铭心地拼搏之后的一群纯洁的孩子。你们大多数对大学都抱有美好的憧憬，你们真切地认为，在大学里，只要像高中那样刻苦努力，就能取得你想要的成绩。但是来到这接触到的一些事情让你们有点难以接受、手足无措。

我也是和你们一样的年轻人，唯一不同的是，我比你们早几年经历过了大学生活。作为一个过来人，我真的有很多话想跟你们说，从生活、学习、工作、交友等各个方面，跟你们，像一个学长一样无拘无束地聊聊。可是这样的机会少之又少。希望你们在遇到困惑时能主动地来找我。虽然最近空闲的时间比较少……

言归正传。关于军训，你的理解是大错特错了。军训原因，一是强健体魄，改善一下高考后长假期导致的体质下降现象；二是告诉你们，无规矩不成方圆。大学并不是像你高中老师说的干什么都可以。也不是随便想跷课就能跷课的。大学也有游戏规则。你来到这里，并不是一个人。你有关心你的同学，你也有要为你负责的学校、学院、辅导员。你不能够随心所欲，因为你也要对对你负责的人负责！我也说过我们是平等的，我们之间应以诚相待。通过军训严格的纪律，你就知道了，当有事外出的时候，应该向辅导员请个假，以便我能及时了解你的情况，不会满世界找你；当你使用违章电器时，应考虑到有可能危及室友的人身安全；当你准备做一件没把握的事时，应考虑一下是否会伤害到别人。至于其他，看到我们的教官实力，你就应该知道，国防靠那些最可爱的人，足够了！

我也是个“愤青”，看到社会的不公我也会呐喊。碰壁是有的，习惯了无菌室，来到室外，不管空气多么清新，身体还是会不舒服的。虽然不像童话般，但大学其实是美好的，等你们适应了，就好了。你可以摆个小地摊，做点小生意；你可以整天泡在图书馆里；你也可以打打篮球、聚聚餐、吹吹牛……有时候不是生活不简单，而是你的心动摇了。面对各种因素，你无法保持心中的那一块净地。正因为生活中的形形色色，你的大学才会丰富多彩。即使你看似简单的一张黑白素描，里面不是也有很复杂的光影、透视关系吗？

我很欣赏你的乐观，我也希望你能继续保持下去。友情会有、妹子会有、阅历也会有！只要你尽快适应，用心经营。我们都不是小孩子，我们生活在现实中而并非童话。所以，你要为了你的目标而努力。迷茫无果，抱怨无用。把握住自己，大步向前！

以上愚见，仅代表个人看法，如有不妥，望批评指正！

大学是半个社会，我们会在这个社会里认识形形色色的人，经历各种各样的事，无论现在怎样，以后都会成为我们人生的重要珍宝。

我们都不是小孩子，我们生活在现实中而并非童话。所以，你要为了你的目标而努力。迷茫无果，抱怨无用。把握住自己，大步向前！

在大学，我们要养成良好的生活习惯，形成规矩，正所谓“无规矩不成方圆”，进入大学我们就要学会负责。

学校里有同学、有老师、有学长学姐，遇到事情应该及时沟通，解决麻烦，同时我们应该以诚相待。

让每个学生成长中都孕育眷恋

作者：钟小要（仪器科学与光电工程学院）

导读：我想要让学生眷恋母校，首先学校要树立科学的民主、自由教育理念，用民主、包容和创新的大学独特的精神气质，吸引学生的心，用平等、互爱去增强学校与学生的感情。当他们离开校园时，没有理由不眷念自己的母校，当他们走向成功时，没有理由不感恩自己的母校。

昨天，接到了一个今年刚刚毕业的学生发来的短信，将近两百多字的内容诉说着自己离校两个月的感受："钟老师，您好！学校放假了吧？您也可以好好休息一下，您辛苦了！转眼间毕业工作已有两个月的时间了，但好像就在昨天……在毕业前夕认为大学总算结束了，自己可以早点离开学校过自由的生活了，但现在才真正发现对大学生活学习是那样的向往，好怀念大学的人和事，伤心的、快乐的、幸福的、郁闷的，都感觉是那样的美好！真的，钟老师，就哪怕您每次严厉的批评现在想想都是那样的可贵和幸福！好怀念您跟我们相处的点点滴滴，也很感谢您的教育培养，您改变影响了我很多，好想重新再过一次大学生活，那样我会倍加珍惜，再次谢谢您！也希望我们能早点再相聚"。

看完这个短信后我深有触动，并且有很多感动和体会。大学是每个学生的梦想，因为它不仅让学生学到丰富的知识，更是最能体现民主、公平、自由和独立的神圣地方。大学是每个大学生人生最难忘、最依恋的地方，每每毕业之际，多少大学生潸然泪下。母校是每个大学生对自己的大学的尊称和尊重，更含有眷恋之情。作为一名高校学生工作者，给学校留下些什么，我们的学校培养许多学生，给学生留下些什么，能让我们的学生眷念母校吗？

我想要让学生眷恋母校，首先学校要树立科学的民主、自由教育理念，用民主、包容和创新的大学独特的精神气质，吸引住学生的心，用平等、互爱去增强学校与学生的感情，必须要让每个学生得到尊重。尊重学生是当今社会对学校的要求，学生在学校得到充分的尊重，才能成为学习真正的主人。尊重学生，通过评价激励，挖掘学生学习动力，增强学习信心，提高学习兴趣；尊重学生，才能让学生心理健康成长，让学生自强、自信、自重；尊重学生，要耐心地对待学生成长过程中的不足，不能简单粗暴地处理，特别是对于后进的同学，更要关心他们的成长，教师要有教无类，诲人不倦。让学生在校园内快乐健康成长，让学生在校园内充分全面发展。当他们回想校园时，想到那里有尊敬的师长，那里是发起梦想的地方，那里有丰富多彩的学生生活，那里是自己快乐成长的地方，那里是精心培育自己的地方，那是自己亲爱的母校。当他们离开校园时，没有理由不眷念自己的母校；当他们走向成功时，没有理由不感恩自己的母校。

让我们的学生都眷恋自己的母校，那我们也是一名成功的育人者！

这个同学的话说出了我们毕业生的心声，转眼大学四年结束了，这里面有快乐、有忧伤、有幸福；对于自己的母校更是有一种离别的伤感，希望自己眷恋自己的母校，我爱你——工大！

大学是一个美丽又神圣的地方。在这里，你结识了诲人不倦的老师，结交了一群快乐的小伙伴，并且这是一辈子的小伙伴。我永远都不会忘记这里，因为我只眷恋你。

看到这篇文章，心不由得颤了。虽然自己每天都过着一样的生活，四年了，始终如一，但是，自己快要离开这里时，心里还是有点不舍，毕竟，这里有我四年的足迹。

从小学到现在，心里都会依稀记得那些年做过的趣事或者难忘的事，大学更是如此。在这里，我们奋斗拼搏；在这里，我们欢呼呐喊。这里将永远在我们的心里。

写给那群大二学生的一封“情书”

作者：刘萍（仪器科学与光电工程学院）

导读：时光飞逝，光阴荏苒。新的学年开始了，很高兴你们又开始了下一阶段的学习，但我又不得不带着一份严肃劝解各位：“大学尚未毕业，学习仍需努力！”今天不努力，明天你们拿什么去和别人竞争？马云的理念中有这样一句话“人无我有，人有我优，人优我特”，这个理念同样适用于当下的大学学习：成绩优异、能力全面、特长突出方能真正立于不败之地！

亲爱的同学们：

你们好！

光阴似箭，日月如梭。转眼间，你们这群活泼开朗、自信乐观的孩子们步入了大二，我也在不知不觉中与你们相处一年有余。在这年轻的生命里，在这短暂的一年中，实在发生了太多太多，不可不谓“酸甜苦辣”“五彩缤纷”。作为你们的辅导员，我一直告诫自己一定要竭尽自己所能，秉承“不抛弃，不放弃”的理念去引导、帮助处于困惑之中需要帮助的你们。不得不说，你们将是国家未来的栋梁，在不久的未来奔赴全国各地，在各自所在的岗位上诠释自己的生命，为祖国建设添砖加瓦，为中华复兴增添“正能量”！每当想到这里，我总会为我的职业倍感骄傲。因为你们在大学阶段将逐步完善自己的人生观、价值观，获得应学到的专业知识，成长为国家栋梁，但与此同时你们还在“源源不断”地接触着各种“诱惑”，并未完全成熟，稍有差池，将遗恨无穷！这种重要性不言而喻，所以深感工作之任重道远！

一年过去了，在这一年中与你们这群孩子们发生的故事也永远地留在了美好的记忆里，难以忘却。第一次见面要追溯到报到那天的宿舍探访，见到一张张稚气未脱满怀憧憬与期待的面庞，我十分欣喜，因为我知道将由我引导你们度过生命中最美好而又意义非凡的四年。这一年里的点点滴滴让我们大家结下深厚情谊：在骄阳下军训，你们汗如雨下，我心疼过；在学校的各项比赛前严格要求，我又何尝没考虑到一遍又一遍的辛苦；宿舍卫生一次又一次的检查甚至“苛刻”的高要求，我也曾想过放弃；一遍又一遍地找旷课学生谈话，批评教育违纪的同学却因得不到理解而苦闷过……但我还是要做，这是作为一个辅导员的责任底线，只有这样才能锻造出你们坚韧刚强、吃苦争先的优秀素质，才不会浑浑噩噩地度过这短暂而重要的大学四年。

这一年里，我深知只有用心去交流才能获得你们的理解，所以我尽可能地体谅你们的喜怒哀乐，尽可能地帮你们排忧解难，在生活学习上充分扮演一个学姐的角色而非高高在上的领导者，切实解决生活学习思想上的“疑难杂症”。因此，我也收获很多感动，每当逢年过节总能准时收到你们亲切的问候，那时心中总会有一股暖流涌上心间，弥散许久。我也会不厌其烦地一个接一个地回复问候，因为这是在用爱沟通！每当得知你们在各种比赛中获奖或学习上取得进步，我会真心地替你们高兴，一种自豪感油然而生，因为这也是一份属于我的荣耀！

时光飞逝，光阴荏苒。新的学年开始了，很高兴你们又开始了下一阶段的学习，但我又不得不带着一份严肃劝解各位：“大学尚未毕业，学习仍需努力！”也许大一的你获得了万众瞩目的奖学金，也许你成功竞选上了社团部长、主席，但“学如逆水行舟，不进则退”。世界每天都在变化，更何况你们呢？如果大一的你们“成功”地加入到挂科的行列中了，大学真的算“完美”了！那你们还有什么理由继续那么“放荡不羁”？想到当下中国的人才市场，每年都会有数以百万计的高校毕业生走出校门，在各大人才市场奔走。今天不努力，明天你们拿什么去和别人竞争？马云的理念中有这样一句话“人无我有，人有我优，人优我特”，这个理念同样适用于当下的大学学习：成绩优异、能力全面、特长突出方能真正立于不败之地！因而在此也给各位一些建议，在学习生活上助大家一臂之力。

大二的你们要更成熟

经历过大一一年后的你们对大学生活学习特点都有了一个较为全面的了解，学习节奏也已经有所适应，那么请在思想上“成熟”一些，搞清楚为什么要上大学？上了大学能够收获多少？大学之后干些什么？凭借什么资本能够朝着理想发展？如今已经成人的你们应该对自己的人生有了一个大致的规划。

学习要更努力

既然搞清楚了大学是来干嘛的，那么请在自己年轻的生命里不断拼搏，奋斗的青春最美丽！具体而言，就是搞清楚每一个问题，不放过任何一个知识点，查漏补缺，全面发展。当代大学生的专业要求是素质全面、专业突出。每天做到“吾日三省吾身”那么自己也就清楚地知道该做些什么了。

能力！能力！

也许每次谈到大学生活这类话题总逃脱不了能力的踪迹。不错，能力总会在各种场合被提及，也许你们对于它还不那么清楚，但请记住大学学的绝不仅仅只有专业知识。步入社会，工作上用到的绝大多数就是能力。也许有人会问究竟如何去提高能力，抓住社团班级每一次的锻炼机会，组织一次班级活动可以学会如何将来自五湖四海的同学组织到一起；可以学会如何在大家各自的安排里协商时间；如何与他人沟通，等等。学习能力、沟通能力、组织协调能力、创新能力都是需要在大学阶段培养的。要想真正提升自己能力还要靠在生活点滴中慢慢感悟，切不要眼高手低，“一屋不扫何以扫天下”？

梦想一定要有，万一实现了呢

阿里巴巴赴美上市的消息想必大家早已有所闻，而作为年轻的你们又有什么理由不在年少之时立下大志并为之不懈努力呢？

亲爱的孩子们，在这最值得回忆的青春，在这大二伊始，我期待着你们更加出色的表现！奔跑吧，少年！

大二的确是大学中很关键的一年，对学校、专业和大学生活都有了一定了解。我们要在扎实掌握基础知识的同时考虑自己的职业生涯规划，从而更好地度过大学生活。

能力很重要，不要只知道“死读书”，更要提高自己的个人素质。大二是我们提高能力的好时机，学校的各大社团为我们提供了这样的契机，大家好好把握。

“梦想还是要有的，万一实现了呢？”每次看到这句话都是斗志昂扬，是啊，我们还年轻，我们可以成为任何自己想要成为的模样。大家一起加油！

从辅导员语重心长的话语中学到了很多，接下来的大学时光里一定要好好把握。不辜负父母、辅导员对我们的期望，更要给自己一个完美的交代。

感念“先锋”，志愿永恒

作者：朱玲利（计算机与信息学院）

导读：在带领和指导先锋社这个团队的一年时间里，我与先锋社共同经历了困难而又充满希望的一年时光，也见证了先锋社整个团队从艰难苦境走到步入正轨的发展历程。从当初的一穷二白到现在逐渐步入正轨，这正是我们这个团队共同努力的结果，未来的先锋社，依旧在服务的道路上，不断从内部充实自己，以服务提升自我！

在带领和指导先锋社这个团队的一年时间里，我与先锋社共同经历了困难而又充满希望的一年时光，也见证了先锋社整个团队从艰难苦境走到步入正轨的发展历程。在这一年里，我们这个团队是有希望的、是有竞争力的、是有积极性的、是有潜力的、是有真正实力的。

从我接手先锋社的第一天起，从我帮助先锋社的第一个活动起，从我审阅先锋社的第一篇策划起，便倾尽全力和心血去帮助这个社团的成长。

成果从每一次活动的一点一滴做起。开始的第一个活动是“帮助学长学姐搬家”的活动，虽然没有干事，但我看到了干部们踏实认真、埋头苦干的精神状态，这让我对今后的工作充满了希望。接着在社长的引导下，他们找到了支教、敬老、助残的基地，便开始了支教、敬老、助残的日常活动，并在 12 月 5 日的先锋社心怡康之行活动中受到新华社等多家媒体的报道，紧接着在先锋社的校园义卖节上一炮打响，完成了上半学年的工作。在下半学年里，我和先锋社首先从雷锋月的系列活动中下手，在我们的努力下，梁墩回族小学的植树节活动和先锋助学金的捐助受到了安徽公共频道等媒体的报道，接着在学校里开展的慰问宿舍保洁人员活动和组织观看雷锋电影的活动都收到了良好的成效。在四月，除了日常的敬老、助残和支教活动外，还有“大手拉小手”的小学生科技节参观活动。五月，主要是与华益助弱中心共同培训，为社区儿童活动做准备。

在这一年的工作中，引领先锋社发展的思路可以归纳为以下几方面：

精兵减员，提高社团活动工作的效率和质量

在今年的招新中，每个部门的干事人员减少到8名。其实减员并不是坏事，而是从根本上解决了干事的基础素质问题。减员将导致选中的干事都是优秀者中的优秀者，这将会为我们未来的干事培训和活动的举办提供很好的帮助。精兵减员，提高干事的整体素质，提高社团活动和工作的效率。这样有利于先锋社更好地发展。

优化结构，转变志愿者队伍组成

今年先锋社招募了临时志愿者队伍和支教队，这将有利于先锋社志愿者队伍的发展。首先，临时志愿者队伍将解决志愿者人数不够的问题，同时还会带动更多的人加入志愿者团队，了解志愿者团队的志愿事业。其次，支教队将会提高支教的活动质量。从提高志愿者队伍的专业性，提高活动的质量，提高志愿活动的影响力方面来看，转变志愿者队伍结构是最有效的方式。

强化特色，推动活动的建设品牌化

品牌活动和特色活动是一个社团最精华的地方。今年，我们将加强支教和敬老品牌活动的项目化，撰写相关教案，推动品牌活动的品牌效应。其次，我们建立了义卖节和雷锋月支教小学植树的特色活动。丰富了先锋社社团的精华，让先锋社有了质的飞跃。

注重宣传，加强网络平台的建立健全

如今信息的发展速度飞快，人们捕获信息已有多重渠道。今年，先锋社建立了人人主页、腾讯和新浪微博健全的网络宣传体系，并得到了新华社、安徽公共频道等多家媒体的报道。在宣传上，先锋社应该说是优秀的、走在前列的。

加强合作，与其他志愿者社团共赢发展

在这一年里，先锋社不断与其他社团共同合作完成了一些校外的志愿服务。这不仅让志愿服务活动能圆满地完成，也能有利于我们社团和其他社团的发展。

在一年的工作中，先锋社取得了不错的成绩，我将从以下几方面总结经验：

一、抓住契机

先锋社工作敢于结合相关的时事热点日，例如：国际志愿者日等，抓住了良好的契机，在一穷二白的基础上站起来了。在一年里，我和先锋社一并分析社团情况，抓住了机会，并建立良好的活动，使先锋社站了起来。

二、正确定位

在这一年的工作中，先锋社树立了正确的发展方向，敢于开展特色活动。先锋社在一年的时间里，连续建立基地，使日常化的支教和敬老活动走上正轨，同时结合当时的情况，分析后毅然决定开展特色活动，并受到媒体的报道。正是因为社团从开始就树立了正确的发展方向，从特色活动突破，从而解决了日常的敬老和支教活动。

三、共同努力

先锋社全体人员秉承着共同的信念，一年来共同努力、共同创造与服务。先锋社的发展离不开指导、方向，但更重要的是先锋社全体成员埋头苦干、吃苦耐劳，共同在艰难的过程中奋斗、坚持的结果，也是共同承担责任、共同创立的结果。

计算机与信息学院先锋社的发展是有目共睹的，从当初的一穷二白到现在逐渐步入正轨，这正是我们这个团队共同努力的结果，未来的先锋社，依旧在服务的道路上，不断从内部充实自己、从服务提升自我！

博文对学院先锋社一年的工作中做了内容和经验上的总结，详细描述了计算机学院先锋社从最初的一穷二白到现在的初具规模，展示了该社的发展历程。

我是计算机学院先锋社的一名社员，看到辅导员的这篇博文，我感触很深，回顾这一年来我们的奋斗历程，我们所办的大小活动无一不阐述着“志愿服务”这四个字，我很高兴我是一名光荣的先锋社社员。

看了这篇博文，我深有感受，作为先锋社的社长，辅导员伴我们一起经历了各种大小活动，在各个活动的策划上给予我中肯的意见与建议，让我带领团队把活动做得更好，感谢辅导员！

是的，先锋社今年的活动确实办得都挺不错的，大家有目共睹，部分活动也很有趣味又不失意义，我也是义卖节中的一员，大家在活动中体会到了欢乐，也体会到卖东西的不容易啊。

我觉得计算机学院先锋社的宣传工作还是做得很到位的，几乎各大网络平台上都有他们的活动信息，并且信息的及时发布和页面布局也做得很美观到位！

博文中对于引导该社团的发展思路很值得借鉴，精简成员、优化结构、强化特色、注重宣传和加强合作五个方面很好地诠释了如何建立一个好社团该有的发展模式。

高校科技类专业社团建设的措施及意义

作者：郑召丽（计算机与信息学院）

导读："专业特色社团"作为大学生社团的一个分支，通过开展专业特色活动，传播与专业相关的知识信息，结合有关课题、社会现实问题进行研讨、交流并深入社会实际进行实践探索为主要目标的学术活动型大学生组织。"专业特色社团"旨在提高学生的专业素质，培养学生创新能力、实践能力、创业精神，开拓人才培养的新途径。

"大学生社团"是高等学校学生为了实现会员的共同意愿和满足个人兴趣爱好的需求，自愿组成，按照其章程开展活动的群众性学生组织。"专业特色社团"作为大学生社团的一个分支，通过开展专业特色活动，传播与专业相关的知识信息，结合有关课题、社会现实问题进行研讨、交流并深入社会实际进行实践探索为主要目标的学术活动型大学生组织。"专业特色社团"旨在提高学生的专业素质，培养学生创新能力、实践能力、创业精神，开拓人才培养的新途径。

合肥工业大学计算机与信息学院大学生科技与创新协会是20世纪90年代结合学院特色建设的院属科技类社团，自成立之初，秉持"以科技为龙头，以文体为两翼"的宗旨，成功举办了一系列特色精品活动，例如：合肥工业大学科技节、合肥市高校无线电测向大赛邀请赛等，受到校内外师生的一致好评以及省内多家媒体的报道。

一、社团建设方面的发展策略

（一）内部制度完善

大学生社团是高等学校的学生自愿组成的学生团体，具有较高的自发性。大多数的社团发展缓慢，关键在于没有处理好社团管理与活动的关系，重视活动而轻视管理。社团要有组织、有纪律地存在并发展，就要建立健全社团制度体系。社团通过建立社团干部活动章程、例会管理制度、财务管理制度以及奖惩制度从而形成一套管理制度，完善社团管理体系，规范社团的专业化、制度化发展。

（二）增加经费投入

经费不足是当前大学生社团发展共同面临的问题。因此，增加经费投入成为社团发展当务之急。活动的开展仅利用学院或者学校拨发的经费远远不够，大学生社团要敢于走向社会，寻求社会的支持。通过外联部门的同学与社会中的商家协调，得到资金支持，达成双方互利共赢。

（三）社团组成优化

大多数学生社团的组成结构是大一、大二学生为主，大三、大四学生为辅，活动面向对象局限，活动质量不高。大学生社团要善于优化整个社团的结构，引导大一、大二同学加入社团并成为骨干，促进大三、大四同学成为社团的指导，以此来扩大社团活动在高年级学生中的影响。全体同学一起为活动筹谋划策，增加受众面，扩大活动在整个专业或者学校中的影响力。

（四）网络平台的建设

专业型活动失败的另一关键原因是宣传力度不够，主要表现在宣传方式的死板、单一。随着时代的发展，新型大学生社团应该顺应时代的潮流，敢于运用各种新方式宣传社团活动，加强社团影响力。积极搭建网络平台，比如：协会在学生常用的社交网站建立主页，在活动开展的初级阶段，在社交网站发表新闻，通过转载扩大协会与活动的知名度；活动举办成功之后，在国内的各大网站发表新闻。网络平台的便捷与影响力能够促进活动的圆满成功。

二、提高社团专业化的策略

专业特色社团与学生会等其他性质社团的区别在于，后者的活动主要是“精英”之间的对决，重视优秀、特长人才的培养，普通的学生基本无法参与其中；而专业型活动，活动参与面广，重视全体学生的共同提高。所以，大学生社团专业化，主要通过活动专业化实现。

专业型活动在前期策划阶段，就以提高学生的专业能力素质为核心，并以此来确定主题与活动方案。专业型活动主要从以下几个方面开展：

（一）开展学科竞赛

秉持“以赛促学”的思想，以竞赛的内容来引导学生某一阶段的学习内容。比如：协会承办的 ACM/ICPC 大学生编程兴趣大赛在合肥工业大学的热身赛，以促进计算机与信息学院学生编程能力的提高为目的，促进学生积极学习计算机编程语言。此活动取得不错的效果，为ICPC校队选拔出了优秀的队员参加国际比赛，并斩获各种奖项。

（二）组织科研活动

校园文化活动、课堂教学、实践教学是高等学校中三大培养学生专业能力素质的平台。专业型活动作为校园文化的主体，应该着力于成为学生课堂教学、实践教学之外的一个素质培养平台，成为学生将专业知识转化为专业能力素质的捷径。甚至可以将专业型活动纳入课程体系中，提高专业型活动的质量，并通过授课老师的宣传，带动更多学生的参与。

科研活动通过开展系列学术讲座、专题讨论、科技竞赛，加深学生对专业知识的理解以及应用。其中，学术讲座以及科技比赛等活动，社团可与其他高校、学院展开合作，建立起高校之间、学院之间的科研联系网，便于专业资源共享，提升活动的质量。

专题讨论的活动，可以在某个阶段确定一个专题，发起整个学院的同学进行讨论。专题讨论的开展可以借助网络平台，以提升参与度与影响力。

科技竞赛的活动，使同学们在参加活动的过程中潜移默化地加深对专业知识的印象。

（三）增加专业实践机会

大学生实践能力的培养是高等教育的一项重要任务，也是高等教育区别于义务教育的特点之一，是高等学校教学的重要组成部分。但是，很多高校的教育存在这样的问题：理论与实践的脱离削弱了学生对专业的兴趣。专业特色社团可以挑起培养学生实践能力的重任，搭建课外实践平台。

合肥工业大学计算机与信息学院有强大的实验室资源（计算机与信息学院下设九个研究所：计算机应用技术研究所、计算机软件与理论研究所、计算机系统结构研究所、网络与信息安全研究所、分布式控制研究所、计算机基础教育研究所、信号与信息处理研究所、电路与系统研究所、通信与信息系统研究所。两个中心：实验中心、教育部“安全关键工业测控工程技术研究中心”等机构），便于同学们实地参观并提高可操作性。

同时，合肥市是一座新兴科技城市，具有众多IT行业的公司可以为同学们本科阶段的实习提供良好机会。

社团可以与实验室及校外公司联系，构建学生课外与校外的实践平台，充分挖掘学校与社会的教育资源为同学们提供理论知识与实践相结合的机会。

(四) 加强老师的专业化指导

社团专业型活动的开展与老师的指导紧密相关，这也是专业特色社团区别于其他社团的特点之一，同样也是专业特色社团的优势。

专业特色社团要善于利用强大的师资力量，加强专业化指导。以此来提高活动的质量，促进活动向着专业化的方向发展，吸引更多的学生参与活动。

三、社团专业化带来的附属效应

(一) 培养大学生创新能力

专业特色社团在培养大学生创新能力方面发挥着重要的作用。社团一般由不同专业的学生组成，社团成员之间相互的交流、学习与启迪更利于培养创新能力。同时，学生在社团中参与的专业型活动不仅可以增加专业理论知识，提高专业能力素质，还可以塑造创新意识、培养创新能力。同时，创新人才的形成可以为社团的可持续发展提供动力，形成社团发展与人才培养的良性循环。

(二) 提高大学生专业素质

社团开展的活动相对于课堂教学和实践教学而言，更具有趣味性、多样性，能够潜移默化地促进学生形成对专业的认同感和归属感，形成专业价值观。专业型活动通常以课堂教学以外的学生感兴趣的活动为主，拓展课堂学习，提高大学生的专业素养。

(三) 推动学风建设

开展专业型活动，能够激发学生自主学习的主动性和积极性，在校园内形成一种自由、民主、开放的学术氛围，形成一种“爱科学，爱学术”的良好学风氛围。

参加专业型活动需要同学之间在思想、学习等方面进行相互学习与交流，在这过程中，同伴以及榜样的力量能够激发学生的学习兴趣，良好的学习氛围也得到了传承。

“以科技为龙头，以文体为两翼”的宗旨一直指引着一代又一代的计算机人，作为新一代的大学生，我们也应该科技文艺两手抓，做一名德智体美全面发展的人才！

社团的建设是大学中很重要的一个环节，是最磨炼人、最锻炼人，也是对人成长作用很大的一个步骤。社团建设得好对当代大学生很有影响。

我觉得社团网络平台的建设很重要。一个社团不仅要自己做得好，在独善其身的前提下，也要兼济天下，把好的做法告诉大家，共同学习、共同进步。

我也参加了学院组织的ICPC比赛，在比赛中不仅能够提高编程能力，而且跟学院的很多牛人一起比赛也能给自己增加点压力和学习的动力。

学院的讲座做得还是蛮好的，覆盖范围很广，不仅有文学方面的“百家讲坛”的讲师，还有花旗银行的计算机方面的高管，收获蛮大的。

我觉得学院的社团建设虽说做得不错了，但是还有提升的空间。我觉得作为计算机专业的同学更应该多多地锻炼动手能力，现在这方面做得并不是太好，希望以后能多多加强。

那些年，我们一起追过的大学社团

作者：石楠（计算机与信息学院）

导读：其实无论是校、院级直属社团，还是五花八门的兴趣类社团，都离不开“服务”“教育”和“管理”。因此，每一名社团工作者都要秉承“自我服务，自我管理，自我教育”的工作原则，将“服务”作为开展社团工作的源动力，把“管理”视为开展社团活动的方式，并且认识到开展社团活动的“教育”本质。

银装素裹雪茫茫，初思量，甚难忘。二零一二，匆匆成过往。

纵使相逢不相识，一二·九，共梳妆。

科技创新花再放，无线电，波段短中长。

身边故事我来讲，心理剧，响当当。

你方唱罢我登场，义卖节，物小心意藏。

学生会，吐芬芳。大科协，技术强。团总支，家如故。先锋社，热心肠。

今夜共聚，情浓夜未央。幸福瞬间，感动泪千行。

料得明年社团事，计算机，美名扬！

这是在2012年12月计算机与信息学院2011级团学组织总结大会上留下的记忆。锦瑟年华因为社团的惊鸿一瞥而更加美丽，如果时光回到过去，回到2009年的那个夏天，我依然会拿着报名表，游走于各大社团的招新报名点，因为我知道，社团带给了我太多宝贵的东西——对信念的坚定，对责任的深思，对梦想的执着。

初来乍到，琳琅满目的社团望眼欲穿，很多人带着“三七开”的理性与感性，投身到了社团大军的怀抱中。殊不知，所谓的兴趣更多的只是刹那间的昙花一现，没有全面深入地了解所属社团、所在部门的工作性质和工作方向，便很难定位自己的预期和目标。

其实无论是校、院级直属社团，还是五花八门的兴趣类社团，都离不开“服务”“教育”和“管理”。“从学生中来，到学生中去”的社团工作理念依托各社团的不同工作性质和工作方向贯穿每次活动始末。因此，每一名社团工作者都要秉承“自我服务，自我管理，自我教育”的工作原则，将“服务”作为开展社团工作的源动力，把“管理”视为开展社团活动的方式，并且认识到开展社团活动的“教育”本质。

目前高校社团蓬勃发展的表象下，却也潜伏着体制建设和活动建设中滋生出的疑难杂症。其症状主要可能是以下几种情况：

一、体制建设

（一）招新时为求数量使得部门人员冗杂，开展活动时任务分配不能落实到具体个人，以致出现“踢皮球”“擦边球”现象。

（二）社团副部长不能很好地明确自身职责，出现“酱油化”“边缘化”情况。

（三）社团没有健全的社员档案归档机制、社员工作考评机制，社团章程已不再适用于新时期下的社团时，未能及时修订和完善。

（四）社团负责人只是站在策划、协调活动的高度，没有去探索社团发展的新方向、新路径。

二、活动建设

（一）社团内部各部门之间、社团之间形成盲目攀比风气，“七八个星天外，三两点雨山前”，活动相对独立，但活动数量的增多导致同学们对于社团活动从一开始的充满兴趣逐渐变为麻木、反感甚至抵触。

（二）活动开展时虎头蛇尾，从锣鼓喧天的前期宣传到中规中矩的活动开展再到杳无音讯的后期总结，很多活动其实只完成了70％，剩下30％的总结和思考总会因所谓的自我满足和自我感觉良好而烟消云散，但是“经历”只有经过总结才会成为“经验”。

三、个人建议

（一）正确处理社团与班级之间的关系，用有心之眼观察每一个关于社团的细节，有时候细节真的可以决定成败。

（二）思考问题的方法和思路往往受个人知识和眼界储备所约束，关心时事，关注社会动态，是一名优秀社团工作者的习惯。

（三）结合学校、学院特色，打造社团特色体系、品牌活动，充分利用自身优势，扬长避短。

（四）加强校际间联系，不同的氛围孕育不同的社团环境和社团模式，以理工科高校社团特点故步自封，势必制约我们自身的发展，徜徉在不同的高校里，用心去对比、去思考、去感悟。

（五）我原定1个小时完成的工作，坚决不会拖到2个小时，可能半个小时就解决战斗，有时候可以告诉自己，在保证质量的前提下，你还可以再快点。

（六）20分钟以后，会议质量与会议时间成反比。

（七）主动去承担更多的任务和挑战，这些东西错过一次，可能下次你连争取的机会都没了。

（八）慢慢地尝试着以“主席”的眼光、“副主席的”上传下达、“部长”的任务分配、“副部长”的正确协调和“干事”的执行力来要求自己做好每一件事。你是干事，但是你可以有当主席的梦想；你是主席，别忘了你曾经也只是一名干事。

（九）永远不要忽略公共礼仪在社团工作中的重要性，不要觉得亲切的问候在别人看来或许是轻浮的奉承，相反，冷眼与无视却流露着一个人的麻木与无知。

（十）多问，不懂就问，懂一点也要问，全懂了还可以继续问。三人行，必有我师，踽踽独行时，“度娘”是我们工作的好帮手。

斯文如是，与诸君共勉。

“20分钟以后，会议质量与会议时间成反比。”这个问题亟待解决啊！每次的会议都拖得比较长，大家的到场也不守时。希望这些问题早日解决。

作为一名在社团中待了两年的人，从干事到部长，真的是收获颇多，虽说现在的社团还存在种种问题，但相信经过大家的努力会越来越好。

我从没有参加过社团，现在想起来也是很遗憾的一件事，转眼大二就要过去了，以后这种机会应该没有了吧，还是祝愿各个社团越办越好吧。

感谢楠妈的细心指导啦，会把这些教给下一届的学弟学妹们，让他们把社团建设得更好，不辜负楠妈的一片苦心。

“主动去承担更多的任务和挑战，这些东西错过一次，可能下次你连争取的机会都没了。”我表示深有体会。努力一下吧，很多你觉得不可能的事其实可能很简单。

表示有严重拖延症的我，真心不知道怎样才能改正这个坏习惯，虽说已经被它害得很惨了，但是好像还是改不掉啊，很苦恼，石导有什么好的建议吗？

我眼中的“大学关键字”

作者：王猛（材料科学与工程学院）

导读：大学已过四分之一，你能否拿起笔为自己总结这一年的收获？你能否安静地坐下来思考下一年的规划？行走之中，体会将随着岁月而变得厚重。每一次总结都会让自己看清行走的轨迹是否偏离，行走的速度是否正常。希望你在大学四年之后，为自己总结出几个关键词。

大学已过四分之一，你能否拿起笔为自己总结这一年的收获？你能否安静地坐下来思考下一年的规划？作为你们的辅导员和学长，不禁回想起自己的大学生活，并将每个阶段用几个关键字加以概括，与你们一起分享。

一、责任·梦想

回首青春岁月，踏上远方征程。此刻，我们即将告别校园，走进社会，开始人生中崭新的生活。面对未知社会，面对就业压力，面对人生规划，我们都处于茫然、焦虑的状态。大学生应该做到明确自身责任，心怀梦想。因为只有明确责任才能为祖国、为社会而奋斗，只有心怀梦想才能鼓足勇气扬帆远航。

有梦想、有责任，凝聚个人梦，实现中国梦。2012 年 11 月 29 日，习总书记在国家博物馆参观“复兴之路”展览时，第一次阐释了“中国梦”的概念。他说：“大家都在讨论中国梦。我认为，实现中华民族伟大复兴，就是中华民族近代以来最伟大的梦想。”民族的伟大复兴离不开个人梦想的实现，当 13 亿中国人梦想都一一实现时，中国梦也就实现了。作为一名工大人，一名工科学生，我们更应该树立工业报国的远大理想，不要计较眼前得失、不以物质多少作为成功的评价标准，立足自己的岗位，坚守自己的岗位，这就是梦想。而正是有了如此脚踏实地的梦想，身上才会有责任、有担当。

二、抉择·成长

做“中点”的抉择，为“终点”而努力。作为学校的“老人儿”，我们已度过大学三年时光，适应了大学生活，并逐渐思考未来。考研还是工作抑或是留学，等等，都是学生面临的选择。面对抉择，应做好自我认知；抉择之后，应努力自我成长。

这时我们会发现，自己身边的同学朋友发生了明显的改变。有的同学开始了新征程，为考研、出国深造而努力。每天起早贪黑，独自一人或者几个学友一起安静地上自习，夯实基础；有的同学改变了大一、大二闲散无所谓的状态，认真学习了专业基础课，因为他们懂得了明年的今天自己就要走向社会，而专业基础课正是成功迈出第一步的基石。这些都是可喜的改观，因为他们懂得了抉择，懂得了成长需要奋斗。

三、珍惜·榜样

珍惜读书时光，树立身边榜样。处于大二阶段，我们经过大一学年的适应和探索，专业要求进一步明确，专业方向也逐渐明朗，大部分学生找到了属于自己的学习方式。但是大学新鲜感已过，离就业尚且遥远，加之社团活动、社会实践增多，容易出现学习动力下降、学习倦怠等现象。

保持学习的动力，需要我们懂得珍惜大学时光。以往有的同学到了大四的时候，回想大二总是后悔当初没有夯实基础，学习上出现了懈怠，一些重点难点科目，例如：工程力学、材料力学、大学物理等这些专业基础课都是低空飘过或者红灯。到大四用到这些知识时，才后悔不已。

保持学习的动力，需要我们发现身边的榜样。当自己出现懈怠时，当自己赖床不起时，请看看同寝室的朋友，请看看班级的朋友，他们之中总有一些默默坚持努力学习的身影。也许学习成绩不是最终目的，但是在学习的过程中更锻炼了自己诸多的能力。譬如：时间规划能力、问题解决能力、沟通能力，等等。而这些能力的获取才是这些榜样同学最大的收获。而你呢？

四、养成·感恩

养成良好习惯，感恩强化责任。大一，是良好生活、学习习惯养成与快速成长的重要阶段。面对大学与中学的差别，部分同学出现不适应现象：自控能力差，游戏影响学业；学习方法不正确，事倍功半；毫无学习动力，得过且过，等等。

初来乍到，难免不适应，这时需要我们主动探索，寻找出适合自己的学习方法、生活方式。每个人都是独一无二的，不要照搬照抄那些优秀学长的经验，他们传授更多的是一种正能量，让我们懂得大学需要珍惜、大学需要奋斗。而具体的奋斗方法和途径需要自己在日后的生活学习中不断地探索。如果成功的经验都可以完全复制的话，那么成功是否来得太容易呢？

出门在外，心怀父母。懂得感恩，才能懂得责任。父母含辛茹苦地将我们抚养成长；恩师的谆谆教诲成就了我们的今天；同窗好友的帮助一路陪伴；国家的助学政策为我们解决了经济困难……这些都是恩情，都需要你们去珍惜，为了父母、恩师、好友，为了这个国家更应该脚踏实地完成自己的学业，将来去实现更大的梦想。

行走之中，体会将随着岁月而变得厚重。每一次总结都会让自己看清行走的轨迹是否偏离，行走的速度是否正常。希望你在大学四年之后，为自己总结出几个关键词。

大学关键字确实应该被强调，学生们从高中到大学，学习生活方式发生了很大改变，失去了明确目标，很容易在大学阶段迷失，提出关键字，是一种目标的总结，这样具象化后会让学生更明确自己的方向，从而做出努力。

学生们一般都会给自己总结，然后得出一些目标或者关键字，但是大学里的环境很容易分化一个人的注意力，有许多目标做到一半就无法再坚持下去了，这是一个更深层次化的问题。

我在大学里也有一些自己的关键字，我认为其中最重要的一个就是学习，这个学习包含很多种含义，不单单指学业方面，也指为人处事的方法。

我也想给自己提几个关键字，但是发现都是一些比较拿不出手的字眼，我好像没有在大学期间做得很好，有一些后悔，应该更加珍惜大学时光并且更健康地生活。

作为一名男生，我的关键字有许多关于游戏与运动方面的，虽然感觉在学校学习比较重要些，但是我认为我的大学过得也挺好的，至少很健康。

我今年刚大一，觉得这些关键字很有道理，希望给自己以后的大学生活设立几个关键字，它们应该能帮我在大学做得更好吧，虽然有些时候会迷茫，但只要坚定了自己的信念，那便能看到希望。

新生篮球赛和足球赛感想

——成功与失败，公平与误判

作者：张栋（电气与自动化工程学院）

导读：引用一句“士兵突击”里被无数人引用过的一句话，“不抛弃、不放弃”。不仅是对亲人、朋友、同学的不抛弃、不放弃，更是对自己的不抛弃、不放弃，在任何时间、地点、状况这都是我们应该坚持的。努力改变现实，主动顺应社会，真心帮助朋友，坚持梦想，永存希望，用平淡的行为做出杰出的成就。

今天下午，学校新生足球比赛和篮球比赛同时进行，比赛结束后，学生的 QQ 群中非常热闹。先是足球“大电气”以 3：2 战胜“大机汽”，大家鼓掌庆贺；再是篮球遗憾告负，大家在群中抱怨裁判的不公。我有一些感触和想法，希望与大家共勉。希望大家永远以工大电气人为骄傲，不要被一时的成功和失败冲昏头脑，在将来的各项竞赛中用自身的实力不断为“大电气”争光！大电气——最强！

“塞翁失马，焉知非福”，这是先人留给我们的至理名言。人生中，我们会面临无数次失败，也会迎来无限的成功。面对生命和现实，我们都渴望成功、拒绝误判，用实力证明自身的价值。但是，我们不能只是在成功时才接受误判，在失败时才提及公平。同样，一味的公平也未必能给我们带来永远的成功，一时的误判也不是我们在人生路上失败的借口。一个在家庭、事业等方面都取得成功的人，是能够在成功或失败的任何时候都经得起公平和误判的考验的，公平给予他的是实力发挥的基础，而误判给予他的则是前行路上更加充足的动力。

坚持真理，融会贯通，适应现实。我们生长在一个法制的社会，国家法律健全、单位制度完整、考核方式公开、竞赛规则明了。在学习、工作、生活中，我们应该坚持原则，摒弃和反对一些不合法、不合理的情况，共同营造良好的氛围。坚持真理的同时，我们还要学会融会贯通，适应社会的节奏和现实。中华民族是一个重情尚义的民族，在制度允许的范围内，情义是一个非常重要的东西。入学第一课，我告诉过学生们珍惜同学情义，严于律己、宽以待人，这将是你人生路上最宝贵的财富，希望学生们能真正理解这句话的内涵。你不是一个人生活在社会中，取得周围人的认可和赞赏是一门做人的艺术，也是取得成功非常重要的基石。

“否极泰来”“泰极否来”。逆境达到极点，就会向顺境转化。但大家考虑过没有，顺境达到极点会不会有可能向逆境转化呢？保持个人卫生是大家在幼儿园就接受的教育，但是过度的清洁会有什么后果呢？“妈妈有洁癖，宝宝身体弱”，这样一则新闻大家能想到什么呢？我们生活在一个充满细菌的环境中，我们应该去接触他、抵抗他，从而提高自身的免疫力。“挫折教育”大家都应该听说过，就是让教育者在受教育的过程中遭受挫折，从而激发受教育者的潜能，以达到使受教育者切实掌握知识的目的。高考的成功将大家送入高等学府，大家是成功者。成功者与成功者重新组成了一个新的群体，你们是这个群体中平常的一员，不再享有以前那种优越感，这就是所谓的挫折。如何面对挫折，克服挫折，重新在新环境中建立自身的优势？这就需要你们更加勤奋地付出，排除以往的成功对自己的干扰，放低姿态、踏实为人、认真做事、争取机会、珍惜机遇。

“淡定”“平常心”。如相对论里提及的，静止是相对的，运动是绝对的。人的一生几十年、几百个月、五万来个星期中，公平是相对的，而误判是绝对的。面临误判时，心态决定成败。我们应当将一时的误判当成对我们的激励，将一帆风顺的生活当成是社会对我们的眷顾。如“士兵突击”中吴哲常说的“平常心”，其实他的心态并不平常，他有着比常人更加强大的内心，因为他敢于面对前方的艰难险阻，勇于解决碰到的问题，将压力留给自己，并用平淡的语言和始终如一的外表给身边的朋友和队友以支持，鼓励他们继续前行。淡然地面对一切，平实地鼓励朋友，以一颗平静、强大的内心不断支持自己克服困难、取得成功。

再引用一句“士兵突击”里被无数人引用过的一句话，“不抛弃、不放弃”。不仅是对亲人、朋友、同学的不抛弃、不放弃，更是对自己的不抛弃、不放弃，在任何时间、地点、状况下，这都是我们应该坚持的。努力改变现实，主动顺应社会，真心帮助朋友，坚持梦想，永存希望，用平淡的行为做出杰出的成就。

坚持梦想，总有一天你一定会实现它。不管你会在此过程中经历到什么，都会慢慢沉淀，变成你人生中最珍贵的回忆和人生体验。不论成功或是失败，都是值得的。

面对失败要保持好的心态，一次失败不代表永远的失败，只要在失败中汲取教训，就会在下一次比赛中增加成功的把握。不要因为一次失败就放弃，坚持还有可能成功，放弃一定失败。

公平是相对的，每个人心里都会对正确和错误有自己的分辨，没有绝对的公平，站在不同的角度上自然有不同的看法，不能因为这而抱怨，要坚持自己的原则，坚持真理、接受现实。

心态很重要，在社会中往往会感觉不如意，但是不能因为这小小的失败而放弃，要乐观坚强地面对，公正是相对的，努力改变自己适应社会才是正确的。

○聚魂励行 创和谐集体

班级文化是校园文化重要组成部分，良好的班级文化能给学生一种精神上的感染、吸引、熏陶和影响，对增强班级凝聚力、培养团结向上的班风，促进学生全面发展都具有十分重要的作用。合理的学生干部配置、健全的班级规章制度、良好的班组文化建设是提升班组凝聚力、提高学生归属感的良径。辅导员作为大学生班级文化的设计师，在这一篇章中，将从物质、制度、精神、行为文化等方面阐释班级文化建设，帮助学生提高思想政治素质和科学文化素质，促进学生快乐学习、健康成长、全面发展。

□常青藤

学生干部要做到“一二三四五”

作者：钟小要（仪器科学与光电工程学院）

导读：如何做一名让同学喜欢、佩服、拥护，又让老师认可、满意、放心的学生干部，我认为要做到“拥有一种观念、改变两种作风、树立三种意识、处理四种关系、培养五种能力”。

在新学期初，有这样一个群体也开始忙碌的工作，因为他们的辛勤努力，校园里充满了五彩缤纷的生活，有了让人难忘的回忆，他们就是大学生干部。有人说：学生干部好当，但不好做。说“好当”是指当一个平庸的、无所作为的学生干部容易。说“不好做”是指要做一名师生一致公认的真正好学生干部很难。也有人说：现在当学生干部难，当大学生干部更是难上加难，如何做一名让同学喜欢、佩服、拥护，又让老师认可、满意、放心的学生干部，我认为要做到“拥有一种观念、改变两种作风、树立三种意识、处理四种关系、培养五种能力”。

一、拥有一种理念

一个学生干部必须树立现代领导理念。成为一名优秀的学生干部，必须要确立“领导”就是“服务”的新的领导理念，充分调动广大同学履行自己的民主权利的主动性和自觉性，必须充分认识客观存在的事物，一切从实际出发，深入、全面地掌握同学的思想脉搏，及时听取他们的意见，及时反映学生的思想、学习、生活等各方面的实际情况，围绕学校的中心任务开展工作，关心学校中带有全局性的大事，明确自己在全局工作中的作用，服从全局，以主人翁精神帮助学校解决问题，完成学校各个时期的中心工作，帮助同学全面成才，带领同学共同进步。

二、改变两种作风

（一）功利之风：一部分学生干部任职的初衷不良，就是为了评优和入党，为以后就业谋取便利。所以，经常会出现有些干部入党前积极踊跃，入党后明哲保身，甚至对集体的事情不闻不问，在工作中患得患失，为同学服务的意识相当淡薄。

（二）官僚之风：很多学生干部都没有把握好自己的角色，错误地把职能当成了权利。这不仅暴露出年轻人的不成熟，也说明部分学生干部没有认识到学生会最基本的代表性、服务性的性质。而目前很多学生干部的培养方式都是高年级学生带低年级学生，这样就很容易出现学生干部官僚化的怪象。

三、树立三种意识

（一）树立奉献意识。选择了学生工作就意味着选择了奉献。理想和现实总会有差距，只有做到甘于奉献、乐于奉献，才能在奉献中淬炼青春、在奉献中成就价值、在奉献中实现理想。

（二）树立责任意识。学生日常工作千头万绪，复杂琐碎，但细节决定成败，小事成就大业。正是这些平凡的工作，最能体现一个人对待工作、对待同学、对待老师的态度，最能体现一个人的事业心和责任感，最能体现一个人的精神面貌。

（三）树立争先意识。要摒弃甘居人后的观念，立足本职工作，确定创先争优目标，用心谋划思路、用心研究办法、用心组织实施，确保各项具体工作高质量、高标准、高效率地落到实处，同时个人学业方面也要具备先进典型，成为同学们前进发展的方向标。

四、处理四种关系

（一）处理好工作与学习的关系：学生干部，顾名思义，既是学生，又是干部。但要谨记，你首先是个学生，然后才是干部。作为一名学生，你在学校的主要任务是学习，而工作是次要的。作为学生干部，你又必须承担一定的社会工作。要为自己建造另一种充满感受、思索和行动的时钟，主动去驾驭时间，合理地分配自己的时间去工作和学习，随时抓住可利用的时间处理工作和学习的矛盾。

（二）处理好学生干部与老师的关系：师生关系是大学生最重要的人际关系，也是大学生干部首先必须处理好的人际关系。从教师的传道、授业、解惑，学生的从师求学、拓展知识角度出发，建立尊师爱生、教学相长、亦师亦友的密切师生关系，是大学生干部圆满完成学业的需要。学校领导和老师的点拨、指导可以使工作少走弯路。

（三）处理好学生干部与普通同学的关系：“水能载舟，亦能覆舟”，搞好同学关系，建立良好的群众基础，对大学生干部工作的顺利开展是很重要的，另外深入同学中征询意见，可以了解动态，受到启迪，同时也会得到他们的支持。

（四）处理好学生干部与学生干部的关系：学生干部之间有时既是竞争对象，又是合作伙伴。学生干部要正确对待和处理竞争与合作的关系，学会在竞争中合作，在合作中竞争，既要平等竞争，又要真诚团结、精诚合作。

五、培养五种能力

（一）组织能力：如何把性格各异、素质不同的同学组织成为一个集体，是考验学生干部的重要一课。要做到这一点，首先要善于思考，要思考如何开展工作，怎样才能把工作干得更好，这样才能在工作中不断改进和提高自己。

（二）沟通协调能力：良好的沟通协调能力，如同润滑剂一样可使学生干部和同学以及其他组织和群体建立密切的关系，为开展各项工作创造一个宽松的外部环境，扩大视野，开拓思路，做好各项工作。

（三）决策能力：决策是领导行为的基本功能，领导行为的效果依赖于决策的性质。学生干部应根据学校或社团、班级的特点和具体同学以及具体工作的实际情况，找出关键问题所在，权衡利弊，及时作出有效可行的决策。

（四）分析判断能力：学生工作往往纷繁复杂，这需要提高自己分析、判断各种信息的能力。特别是对当前同学中存在的各种思想、各种表现和各种行为要明辨是非，没有正确的分析和判断，就没有正确的决策，也就没有正确的领导行为。

（五）创新能力：学生干部的工作需要传承，更需要创新。要因地制宜，能结合学校的特点，组织有特色的活动，开展有特色的工作，要敢于超越自我、超越前辈。也就是说工作要有新的思路、新的方法、新的点子、新的突破。

原来学生干部也不容易呀。之前看班里的干部也就是发发通知，组织组织班会，没想到他们在背后付出了那么多的努力。我们班的班干部虽然还没文章中写的那么好，但已经是棒棒哒。

“麻雀虽小，五脏俱全”，虽然班干部只是服务了一个班级40几个人，但是想让这40几个人都满意也是不容易的，如果不能严明律己、严正公明，那么注定不会受大家的拥护。

看了辅导员的文章，我感觉或许可以叫“如何塑造一个优秀的班干部”，哈哈！文章对班干部的方方面面都讲述得很全面，对指导班干部们权衡好各种关系具有很大帮助。

看了这篇文章，不由汗颜，我本人就是一名班干部，但是却远远没有做到文章中所说的那样井井有条，不把生活学习工作过得乱七八糟就已经很勉强了。看了文章，我了解到，我只是没有规划，做事前想得太少，今后按照文章指导、提升自己才是。

如何让党建工作“接地气”？

作者：范鹏飞（仪器科学与光电工程学院）

导读：在“点”上着手，争取亮点塑造；在“线”上着力，功能党小组联动；在“面”上着眼，支部整体推进提升。以点辐射，党员之星熠熠生辉；以线拓展，党组织强强联合破解发展困惑；以面对接，引领同学创先争优争创一流。

2013年4月，仪器科学与光电工程学院党委在全院学生党员中启动实施大学生党建亮化工程，在全体同学中叫响“从我做起、向我看齐、对我监督”，充分展示大学生党员的良好风貌，提升基层党支部的影响力和感染力。

亮己　亮群　亮他

院党委启动实施大学生党员亮化工程，通过树立典型找准点，分类并举连成线，影响同学形成面，点线面深度融合，形成了大学生党建亮化工程的三维模型。

亮己：提升党员自身素质，培育党员亮点。党支部和所有学生党员对照党章和学生党建亮化工程通知要求，结合自身实际，在达到党员的标准之外，更加凸显自我优势，发掘亮点。在“点”上着手，不断培育和塑造党员亮点，明确努力的目标，获得前进的动力，强化自我优势，提升自我素质，使亮点更具有旗帜作用。党员亮点照亮你我，形成各有所长、优势互补的局面，使每个大学生党员得到全面发展、全面成才，进一步强化了党员的形象教育。

亮群：构建功能性党小组，打造品牌党支部。进一步创新党组织设置形式，设立功能性党小组。功能性党小组的建设根据工作需要和党员队伍实际确定，结合其岗位职责和党员服务承诺的内容，在与党员进行充分商议的基础上，确定各类党小组人员。充分发挥党小组社会协同作用，各功能党小组之间紧紧围绕成才目标相互学习，在“线”上着力，功能党小组联动，形成品牌党支部，不断强化大学生党建亮化工程的组织光芒。

亮他：影响和带动全体同学共同成长。在“面”上着眼，整体推进提升，形成纵横交叉、整体覆盖、全员参与的网格化格局。以“亮身份、树形象、做贡献”为总要求，不断完善大学生党建亮化工程的“光圈”塑造。建立党支部、党小组、党员三级责任主体的全覆盖责任体系。明确各责任主体在责任区的责任、目标和要求，建立党员责任区工作机制。通过“三个一方式”，即每个党小组联系一个班级、承担一份工作、改善一方面的相关状况；采取“1＋n＋n＋……”的链式结构，拓展大学生党建亮化“光圈”。

以点连线　以线带面　以面成体

大学生党建亮化工程自实施以来，已从最初的一个年级拓展至整个学院，参与党员人数287人，支部19个，项目在实践过程中不断丰富、完善和发展，真正实现了以点连线，以线带面，以面成体，形成点、线、面三位一体的党建工作模型，构建全方位、多渠道的学生党员常态化教育管理服务体系。

同时，针对不同专业、类型学生党员的特点，建立健全分层次、分类别的党员实践平台，探索学生党员服务同学、服务集体、服务社会的路径方式，在服务他人中感受教育的熏陶。此外，项目运行中系统地整合设计了学生党支部工作规范化、学生党员管理目标化、学生党员教育全程化建设、学生党员素质提升计划、功能性党小组创建、学生党支部品牌打造六个工作模块。在全体学生党支部和学生党员中开展了学生党员岗位承诺活动等主题实践活动，为学生党员加强党性锻炼、发挥先锋模范作用搭建平台。

院党委还落实层级责任，构建了大学生党建亮化工程督导考核长效机制，十余项制度的相继出台，使得该院大学生党建亮化工程的制度框架基本成形；对党支部、党小组、学生党员开展责任区工作情况实施过程检查督导和量化考核，考核结果要与党支部（党小组）工作考核、民主评议党员和评优活动等挂钩，充分调动党组织和学生党员的工作积极性与创造性；发挥大学生党建亮化工程直射和反射功能，建立网格互联互动机制，坚持分“格”不分家，做到责任互动、优势互补、信息互通、成果共享。

通过大学生党建亮化工程实践总结党建规律，通过党建规律的研究促进大学生党建亮化工程的开展，形成了“明确主题、突出重点、加强研究”的工作思路，取得了明显成效。进一步提高了大学生思想政治教育实效性和针对性；增强了学生党员三自能力，充分发挥了学生党员的先锋模范作用；完善了党、团、学三位一体的学生教育管理服务体系，提升了学生工作的影响力和感染力。

院党委在“点”上着手，争取亮点塑造；在“线”上着力，功能党小组联动；在“面”上着眼，支部整体推进提升。以点辐射，党员之星熠熠生辉；以线拓展，党组织强强联合破解发展困惑；以面对接，引领同学创先争优争创一流。大学生党建亮化工程大力延伸了党建工作触角，进一步扩大了党组织的覆盖面和影响力。

“以点连线　以线带面　以面成体”，党建工作是一个持续不断的工作，积极号召学生学习党的知识，从内心优化每一个人，这样才可以全面持续地进行。

每一件事做好的前提都是从自己做起，大学生党建亮化工作更要求每个人从自己、从身边的小事做起，在各个方面体现我们的素质和责任。

“接地气”就是要面向同学，所做的一切工作都要面向群众，这样群众了解你，才会支持你，更会拥护你；同时作为学生，我们也要严格要求自己。

以不同的方式、不同的视角来延伸党建工作，可以极大地覆盖并且影响同学，提高大学生思想政治教育实效性和针对性，增强了学生党员“三自”能力。

犀利仁师“寝室矛盾”和谐篇

作者：杨乾坤（管理学院）

导读：能在一个屋檐下生活四年是一种缘分，这些生活的内容甚至是打打闹闹都会成为最美的回忆，而你们也将成为一生的挚友，何不一起书写一本积极、向上、友善的大学自传——《我的宿舍》?

案例叙述：宋文文因为家中遇到水患而流离失所，一夕之间家破人亡，到京城投奔亲戚，亲戚假装不认识，终于沦落到即将要饭的地步。宋文文为了求得安稳的生活参加弘文学院（类似大学）应试，“学霸”宋文文通过了考试，并拿到第一名获得全额奖学金，学费全免，展开了她的就学生涯，却没想到遇上了天字第一号敌人范大同室友。范大同，户部侍郎之子，身材魁梧壮硕，身手矫健，人如其名，饭量超大，因而有“饭桶”的别名，天生少根筋，但全身上下除了体育细胞比别人发达外，一看到书他就打瞌睡，来弘文学院也是为了追求慕容月。就这样，两个人成了一对室友。宋文文买不起校服在宿舍亲自做校服，范大同惊讶不已，跑去一边睡觉，但宋文文做衣服吵得他不得安睡，两人因此大吵大闹；范大同因过敏而发烧，烧得神志不清，宋文文打来水替范大同擦脸，悉心照顾他，范大同康复后见宋文文累得像狗，又打趣她，宋文文冲他发火发泄心中怨气；宿舍奖学金让“学霸”宋文文大骂连“学渣”都称不上的范大同成为自己的绊脚石，两个人的矛盾再次升级，宋文文抱怨自己为什么会和“大饭桶”一个寝室（注：案例来源于《犀利仁师》提炼）。

案例分析：从上文案例中可以看出，该寝室产生直接冲突的3个事件分别是“范大同觉得宋文文晚上做校服打扰他休息”“宋文文照顾生病的范大同不但没有感谢反被嘲笑”“宋文文抱怨范大同成绩差影响自己获得宿舍集体奖学金”。第一个事件在现在的大学中相当普遍，很多寝室矛盾都是从相互影响休息产生的，一方面很多学生在来到大学前还没有过集体生活的经历，学习生活都是以自我为中心，觉得自己什么时候休息，大家也要什么时候休息，稍有不同便恶言中伤，另一方面，作为个体打扰到周围人，不能良好的沟通，反而采取不利解决问题只会扩大问题的言语中伤，“我就是要这么做，又怎么样”；第二个事件在大学也相当普遍，本来相互帮助是一件很好的事情，但在如今大学寝室中，总会出现“被帮助者”不感谢“帮助者”，反而觉得理所当然，因为他们在家里就是这样被父母照顾的，帮助者是带着希望被感激的心理去帮助的，没有得到感谢也令自己非常气愤，“以后再也不会帮助他了”；第三个事件在现在的大学里也相当普遍，一个寝室，如果大家对于学业的态度不同，而当面对寝室集体奖项时，也会经常造成寝室矛盾。

解决办法：从上文的分析可以知道引起该案例寝室矛盾的三个根本原因分别是生活规律不同、不善于沟通、对待学业态度不同。当面对这些问题时，很多同学往往选择的是要求调换寝室，逃避问题，而不是勇敢面对问题、解决问题。那么，当我们面对这些问题时，该如何解决呢？

（一）针对生活规律不同，可以讨论约定一个大家都认可的休息时间，等到了这个时间，大家都必须停下手中的事情，马上休息，当然这个办法也只能在短时间内有效，最重要的是能让他们互相体谅、互相尊重。

（二）沟通的方式是顺利沟通、消除冲突的前提，而沟通的技巧则决定了沟通双方消除冲突的程度。要做到真诚待人、相互理解、彼此信任、善于聆听，不逞一时口舌之快。

（三）对待学业态度的不同，也反映了集体意识的缺失，这就要求大家在面临困难时，互相帮助、互相学习，以“宿舍人”的身份考虑问题，而非自私的“个体”，多参加集体活动，室友有困难要热心帮助，自己有困难也要学会主动寻求帮助。

结语：能在一个屋檐下生活四年是一种缘分，这些生活的内容甚至是打打闹闹都会成为最美的回忆，而你们也将成为一生的挚友，何不一起书写一本积极、向上、友善的大学自传——《我的宿舍》？

寝室矛盾的根本原因主要是生活规律不同、不善于沟通、对待学业态度不同。当面对这些问题时，很多同学往往选择的是要求调换寝室，逃避问题，而不是勇敢面对问题，解决问题。这样是不对的。

针对生活规律不同，大家可以讨论约定一个大家都认可的休息时间，等到了这个时间，大家都必须停下手中的事情，马上休息，当然这个办法也只能在短时间内有效，最重要的是能让他们互相体谅、互相尊重。

沟通的方式是顺利沟通、消除冲突的前提，而沟通的技巧则决定了沟通双方消除冲突的程度。要做到真诚待人、相互理解、彼此信任、善于聆听，不逞一时口舌之快。

能在一个屋檐下生活四年是一种缘分，这些生活的内容甚至是打打闹闹都会成为最美的回忆，何必非要把寝室关系弄得非常紧张？相互尊重非常重要。

大学室友不同于其他朋友，室友是真正渗透到每个人生活的各个部分的，在一起的快乐有之，在一起的烦恼有之，总之室友是与自己分享经历更多的人。

我的班级“化整为零”

作者：刘开阳（管理学院）

导读：好的校风、班风是学生成才的关键性因素，在班级建设中，唯有化整为零，方可化零为整。借力打力，事半功倍，选拔培养好班级干部；爱在心里，严在制度，做到恩威并重；寸有所长，尺有所短，因材施教，注重“少数”，化零为整。

“好的校风、班风是学生成才的关键性因素”，这句话不仅适用于初等教育阶段，也同样适用于大学阶段。班级作为促进大学生全面发展的重要组织载体及高校教育管理工作的基本单位，一个具有良好班风、积极上进的班级，能给班上每位成员营造一个良好的成才环境，塑造健全的人格以及奋发向上的斗志。辅导员是班级管理的领导者、组织者和教育者，是院校与学生间承上启下的桥梁，起着辅助院校开展各项教学工作，指导学生学习，加强班级各项行政管理职能等重要作用。所以，只有将每个班级建设好，才能把学院建设得更好。

在班级建设中，唯有化整为零，方可化零为整。那么，在“化整为零”的这个环节里，我们如何才能做得更好呢？

第一，借力打力，事半功倍，选拔培养好班级干部。“班级”所对应的主体是学生，我们应充分发挥学生的主体作用，而选拔和培养班干部则是实现班集体建设目标的组织保证，也是建设优良学生集体的重要力量。面对9个班级四百余名学生，单靠我自己的力量，是很难完成学生管理这项重要工作的。因此，建设一支思想上可以信赖、学习上比较优秀、热心为同学服务的学生干部队伍是非常重要的。辅导员工作要想得心应手，需要一批强有力的班干部帮手。

在班级干部的选择上，尽量根据个人学习成绩、班级群众基础等开展公平公开竞选，接受学生投票，最后经过面试、笔试两轮考核，辅导员综合考量的方式产生班干部团队。在培训中，可以以“一带一”的方式，由上一年级的优秀学生班委带领新班委熟悉业务、传授班级工作的技巧及注意事项，这样既高效又能保证信息实属实战检验，不脱离实际。在管理过程中，我们还要注意信息的透明、机会的公平，只有这样才能提高班干部在班级的公信力，从而提高其在班级中的办事效率。

第二，爱在心里，严在制度，做到恩威并重。一方面，爱在心里。意大利著名教育家米契斯说："教育与情爱是池与水的关系，教育是池，情爱是水，教育中没有情爱，就成了无水之池，任你方形也罢，圆形也罢，总逃脱不了一个内容——空虚。"古今中外，一切教育家和优秀教师，之所以在教育上获得成功，最根本的一条是热爱学生，以爱育人。爱可以架起师生相互信任的桥梁。教师热爱学生，学生把教师当成可以信赖的人，消除心理障碍，敞开心灵的大门，才能及时、如实反馈班级情况，倾吐内心深处的秘密。所以，只有辅导员热爱学生，才能建立起和谐的师生关系；只有建立起和谐的师生关系，才能消除学生的心理障碍，增强辅导员班级管理工作的有效性。

另一方面，严在制度。没有规矩不成方圆，"严慈结合"是构建和谐师生关系的重要保证。所谓"严"，就是重视班级制度的建立、班级工作的管理，严肃学风，令行禁止；所谓"慈"，就是关心、爱护学生。二者并不排斥，而是可以并行的。我们说要"抓在细微处，落在实效中"，而想要做到这句话，就要根据班级实际情况对学生日常行为习惯提出严、新、细的要求。其实，班级管理就是在这些细节中生成的。因此，辅导员应正确处理爱与严的关系，做到爱中有严、严中有爱、严爱有度、恩威并重。

第三，尺有所短，寸有所长，因材施教，注重"少数"。管理学中的"木桶效应"人尽皆知，而这一理论同样适用于班级管理，把班级的"整体"化成多个"零散"的对象。我们发现有一些学生，就是我们说的"问题学生"，他们恰是这个班级的短板，对班风、学风有着颇大的影响，我们可以利用"长板"的带动效应，建立学习小组，并且进行专业内的班级PK，以此提高学生的学习积极性。同时，我们还要以鼓励学生为主、鞭策学生为辅，定期与该部分学生进行思想交流，做到重点关注而又不限制禁锢，并依据其特点设定专门的教育计划，只有这样，我们才能让"短板"转变为"中板"，进而提高班级的整体情况。

总的说来，要驱散他人心中的迷雾，自己心中就必须拥有阳光。辅导员要运用科学的班级管理方法，把工作落到实处、细处。辅导员是教育者、领路人，只要辅导员心中拥有太阳，洞悉学生的心理，对学生教育动之以情，晓之以理，持之以恒，和风细雨，定能润物无声。也只有从关注班级这样的基本单位开始，将学院工作“化整为零”，一步一个脚印地做下去，我们才有可能组织协调好一个学院的工作，为整个学院的同学创造一个良好的教育环境，最终实现“化零为整”。

建设一支思想上可以信赖、学习上比较优秀、热心为同学服务的学生干部队伍是非常重要的。辅导员工作要想得心应手，一定需要一批强有力的班干部帮手。

班干部选取应该方法得当，这关系到一个班级全体同学的学习生活发展，老师的班干部选取方式引发了我的思考，是值得拿到台面上讨论的典型方式。

意大利著名教育家米契斯说：“教育与情爱是池与水的关系，教育是池，情爱是水，教育中没有情爱，就成了无水之池，任你方形也罢，圆形也罢，总逃脱不了一个内容——空虚。”

“爱是永恒的主题。”古今中外，一切教育家和优秀教师，之所以在教育上获得成功，最根本的一条是热爱学生，以爱育人。只有辅导员热爱学生，才能建立起和谐的师生关系，只有建立起和谐的师生关系，才能消除学生的心理障碍，增强辅导员班级管理工作的有效性。

“严慈结合”是构建和谐师生关系的重要保证。二者并不排斥，而是可以并行的。因此，辅导员应正确处理爱与严的关系，做到爱中有严、严中有爱、严爱有度、恩威并重。

谈谈我的“三板斧”

作者：刘开阳（管理学院）

导读：辅导员是高等学校从事德育工作，开展大学生思想政治教育的骨干力量，是大学生健康成长的指导者和引路人。“学高为师”，内化修养，从而看问题有高度；“身正为范”，以身作则，从而得尊重立威信；“博爱为源”，心心相印，从而激潜能筑梦想。

从事辅导员的工作已有一年，酸甜苦辣咸皆已尝遍，有时因成就感而欣喜，有时却被挫败感淹没，一年的成长，自己已经完成从一个学生到老师的转变，性格已经从柔弱渐渐变得坚强，心理也逐渐走向成熟。

作为高等学校教师队伍的重要组成部分，辅导员是高等学校从事德育工作，开展大学生思想政治教育的骨干力量，是大学生健康成长的指导者和引路人。虽然工作很烦琐，但点滴之间对学生却影响深远。

第一板斧：“学高为师”，内化修养，从而看问题有高度。

作为思想政治工作者的辅导员，不能单纯做学生的“保姆”，“既当爹来又当妈”，只满足学生不出意外伤害，整个人仅忙于日常的事务管理，是不可能“传道授业解惑”的，辅导员应该从琐碎的事务中解脱出来，高屋建瓴地把握大学生的思想动态。作为一名指导者，在思想上指导学生，在学习和生活上引领学生，只有站在这个高度，才能逐步锻炼大学生的综合能力。因此，辅导员应注重丰富和提高自己的知识储备，给大学生的发展领航储备能量。反之，如果没有丰富的知识储备，便不足以服人，就无法树立自己的威信，无法在大学生中形成一种理想效应，影响工作的顺利开展。如果没有完备的知识结构，就不能很好地多方面引导学生，全面发展学生的个性，完善学生的特质。如果仅仅简单地站在大学生的角度，看起来是“走近学生”了，实际上降低了自己的视野，无法从纵向和横向的高度去把握大学生，不能及时而有预见性地看到他们将来面临的问题或者最近将会出现的问题，所以，辅导员要学会跳出现有看问题，以一种全新的、更高的角度来引导大学生。

第二板斧："身正为范"，以身作则，从而得尊重立威信。

去年开学前，我用了两周的时间认真整理档案材料，记住每一个名字的读法和写法，着重关注其个人信息中的家庭情况等易影响人格塑造、性格养成的内容，并对照照片，反复记忆，对每个学生有一个初步的印象，在头脑中形成一张张"名片"。从军训开始，有计划地走访学生寝室，每天走访六个寝室，认识每位学生，直观地了解学生的情况及实际困难等，给予适当的建议和帮助。我们总希望学生踏实严谨，可我们忘了与"言传"并重的"身教"，我们的踏实工作更能给学生以深刻的影响。孔子说："不能正其身，如正人何？"这教育我们正人应该先正己。同样一句话，在不同的时候，用不同的语气，从不同人的嘴里说出，会产生截然不同的效果。当学生非常尊重你、崇拜你时，你说的话，他会非常重视；而当学生心里根本不接纳你、不认同你时，你说得再多，再苦口婆心，他也懒得听，只觉得你很烦。而这种尊敬的赢得，可能是通过你不断进取的精神，与你的爱心、你的耐心、你的正直、你的豁达、你所表现的自信心以及你的一个信任的眼神而得到的。

第三板斧："博爱为源"，心心相印，从而激潜能筑梦想。

梦想给予人前进的动力，是学生行动的内驱力，因此在辅导员工作中，如何激发学生潜能，挖掘自身梦想，让学生从"要我学"转变为"我要学"，任重而道远。每一个专业的录取分数各有不同，在所谓的热门专业或属于学校传统强项的专业里，学生自是信心满满。可在那些被调剂学生较多的专业班级里，有一些学生是高考没有发挥好才到这里上学的，所以他们的心态有不甘、有自卑、有迷茫，很多人甚至不知道将来还能否成功。这样的学生才是我们工作的重点与难点。作为辅导员，要给他们打气，通过深入的了解获悉他们的闪光点，指出并不断鼓励。无论是面对面的传统谈心式教育，还是利用网络等新兴媒介潜移默化的点滴感染，都有利于带领学生挖掘自身梦想，重燃生活斗志。

新时期的辅导员工作必须贯彻"与时俱进"的工作精神，要时刻站在时代的端口，时刻站在思想的前沿，根据学生们的现实情况和工作条件，拿出契合实际的举措来。一年的实践让我得出辅导员工作的"三板斧"，在日后的工作中，定会不断总结完善、反复锤炼。

辅导员老师在管理班级工作的同时应该提升自己的知识储备与素养。学习是一个人进步的必要手段，只有自身层次高了才能有效地管理班级。

辅导员首先要是一个指导者，能在思想上指导大学生，在学习和生活上引领大学生。只有站在这个高度，才能逐步地锻炼大学生自身的能力。

老师用了两周的时间认真整理档案材料，记住每一个名字的读法和写法，着重关注其个人信息中的家庭情况等易影响人格塑造、性格养成的内容，实在难能可贵。

梦想给予人前进的动力，是学生行动的内驱力，因此在辅导员工作中，如何激发学生潜能、挖掘自身梦想，让学生从“要我学”转变为“我要学”是一个重要环节。

在将近四百人的年级里，熟悉每一个人是一个庞大的工作，相信辅导员在这方面一定下了很大的工夫。辅导员加油！

莫让评奖评优伤了咱的心

作者：杨乾坤（管理学院）

导读：年度的奖学金评比如火如荼地进行着，因奖学金评比导致的各种矛盾也逐渐凸显，影响着班级同学之间的关系乃至班级的凝聚力。通过对评奖评优目的阐述，评奖评优政策解读分析，具体评优项目要求解析，让同学们充分了解评奖评优的内涵与实质，切莫让评奖评优伤了咱的心。

工作案例：开学伊始，各种奖学金的评比也如火如荼地开始了。评奖评优本是一件好事，但在评奖评优的过程中，也再现了一些不太好的事情，经整理大致分为以下三类。

（一）由于某些学生对评奖评优的政策、意义的理解不深刻，导致自己与周围同学之间产生了隔膜，最终导致班级的凝聚力变弱。

（二）部分获奖同学特别是在这次评奖评优的过程中，拿到国奖、国励、一等奖的同学，本来他们和班级同学、寝室室友关系很好，但在评奖结束之后，反而感觉自己被孤立了，与周围同学出现了隔膜。

（三）部分拿到奖学金的同学尤其是拿到二等奖、三等奖的同学感觉大学已经拿到奖学金，好像“功德圆满”了，出现了对自己要求放松的势头。

案例分析：

一、评奖目的

奖学金评比目的是为了奖励那些品学兼优、综合能力强的在校大学生。

从学校的角度来说，是为了引导学生完善各方面的能力和知识体系，从而形成良好、健康的学习氛围；从学生的角度来说，能拿到奖学金的同学在各方面的表现都算是比较优秀的，而且拿到奖学金也是对自己的一种肯定。

二、政策分析解读

（一）综合测评用全面发展的观点，采用多项指标对学生各方面的素质进行全面评估，从而较为真实地反映学生在校期间的总体状况，达到检测教育效果、培养学生成才的目的。测评的内容包括德、智、体、能四个方面（具体内容及标准见《互评表》），分别占学生综合测评成绩的22%、65%、8%、5%。奖学金的评比是在综合测评的基础上进行的，即学业成绩测评占总成绩的65%，综合表现测评占总成绩的35%。因此，35%的综合表现测评成了我们关注的焦点，因为综合测评表现有加分，所以很多成绩中游而加分较多，并且测评较好的同学就有“翻盘”的机会了。这样学习成绩较好而平时比较低调的同学的总成绩就会下降，从而心生怨言，同学之间就产生了矛盾。其实我们都知道，在社会上生存只会学习书本知识是远远不够的，我们还要学习如何和别人交流沟通。大学就是一个小型的社会，我们应该在这个小型社会中掌握和别人交流沟通的能力，而不单是自己埋头苦读，两耳不闻窗外事。所以，综合表现测评是对同学和人沟通交流能力的测评。如果在测评表现中我们得到了较高的成绩，说明我们的沟通交流能力较强；如果在综合测评这方面，我们得到的成绩较低，说明我们的沟通交流能力有待提高，今后要注意这方面的培养，要和同学们多交流。所以，奖学金评比包含综合表现测评是很合理的。综合表现测评会促使我们多和同学沟通交流，增进和同学的友谊，掌握和别人交往的能力。我们不应该因为奖学金评比包含综合测评而产生矛盾，伤了同学之间的友谊。

（二）等级奖学金评选的成绩要求：一等奖学金应在学分平均成绩专业前5%同学中评选，二等奖学金应在学分平均成绩专业前15%同学中评选，三等奖学金应在学分平均成绩专业前35%同学中评选。这样是告诉大家，如果仅仅是靠互评成绩高把自己最终的综合测评成绩提上来，也是不可能拿到很高的奖学金的，这又告诉大家，“学生学生，以学为生”，学习还是我们大学最重要的事情。

（三）对三好学生、优秀三好学生的误解：参选“三好学生”需获得国家奖学金、国家励志奖学金或学校等级奖学金。“三好学生”按学生人数的10%评定，评定后再从中产生10%的“优秀三好学生”。有些同学问，自己成绩很好为什么没有评上“优秀三好学生”？“三好学生”“优秀三好学生”的评选由本人根据评选条件申请，并经年级（专业）学生民主评议，学院审核、公示后，报学校学生奖助工作领导小组审批、公布。我们的“三好学生”“优秀三好学生”不但要求成绩很优秀，另外我们也要求思想上进步，在学校、学院、班级担任学生干部，为学生服务或者积极配合学校工作，参加学校举行的活动等。

（四）对优秀学生干部的误解：在学校、学院或班级工作中做出显著成绩的学生会、班级或学生党团组织干部，热心为广大同学服务，努力做好本职工作的很多学生因为在本学年没有获得国家奖学金、国家励志奖学金或学校等级奖学金，或受到校级以上（含校级）表彰（主要有十佳大学生、优秀三好学生、三好学生、优秀党支部书记、优秀党员、优秀青年标兵、优秀团员、优秀团干、优秀社团干部）者是没有资格申请优秀学生干部的。

由于某些学生对评奖评优的政策、意义的理解不深刻，导致自己与周围同学之间产生了隔膜，最终导致班级的凝聚力变弱，所以班级委员在该项工作上也应该做好宣传总结工作。

奖学金只是一个学习成果评定，我们应该相信相关政策已经成熟，会有一个公平的评定。再说学生还是以学习为重，奖学金只是鼓励学习的一种手段，万万不可让这笔金钱拉低了自己的眼界。

奖学金评比目的是为了奖励那些品学兼优、综合能力强的在校大学生的同时，鼓励其他未得奖的同学。我们应该正确认识这件事情，努力学习，努力提升自己。

从学校的角度来说，是为了引导学生完善各方面能力和知识体系，从而形成良好、健康的学习氛围；从学生的角度来说，能拿到奖学金的同学在各方面的表现都算是比较优秀的，而且拿到奖学金也是对自己的一种肯定。

写给徘徊在十字街头、茫然失措的班委

作者：王锐琴（土木与水利工程学院）

导读：忽略旁人的看法，仍旧勤恳地做好班级工作，完成学校、学院交代的任务，其实做的就是两个字——良心。孩子们，成长就是一个不断“厚脸皮”的过程，旁态左右不了你思维的同时，得有自己的原则和方向，长久积累才能“显真知，见真情”。

班委吐槽：特别累的时候，就特别希望这个世界都能理解你，但是自从当了这个班长，我也体会到了一些，既然你身在这个位置，就得一直默默地忙碌着，开各种会，做各种事。你发一堆通知，搞一系列活动，没人愿意参加，同时被唾沫淹死；把事情做绝了，大家抱怨，把事情搞松了，老师批评；要上课是你的错，大家逃课还是你的错；不被准假是你的错，查课没假条还是你的错；别人心情不好，可以甩脸子，安排的工作就可以不做，而你却不能说“不”。你心情不好，只能自己憋着，该做的还得做。你发的通知，大家看不到，会说你怎么通知的。别人发的通知，你没看到，别人会说，你是干嘛吃的。也许我这个说说发出来了有人看到还是对我不屑一顾。但是也都活十七八岁了，厚脸皮早就学会了。一句话说白了，班级工作难做的不是工作，是人心……

或许，大学的班干部不再是那个只要学习好、听老师话就能做好的职务了。对你们而言，这个特殊的一年里，6 月，你们送走了同伴，留在记忆的欢送会，承载着对大学的憧憬；8 月，你们踏进大学校园，一切都是崭新的，你们好奇，希望有一个好的开始！你们崭露头角，很快赢得老师和同学的肯定。一份责任、一份付出、一份期待……你们稚嫩的肩膀上开始挑起一个家庭建设的重任。为了班级，你们无私奉献、呕心沥血。或许，你们将担当的责任作为送给自己最好的成人礼。

炎热的夏日，军训休息，大家倚在树荫下的时候，你们却在一旁给同学们冲糖水，补充体力；深夜，你们带着朦胧和满身疲惫查寝结束，害怕吵醒宿舍同学，和衣而卧。思乡的秋天，离家的孩子诉说想家的难过，暗自落泪的时候，你们召集小伙伴们一起玩耍，给他们营造异乡温暖的家；寒冷的冬天，清晨，大家躲在被窝迟迟不愿爬起来的时候，你们早早起来，一个个宿舍挨个叫着，洗漱出操。迎新晚会，你们挖掘班上同学才艺，鼓励他们积极展示；广播操比赛，你们组织同学，一丝不苟进行训练；时值冬至，组织全班包饺子；圣诞节日，你们亲手给同学们包上平安果，送出自己暖暖的祝福……点点滴滴，用心记录，是责任，更是爱。

地球人都知道，被人误解，被人埋怨，不被人支持的时候，你们也会伤心、委屈、抱怨，甚至产生放弃的念头。在你们质疑自己的时候，向你们说的，“班级工作难的不是工作，而是人心”。看到这些，想到这里，我会觉得心疼，心疼你们都是在父母怀中保护长大的宝贝，现在却要照顾班级同岁孩子的饮食起居，心疼你们选择这份承担，不论前面多么坎坷，却不曾放弃过前行。

细细想来，辩证看待，琴姐觉得这些话，可能对你们对职位的理解有点帮助，对你们工作的方向有点启发。

一是用情感管理班级。班委是学生，一定要记住你们和大家的关系首先是同学关系，然后才是干群关系。我们都佩服的学生不是管不管纪律的学生，而是他在综合素质上发展得如何？他个人的人品如何？情商如何？班委在这个平台上，锻炼和发展个人能力，不能光为了管纪律而忽视了自己的发展。用魅力去征服你们的同学，而不是头衔！

二是充分发挥自身的非角色影响力。作为学生干部，对同学们的影响力来自两方面：一方面来自学生干部这个角色本身，因为你们是班委，角色赋予你们一定的权力，你们的话比一般同学的话有影响力；另一方面来自学生干部这个角色之外。比如因为你是学霸，学习特别牛、人缘特别好、乐于助人、不喜欢计较，等等，同学们愿意接受你的影响。这种影响力与学生干部角色无关，就叫做非角色影响力。这恰恰解释了为什么有些人在班级里什么干部都不是，却能得到大家的拥护。

三是较好地使用评价标准。人在评价上容易使用双重标准，对人严对己宽。学生干部都是普通学生，都会有自己的缺点和不足。在这种双重标准下，有时候，我们过于渴望外界给予我们的肯定，却忽视自己内心的评判，当工作被否定的时候，感受不到自我价值的实现，容易“心累”。琴姐呼吁我们的普通同学，常常来点心理换位，替学生干部想想，就会感到他们也不容易，就会彼此多一些理解。相互理解不是很幸福的事吗？我也希望我的学生干部，你们需要做的不是怎样管好别人，而是管好自己，对别人还是需要多些宽容。有句话叫作“打铁先得自身硬”，小伙伴们，加油吧！

四是认真做实每一件小事。学生干部对工作负责，不是仅仅表现为简单地把老师布置的工作完成，或者仅仅是下达一个通知，而是多动脑筋、多想办法，真正把工作做到实处。想想看，亲们，想想你们是不是在上面几点上存在认知误区？为什么出现这样的认知误区呢？这与你们的经历和性格有关。你们可能需要班委这一职位，实现自身价值，于是用潜意识的心理需要方式，当这种方式出现问题，你们可能马上跑到另一个极端。比如说，学生管得太严，到不再管班上的工作。现在，你们需要的就是照上面说的进行认知调节，以一种自然的平等的心态和大家交往。这样，同学们肯定不会因为你们的认真工作而把你们当作敌人。

很多时候，做久了，就会发现自己对于别人的看法淡漠了，俗话称“脸皮厚了”。其实不乏科学道理。忽略旁人的看法，仍旧勤恳地做好班级工作，完成学校、学院交代的任务，其实做的就是两个字“良心”。孩子们，成长就是一个不断“厚脸皮”的过程，旁态左右不了你思维的同时，得有自己的原则和方向。最后，琴姐想告诉你们，更多时候工作不是做给人看的，长久积累才能显真知，见真情，希望你们在班委的路上越走越“踏实”！

能力越大，责任越大。班委不能不关注同学们的看法，但同时也不能过分关注。同学们有益的建议、提醒，能推动班委成长。但是同学们的不理解、抱怨等，若是影响了班委的心态，我想这是整个班级的悲哀。

辅导员的话说到我的心坎里了，我是一名做了3年的班委了。若是我在3年前看到这篇文章，我想我当年也不会把自己搞得灰头土脸。我现在基本就是辅导员说的“厚脸皮”状态了，哈哈！

一个班的同学来自五湖四海，每个人的生活环境都不尽相同。班委开展工作的出发点肯定是为了大家好，抑或是符合了大多数同学意愿，但是难免会有同学有情绪。这就需要班委们多和同学交流，多换位思考，与同学们一起构建和谐班级。

看了这篇博文才知道，原来班委们受了那么多“委屈”。班级不是班委一个人的，我们要一起努力才是。我们也不能一味地要求班委们提供高质量的“服务”，也应该为班委们想想，多几分理解，多几分包容。

破除“三巨头垄断”，形成班委合力

作者：梁海涛（交通运输工程学院）

导读：在班级管理中，班长、团支书、副班长“三巨头垄断”现象普遍存在，破除“三巨头垄断”，需注重班级干部民主选拔，加强班级干部综合教育，给予班级干部充分信任，开展班级干部全员考核，方能形成班级合力，推动班级良好学风、班风的形成，增强班级凝聚力。

在班级管理过程中，随着时间的推移，往往会出现这样一种现象：班级七八个班委中，班长、团支书、副班长角色越来越突出，其他班委作用越来越弱化。我暂且称这种现象为“三巨头垄断”。那么如何避免这种现象的出现，从而充分发挥所有班委的作用呢？

一、民主选拔，打造强有力的班级干部队伍

正所谓“火车跑得快，全靠车头带”，那么在学生班级管理中无疑班委就成了这里的“火车头”，班委会的作用直接关乎班级班风、学风和整体凝聚力。所以，班委的选拔就尤为重要，在进行班委选择之前，最好开展一次简单的人际关系调查，了解人际关系较好的同学，提前做到心里有数。在班会中，要充分调动同学们参与选举的积极性，让他们讲一讲对班委的认识以及对今后工作的简单计划。在之后的选举中，采用民主选拔、辅导员老师综合把关的方式，这样既保证了班委选择的公平性，同时又能保证班委会结构和成员能力的完善和互补。由于班干部是通过学生民主选举产生的，所以能得到学生的信赖和支持，有利于他们创造性地开展班级活动，也利于增强班集体的凝聚力。

二、加强教育，培养高素质的班级干部人才

在平时的工作中，要加强对全体班级干部的教育和管理，提高班委的

责任意识，同时通过讨论和交流明确各个班委的具体职责，并且要在今后的工作分配中做到责任到人、全员调动，不能完全依赖班长、团支书和副班长，应充分调动其他班委的积极性。

同时要注重班委个人能力的培养，这主要包括人际交往能力、组织协调能力以及突发事件应对能力等。辅导员老师通过日常与班委的接触以及充分利用班委会议平台对班委进行统一培训，不断提高班委的业务能力，提升班委在班级中的威信，以利于其顺利地开展日常工作。

三、充分信任，建设有威信的班级干部队伍

在处理班级事务时，在保障根本原则不变的前提下，对所有班干部要充分信任，大胆放权，鼓励创新，耐心听取他们在班级管理方面的合理化建议，并根据实际情况予以采纳，尊重其独立自主处理班级事务的能力，给他们足够的信心和成就感，以充分调动他们的工作积极性，使班级干部真正成为辅导员老师的左膀右臂。

四、定期考核，注重全方位的班级干部考核

班长、副班长和团支书在班级日常管理中，处理的班级事务相对较多，容易出效果和成绩，在考核中有内容可讲，容易获得老师的认可。而其他班委的工作相对范围比较窄，工作细分比较彻底。要充分发挥全体班委的合力作用，就要重视对“边缘”班委的考核，要尊重并肯定他们的日常工作，让他们认识到平时所做的工作同样是不可或缺的，同样在班集体的建设中起着举足轻重的作用，长此以往，他们自然会找到自身的存在感，在今后的工作中也就能够更加主动。

班委会的管理以及班委作用的充分发挥，同样是辅导员个人能力的体现和个人魅力的延伸。充分发挥所有班委的作用，避免班级出现“三巨头垄断”现象，对辅导员工作的开展以及班级的管理起着举足轻重的作用。

我们班还真像辅导员博文里提到的存在这“三巨头垄断”现象，不过好在这3人组成的“火车头”，给班级带来了强大的向心力和前进力。不过我们的确不能仅仅靠这三个人，其他班委也要行动起来，班级会更好的。

其实“三巨头垄断”也不全怪班委，主要还是学校、学院的制度问题，大多数安排下来的事情，都是直接找三位“巨头”，自然而然这三位的威信、地位就深入每个同学的心中，当然不自觉的也就弱化了其他班委。

我现在大三，感觉学校安排的事情没有那么多了，班长、副班长、团支书，分工明确，完全可以驾驭得了整个班级的运行。当然变革是好的，但还是要慢慢来，从大一入学时抓起才能起到事半功倍的效果。

辅导员博文里提到的定期考核，我认为很有必要。每个人都有情绪不稳定、发挥不好的时候，如果因为这个原因给班级造成损伤，那实在是不值当。定期考核，不单单是对班委工作绩效的评价，也是对他们工作的信任与肯定。

辅导员说得对，这种垄断局面是该解决了。其他班干部在班级里的地位真的有些尴尬呀。大家有事也不找其他班干部，即使这是在他们的职权范围内。还有一问题，就是同学们找了，其他班干部也不一定能解决，因为学院对这些班委都没有这方面的培养。

我感觉，其他班委在同学们心中的印象，从大一开始，逐渐减弱。大一的时候，班级会议，大家还都会到场一起讨论，但到了大二，尤其是大三，很多班干部都已经接受了“被隐退”。

大学社团干部的“四项使命”

作者：成建（化学与化工学院）

导读：社团发展之路，一方面需要学校的支持，包括资金和专业教师指导，另一方面就是要社团干部发挥主人翁精神，肩负起培养锻炼大一干事、发展社团、发展自己、服务学校、服务社会的使命，任重而道远。

近年来，随着我国高校教学管理体制改革及后勤社会化改革的推进，高校领导和老师对组建学生社团、完善学生社团建设越来越重视，也给予了更多的支持。学生参与社团活动的积极性和创造性得到了激发，高校社团得到了较好的发展。但是，发展中仍存在很多的不足，不少大一学生满怀憧憬地加入各种社团，但是一年下来很多学生都对自己的社团表示失望。

“没什么活动。”

“就是各种打酱油，打杂。”

“本来想学点东西，结果没学到什么。”

“想着锻炼人际交往能力的，也没锻炼多少，社团内交流都太少了。”

“社团没有品牌活动，没有存在感、自豪感。”……

这些是大一一年干事生活结束时，很多同学对社团的评价。可见，我国高校的社团要想让同学们有所收获，感到满意，还有很长的路要走。

社团发展之路，一方面需要学校的支持，包括资金和专业教师指导，另一方面就是要社团干部发挥主人翁精神，肩负起培养锻炼大一干事、发展社团、发展自己、服务学校、服务社会的使命，任重而道远。

培养锻炼大一的干事们。新生开学，大一的同学们信任我们的社团，加入了我们。他们的加入，不是想着来打杂、来做苦力。社团干部需要好好思考，怎样让大一的干事们经过一年的社团生活后，能有所收获。首先，社团干部要对新加入的干事们进行相应的培训，包括业务培训、礼仪培训、电脑技术培训，等等。其次，组织丰富多彩的社团内活动，加强多个部门之间的交流，让他们感受到社团的温暖，不能出现部门与部门间成员相互不认识的情况。再次，要让干事们理解社团的宗旨和活动的意义，发挥他们的主观能动性，不能把他们当苦力，仅仅安排他们做事。此外，要为社团成员提供一些学术上、生活上的帮助，比如科技创新协会，要为会员多争取参与科技创新的机会。

发展社团，发展自己。社团干部是社团的掌舵者，很大程度上决定了社团的发展和生命力，责任重大。首先，要有作为社团核心和灵魂的精神与文化。学生社团的精神和文化是社团在发展中形成的具有特色的、稳定的并为社员所认同的理想、信念、价值观和行为准则。这个精神和文化成就了社团和而不同的气质，是社团凝聚力和吸引力存在的基础，是社团建设工作的中心目标。而我国高校社团发展较晚，普遍比较缺乏这种精神和文化，社团干部更要提炼它、发扬它。其次，要有规范的制度和科学的管理。社团通常都有自己的章程，但里面的制度通常缺乏权威性和严肃性，变动幅度大。尤其对社团成员的管理，对干部的约束以及干部的竞选等涉及的制度要加以规范，并严格贯彻执行。这样社团内才更加民主，管理才更加科学。最后，要有长远而广阔的眼光，树立并及时修正社团的目标。社团干部需要了解国情、校情和同学们的需要，设立社团的目标，并积极学习了解国内外高校社团的优秀成果，借鉴经验，带领成员努力实现目标。

服务社会，服务学校。高校学生社团要有服务社会的意识。同学们在追求自身发展的同时，也追求为社会、为学校做贡献，在奉献中找到快乐和价值，获得成就感。这就要求社团干部寻找机会，发挥同学们的专业特长和奉献热情，积极为社会、为学校做贡献，从而得到广泛的认可。

社团干部们如果能培养锻炼好大一的干事们，能发展好社团，能带领社团成员积极为社会、学校做贡献，自身的能力必将得到较好地锻炼。而学生社团干部毕竟是学生，学习才是自己的本职，如果做好了干部，却荒废了学业，实在是本末倒置，得不偿失，所以社团干部们务必要处理好学习与社团工作之间的关系。

四项使命，四项责任，任重而道远。社团干部们，“雄关漫道真如铁，而今迈步从头越”，加油！相信你们！

大一一年下来，我觉得自己好像除了干活什么都没有学到，就跟着学长后面打打杂，也不知道自己做啥活动，希望社团干部能够认真负责，充分调动大一同学积极性，也让他们明白活动的意义。

作为社团干部，我带领大一的同学做一些活动，每次活动都需要花大量的时间去策划，这也不可避免地荒废了学业，成绩可以说直线下降。看到这篇文章后，我会处理好学习与工作的关系。

“服务学校，服务社会”，这是我当初加入志愿者社团的初衷。这一年志愿活动下来，虽然有时觉得很累，但是自身也得到了极大的满足，我会继续努力下去，希望能够带领更多的同学参与到志愿服务中。

这篇文章给予我很大的启示，这四项使命，让我感到巨大的责任，也让我有大干一场的欲望。我会努力，为学校、社会做贡献，你们的认可，是对我最大的鼓励，加油。

看到这篇文章，我才知道社团干部的辛苦，有时候我会想“没看你们做什么活动啊，都是我们做的”，现在我知道，你们比我们多做了很多很多，加油，我支持你们。

做过社团干部，给予我巨大的感触，我明白了什么叫“在其位，谋其职”。每一次活动，都需要花费大量时间去策划，尽可能想到每一个细节，因为同学们都在依靠你，希望大二同学能够继续加油，不放弃，勇敢向前。

班级心理委员的“三心二意”

作者：任颖（数学学院）

导读：“每个人都因自助而成长，因助人而快乐，因互助而不再孤单”，这是班级心理委员坚定的工作信条，“一心一意”是他们对待每位同学的工作理念，“三心二意”是他们胜任工作的基本素质。

在高校，有这样一支队伍，没有那么响亮的口号，那么鞭辟入理的分析，那么专业的知识背景。或许他们的一言一行不能像黑暗中的启明星指引我们前行，但却是我们瑟瑟发抖时的一盆炉火，饥渴时的一汪清泉。他们生活在我们的身边，行走在斛兵塘畔、丽人湖边，乐着我的乐，忧着我的忧，我可以不以为然，也可以心照不宣。他们的一个微笑、一次牵手、一次回眸足以使我热泪盈眶。这支队伍有个特殊的名字——班级心理委员。“每个人都因自助而成长，因助人而快乐，因互助而不再孤单”是他们坚定的工作信条，“一心一意”是他们对待每位同学的工作理念，“三心二意”是他们胜任工作的基本素质。

一、热心——用热忱之心服务同学

热心是班级心理委员做好工作的前提。拥有一颗热忱的心，在平时工作中积极关注班级每位同学的心理状况，主动与每位同学真诚地沟通交流。没有热忱，军队就不能打胜仗，雕塑就不会栩栩如生，音乐就不会悠扬悦耳，心理委员工作就不能真正走进同学们的心里。在工作中，热心犹如甘霖，可以给同学们带去甘甜与清香；犹如细雨，可以给同学们润物细无声的滋养。博伊尔曾经说过：“热忱是一切伟大事物激励人心之处。有了热忱，任何人都不可以小觑。”所以，每一个心理委员都要记得带着热忱上路，去滋养每一位同学的心田，去走进同学的内心世界。

二、爱心——用关爱之心温暖同学

爱心是班级心理委员做好工作的根本保障，是心理委员工作动力的源泉。爱，是朋辈辅导间最有力、最自然的连接点。心理委员在日常工作中用关爱之心去关注每一位心理困惑同学的内心世界，去倾听他们内心的苦恼，去陪伴他们走过哀伤，去帮助他们解开心结，助其走出困境。但是许多班级心理委员在工作中会存在以下困惑：

（一）他虽然需要关心，但他是我最讨厌的人，班里大部分同学都不喜欢他，所以我不想去关心帮助他。

建议：作为班级心理委员，可以有适当的情绪反应。如果遇到上述情况，可以在了解该同学的情况后，及时向辅导员或者心理咨询师反映情况，更换其他同学来帮助他。

（二）我已经很努力地在关心他，但是他自身并没有意识到自己需要帮助，拒绝我的关心。

建议：及时向辅导员或心理咨询师反映情况，确定他是否需要关注。

三、责任心——用责任之心帮助同学

责任心是班级心理委员做好工作的基本要求。班级心理委员必须清楚心理委员的工作职责，明确自己的工作重点。班级心理委员在日常工作中要注意对全班同学进行观察，了解每位同学的特点，及时发现大家的心理困惑，有效进行心理互助。

另外，班级心理委员工作不同于其他学生干部的工作，它要求心理委员在工作中注意保密原则。保密原则要求心理委员必须具有责任心，要求心理委员能够正确运用保密原则，真正做到“同学信息不外传，特殊情况有例外”。

那么在实际工作中，我们应该怎样运用责任心？

（一）关于保密，你的立场是：

A. 在任何情况下，泄露同学的秘密都是不道德的。

B. 若某同学的朋友或者辅导员要求，就可以透露该同学的秘密。

C. 当你判断该同学的行为可能会伤害自己或者他人时，泄密并不算不道德。

D. 只有专业心理咨询师才需要保密。

（二）班级心理委员阙某，听说本班同学丽丽与室友产生矛盾，阙某在丽丽不知情的前提下，私下找室友说情，最后两人和好如初。你认为阙某的做法：

A. 正确，这样做很有责任心。

B. 错误，这问题不能替代做主。

C. 不论对错，只要班级不出事就可以。

大家的答案是什么呢？

四、创意——让工作更多姿多彩

创意带来生机，创意意味着活力，创意孕育着发展。班级心理委员在工作中要发挥自己的创意，创造性地开展工作是做好工作的有效手段，是建设良好班级氛围的有效途径。班级心理委员在做好个别同学疏导关怀、联络反馈、预警协助工作的同时，还需要组织开展丰富多彩的心理普及性活动，通过活动为大家营造积极健康的学习氛围。那么，班级心理委员要想让工作更加丰富多彩，就需要发挥自己的创造力，将富有创意的想法融入工作、活动中去。

五、诗意——让工作更沁人心脾

班级心理委员的工作要有“随风潜入夜，润物细无声”的无私奉献，要有“桃花潭水深千尺，不及汪伦送我情”的同窗之情。心理委员的工作是心与心的交流沟通，需要倾听、需要共情、需要理解，那么就要求大家将诗情画意融入工作中。

德国著名诗人曾说过：“人，诗意地栖居在大地上。”心理委员的工作其实是诗意地栖居在校园里。在日常工作中，需要巧妙地运用工作方法，让同学们在诗情画意中感受温暖，在诗情画意中走出困惑，在诗情画意中健康成长。

看到标题的“三心二意”吓了一跳，看完整篇文章，发现我自己想多了，觉得文章写得很有创意，看着标题就很吸引人，想读读下面又发生了什么，虽然我不是心理委员，可是感觉心理委员在班级中还是很重要的。

作为大一的一名心理委员，看了这篇文章后感触颇深，其实心理委员在班级里说重要又不重要，说不重要又重要，之前还是有点迷茫，很多事情不知道要怎么处理，这篇文章给了我启迪，我会尽自己最大的努力做好这个心理委员。

虽然不是心理委员，可是作为班级的一名班委，由于工作上经常和心理委员一起做事情，感觉我们班的心理委员人很好，她总能第一时间发现班级同学的难处，处处想着为班级争取更多的利益，她挺伟大的。

我们班的心理委员是我的室友，感觉虽然是一个男生，可是他把工作做得很好，他心很细，总是能发现班级内的事情，在班费方面他也是丝毫不会马虎，每次看他记账，都觉得他很厉害。

转眼四年快过去了，不知不觉做了四年心理委员，我觉得对得起自己也对得起班级所有人。文章总结的“三心二意”真的好精确，四年经验的精华也就是这了吧。

看了这篇文章，好想夸一下我班的心理委员，她很认真、很仔细、很负责，管理班费真的是不会乱花一分钱，班费的账单她记得也是很清楚，每次有什么补助她都会努力地帮同学争取，打心底里给她一个赞。

"六招"教你处理好寝室关系

作者：刘政（数学学院）

导读：良好的宿舍关系可以给有心理问题的学生提供一个相当强大的心理支持系统，让学生在受到挫折、感受到压力或者心情郁闷的时候有个支撑点，能帮助学生摆脱各种困扰走向积极。"正视问题，沟通交流，心胸宽广，规范自己，诚待他人，学会赞美"是建立良好宿舍关系的六大妙招。

寝室人际关系是一个长期困扰并值得关注的问题，由于寝室人员彼此之间的生活习惯不同，致使生活在这一团体中的同学感觉特别别扭，很不舒服。有的同学因被室友孤立而感到苦恼，严重的甚至会影响自身的学习和发展。

曾有个学生觉得自己在宿舍人际交往上出现了障碍，她觉得大家经常用讽刺的口吻和她说话，有时她无意说了其中一位同学，大家就会一起帮忙反驳她，致使她感到很苦闷，每天上完课都去教室看书，即使看不进去书也在操场逛，直到晚上快熄灯了才回宿舍。之后，我分别找了该生的室友进行情况了解，结果发现其实有的同学并非觉得她一无是处，而是觉得大家都孤立她，如果和她走得太近则说明自己也有问题，也会被孤立。还有一部分同学，即使没有这种情况，也觉得在宿舍不是很开心，这是大学生都可能遇到的问题，那么怎样处理同宿舍同学之间的关系呢？

一、正视问题

多找自己身上存在的问题及对宿舍人际关系造成的影响。因为交往的频繁、同学个性的差异，会造成各种摩擦和冲突。寝室矛盾突出地表现在各种各样的小事中：乱扔垃圾、制造噪音、一些小钱、随便吸烟、作息紊乱、言论霸权和亲密过分等。若自己存在不妥善的地方，可以适当调整自己的生活习惯，改变自己的说话方式，以他人可以接受和理解的方式进行。

二、沟通交流

不要因为大家有些误解而避免沟通交流，而应主动与大家沟通，参与大家的讨论和活动。只有这样才能更好地了解自己和他人，消除彼此之间的误会，加强相互理解和信任。

三、心胸宽广

一个21世纪的大学生应海纳百川，多吸收别人的优点，对他人的缺点则应多加理解和包容。平时对一些生活中出现的鸡毛蒜皮的纠纷，不要太耿耿于怀，该忘的忘，该原谅的原谅，该理解的理解，不要太放在心上。做到“大事聪明，小事糊涂”，把有限的精力用在做主要的事情上，比如搞好自己的学习。

四、规范自己

在宿舍中也应注意自己的言行举止，做到“己所不欲、勿施于人”。多多帮助舍友，哪怕是提水、嘘寒问暖这样的小事。从我做起，努力营造温暖、和谐、快乐的宿舍氛围。

五、诚待他人

人总是无意识中遵守人际关系的互惠原则，你袒露真诚，也会得到相应的回报。心理学研究证明，人们并不喜欢一个各方面都十分完美的人，而恰恰是一个各方面都表现优秀而又有一些缺点的人最受欢迎，所以你不用在意自己的缺点，对这点要有足够的信心。

六、学会赞美

情绪具有传染性，发自内心地赞美他人，学会欣赏、悦纳他人，每天至少说一句让人感到舒服的话，比如：“你太棒了!”“你这个发型很好看!”这种赞美的话语会比被赞美更快乐，引起积极的情绪反应，给周围的人带来快乐，消融人际关系的僵局，使寝室关系变得很融洽。

大学是学生从高校踏入社会的一个重要的过渡阶段，如果在大学期间连宿舍人际关系都处理不好，那么步入社会后就更加难以处理纷繁复杂的人际关系。同时，良好的宿舍关系可以给很多有心理问题的学生提供一个相当强大的心理支持系统，让学生在受到挫折、感受到压力或者心情郁闷的时候有个支撑点，能帮助学生摆脱各种困扰，走向积极。因此，解决好宿舍人际关系问题，不仅可以提高大学生的综合素质，而且还能促进大学生的心理健康和健全人格的培养，使他们充实、愉快地度过多姿多彩的大学生活。

其实大家从四面八方聚过来，能住到一个寝室里也是一种缘分。寝室里的人谁没个小个性呢，更多的是需要大家一起包容，上面的六招在实际中真的很受用，多一点赞美，多一点忍让，室友会相处的更融洽。

看了刘导的这篇文章，作为一名大一的学生，对于处理寝室问题这个方面就不害怕了，多多沟通、多多交流、真诚待人，我们几个会是很好的小伙伴。

读了文章之后，想想实际中确实如此，特别是女生寝室就是会发生这样那样的问题，可是及时沟通，把误会解开就好了呀。我们寝室也吵过架，也发生过矛盾，可是我们都勇敢地承认自己的错误，生活了两年关系很好。

转眼间四年已经过去了，住了四年的室友马上就要分开，满满的不舍，曾经也有过矛盾，可是经过时间的一点点磨合，文章中的那几点真的是解决问题的方法，互相真诚、互相赞美，我们几个人相处得很好。

男生寝室基本不会发生很多问题，不过也会有一点。大家都是哥们，发生事情，及时沟通就好了。平时打打闹闹，一起玩耍，相处得很好。

入学快要一年了，和室友们关系还不错，基本没什么大的冲突，也没吵过架，自己总结了一下，确实文章中的几点很重要，我们互相会赞美，会给出自己的意见，也会经常沟通、互相帮助、相互督促，相信我们会越来越好。

别让“被熬夜”使我们陌路

作者：黄晨（计算机与信息学院）

导读：良好的寝室关系还需要很多努力，除了寝室内部以外，班级和学校也应该一起行动，建立有效的寝室人际关系矛盾防范和解决体系，但无论我们怎么努力，更多的还要看个人。在此，老师倡导大家：“良好寝室，从我做起，大家一起努力吧，别让‘被熬夜’使我们陌路！”

一件喜事让几年不见的寝室姐妹们都欢聚到一起，见面的拥抱和泪水似乎抹除了多年不见的时光，带着我们一起回到了美好的大学时光。我们互相聊着发生在我们之间的趣事，聊着我们的成长，聊着我们以后的人生……

聊天中，我们大姐说：“前段时间我们班的李某某也结婚了，我们班不少人都去了，但是她室友一个都没去。”我们都点点头，“难怪啊，当时李某某和她男朋友天天晚上打电话，常常打到半夜两三点钟，室友都受不了，寝室关系僵的不得了！”

我不经感慨：毕业这么多年了，生活在一片天地的四个人因为“被熬夜”就这样成了陌路，真的很惋惜。但是这样的“被熬夜”似乎天天都发生在我们的大学宿舍中啊。昨天我还接到了一个学生的电话，说的正是他被寝室“深夜电影院”熬夜了，他要求更换宿舍，如若不能更换宿舍，他宁愿休学一年。

10 多平方米的小屋本应该是我们的家，而如今却因为深夜的“灯光”“键盘声”“音乐”“电影”“桌椅的碰撞声”“电话”等使这个小家变成我们畏惧的“深夜恶魔”。一家人本应相互理解、相互包容，到底是什么让我们彼此水火不容，甚至拳脚相加、老死不相往来？马加爵事件还像阴霾一样萦绕心头，如今寝室的不和谐又让我们心中警钟长鸣。

我们生活在多元的社会，多元即有冲突且难以避免。不同的地域、文化背景和家庭培养了我们不同的价值观，我们不能以自己的角度和标准去评价别人，当然也不能将自己的意志和价值观强加给别人。但当我们真的遇到了类似“被熬夜”的寝室问题，那到底该怎么做呢？老师结合自己的经历给大家几点意见。

一、加强自身的修养。“己所不欲，勿施于人”，学会尊重他人、求同存异、换位思考，做一个宽容豁达的人是我们大学生首先要做的，不断加强自身修养才能和室友达到情感的共鸣。

二、掌握一定的人际交往技巧。倾听室友的诉说，增进了解，适当的时候懂得赞美可以让寝室更加融洽。

三、养成良好的行为习惯。集体的生活需要良好的氛围。卫生的环境、规范的行为、良好的作息一定能帮助你有效地预防寝室矛盾的发生。

四、制定规范的寝室制度。“无规矩不成方圆”，良好的制度可以有效地约束大家的行为，在保证寝室同学有自己的私密空间的同时也能使室友之间有合适的情感距离，能够有效地减少摩擦的发生。

当然，良好的寝室关系还需要很多努力，除了寝室内部以外，班级和学校也应该一起行动，建立有效的寝室人际关系矛盾防范和解决体系，适时的团体活动、定期的人际关系培训也是我们需要做的。但无论我们怎么努力，更多的还要看个人。在此，老师倡导大家：“良好寝室，从我做起，大家一起努力吧，别让‘被熬夜’使我们陌路！”

说到“被熬夜”我深有感触啊。我是一名大三学生，宿舍里有一个室友准备考研，他每天上自习到很晚才回来，我们都熄灯躺在床上了，就听他在卫生间洗漱发出“叮叮咚咚”的声音，我们也不好意思说他，是该交流交流了。

寝室是我们在大学里的家，室友是自己每天接触最多的人，不和室友处理好关系，那整个大学生活都不愉快了，所以一定要多沟通啊。

我们寝室就有完善的规章制度，大家都严格按照其执行，虽说是缺少了点人情味，但是也避免了不必要的麻烦，也显得公平，我们也都很乐意去执行。

我以前就有过类似“被熬夜”，因为自己是班干部，所以一有什么事就要忙到比较晚，然后完了再去洗漱，不免有点声音。我的室友也没有说过我，我很感谢我的室友，几次之后我也觉得老是这样不合适，大家不说我并不代表我不吵着他们，所以之后我还是做出了调整，先洗漱，做完事直接上床睡觉，尽量小声，我想这样我也心安，他们也很高兴吧。

我们寝室是属于那种没有制度、没有抱怨，虽有问题但也和谐的寝室。为什么用了这么多定语呢？我们宿舍有两个任劳任怨的打水室友，他们也不抱怨我们光用不打，我们有的时候良心发现了呢，觉得不好意思就去打一下。然后宿舍卫生，也是因为有两个有点洁癖的室友，他们觉得宿舍实在看不下去了就打扫一下，大家也没觉得有什么，所以也算和谐。

我们室友有个特别会说的，然后基本上兴致一高就夜谈会了，一夜谈会那肯定一两点，然后我们觉得不行，就一个人提出来，大家说“是是是，不能这样”，然后歇几天。过几天呢，又抓住一个话题又聊了起来，也挺搞笑的。

学海载舟 开波岸征途

习总书记在同各界优秀青年代表座谈时号召广大青年要增强知识更新的紧迫感，如饥似渴学习，既扎实打牢基础知识又及时更新知识，既刻苦钻研理论又积极掌握技能，不断提高与时代发展和事业要求相适应的素质和能力。辅导员作为大学生泛舟学海的导航灯，在这一篇章中，将通过丰富的实例与科学的方法引导学生在学习中勇于创新创造，在实践中锤炼高尚品格，练就实现梦想的过硬本领，让中国梦与青年梦、工大梦、成才梦、报国梦相融合。

□孺子牛

整理好自己，为自己找一个舞台

作者：王猛（材料科学与工程学院）

导读：新学期，一部分同学将在这段时间“还债”了——补考。或许你在暑假认真复习，调整好状态，通过这次补考为自己找到一个新的起点，心里默默下定决心今后要努力学习；亦或许你还在茫茫然，在考场上旧戏重演，抓耳挠腮或两眼瞪着那些一直没弄明白的公式或者字母。

这几天，我陆续找挂科次数多、状态不好的同学谈话聊天。其中和某同学的谈话很让我记忆犹新。

谈话之初，我和他共同梳理了他学习生活的情况。在梳理的过程中，他才惊奇地发现原来自己之前的生活是如此糟糕，就像这雾霾的天气一样，看不清前方。在大一上学期挂了三科，大一下学期挂了五科。从挂科科目可以看出，他的基础不是很好。高数、大学物理等稍微有些难度的主干课不是飘过就是红灯。上课时，他自己总是一个人躲在一个角落里，默默地拿出手机开始了网上冲浪，看体育新闻、看小说。

“那么你在这个过程中没有反省或者试图改变吗?”我好奇地问他。他点着头说：“有过。”大一第一个学期结束之后，自己有认真想过，第二个学期开学一段时间好好学习了一阵，后来没有坚持住。当我得到这个答案的时候，还是很欣喜的，因为他至少有过改变，只是没有坚持住。

在整个谈话中，我一直在试探，希望从他嘴里得知深层次原因。问及家庭是否有什么困难，思想上是否讨厌上学等一些问题，结果都不是。看他一直在旁边叹气，有些难言之隐，于是让他在旁边的桌子上把隐情用笔写出来。之后的结果让我稍微吃惊了一下，因为高中谈恋爱，后来高考分手，一直心情不好，无法好好学习。原来是感情问题。

诊断好之后，就可以开出药方。

一、学会坚持

人生需要梦想，因为有梦想才能够有目标。而学会坚持才能为实现梦想提供动力。冰冻三尺非一日之寒，只有这样才能最终到达梦想的彼岸。奥运冠军辉煌的背后是常人无法想象的艰辛；登顶珠穆朗玛峰的登山者更是咬牙克服随时丢失性命的危险。将视线投向我们身边，我告诉他在他的身边就存在着榜样。那些日复一日始终默默坚持自习的同学，那些每天早起温习功课的同学，他们都在为自己心中的梦想而坚持努力着。古人云："勤能补拙"。"勤"本身也就是一种坚持，一种充满希望的坚持。虽然你的基础不好，只要下定决心，补习功课对于考入合肥工业大学的你不成问题。

二、理性面对爱情

爱情需要我们去理性面对。现阶段，阅历相对欠缺，对什么是真正的爱情还不能完全了解。爱情固然重要，但作为大学生，它毕竟不是大学生生活的全部，也不是首要的东西，与学业相比较，爱情的位置只能是次要的，因为学业才是当代大学生主课，是首要的任务。大学生的学习是一个渐进的过程，需要付出主要的时间和精力；而要圆满地完成学业，需要付出加倍的努力。我相信他在不断成长、增加阅历之后，会树立一个正确的爱情观。

三、最后想对他说

如果一个人连自己都不能照顾好，自己的学业、生活一塌糊涂，拿什么去面对未来、抑或是面对自己未来的那个她（他）？人类数百万年的发展历程告诉我们一个道理——"优胜劣汰"。中国古人云"人往高处走，水往低处流"。如果自己一度迷失在过去的那段岁月，将自己的生活变得一塌糊涂，一直沉沦在得过且过的日子里，那未来不是属于你的。希望通过这次谈话让他能够得到改变，走出之前的灰色阴影，跟过去说再见，整理好自己、整理好自己的生活，为自己去寻找一个舞台吧。

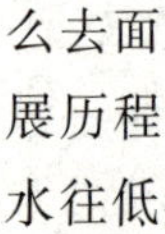

我也挂过科，然后去补考，真的感觉很难受、很羞愧，所以不想再有那种经历，以后一定要好好学习，成绩可以不太好，但是绝不能挂科。

在大学，学习成绩不是最重要的，但是依然处在重要的行列。如果挂科了，不但是对自己学业的不负责，也是对父母的不负责，父母辛苦地供自己大学，自己还不认真对待学习，真的有愧。

什么事情都难在坚持，说起来是很容易的，但是做起来往往困难重重，但是依然要努力做到坚持，在这个过程中会学到很多，会磨砺一个人的性格，也会让你不挂科的。

我真的很佩服那些努力学习的学霸，他们风雨无阻的坚持学习，这样的毅力相信以后走向社会也必然会让他们处在一个较高的位置上。

大学是个大舞台，许多事情在这里发生，在这里结束，在这里永恒，正如爱情。当青春遇上青春，美好会发生，但是为了这份爱情的美丽，也就让它适可而止吧，有些事情，年轻还承担不起。

我还没找到自己的舞台，看到很多同学多多少少已经找到自己的小舞台，不禁有些羡慕，但是我相信属于我的那个舞台总会出现，我期待着。

你的“学习模式”是哪种?

作者：王猛（材料科学与工程学院）

导读：拿着成绩单，我筛选出分数不太理想的学生，逐个了解情况。这些学生的生活就像最近的雾霾一样，遮住了阳光，迷失了方向，错乱了前行的步伐。总结起来，可以将他们的生活模式分为“待机模式”“飞行模式”“关机模式”“充电模式”四类。

由骄阳似火的九月转眼来到了春风和煦的三月，2013 级新生已经在不知不觉中度过了半载的大学生活。季节更替变化的同时，学生的生活也随之发生了变化。刚踏入象牙塔的新鲜感还留存几分？最初的憧憬与梦想是否早已模糊得看不清？这些变化，作为学生的你是否思考过？

当我拿到同学们大一第一学期期末考试的成绩单时，大概浏览了每位同学的成绩，一些同学的成绩果然在我的意料之中。我不禁回想起每次去宿舍、教室所碰到的你们。或许你正坐在电脑前进行着一场激烈的生杀决斗；或许你早已被玄幻小说带到了八度空间、九霄云外；或许你漫无目的地躺着床上肆意遐想……也许这就是你现在的“生活模式”。

拿着成绩单，我筛选出分数不太理想的学生，逐个了解情况。这些学生的生活就像最近的雾霾一样，遮住了阳光，迷失了方向，错乱了前行的步伐。总结起来，可以将他们的生活模式分为“待机模式”“飞行模式”“关机模式”三类。

一、待机模式

学习主动性欠缺、自控能力较弱是“待机模式”同学的特色属性。古人曾云“吾日三省吾身”。当太阳下山，一天的学习工作结束时，你是否寻求片刻安静，哪怕几分钟，在回宿舍的路上或者躺在床上，扪心自问今天我收获了什么？别人在策马扬鞭之时，是否自己只能在迷雾中慢慢地加载地图？无目标、无追求、无动力的“三无少年”终究会变成同学们中渐行渐远的身影。

这些同学对待学习往往敷衍了事、不屑一顾。考试之前，大概看看公式，扫一眼例题，自认为“胸有成竹”“只欠东风”。只有当同学提醒时，这些同学才勉强“伸伸懒腰”。在等待中前行，势必错失良机，让大把的青春时光从身边溜走。

二、飞行模式

学生中往往存在“活跃分子”，在大部分活动中都能出现他忙碌的身影。这就是所说的“飞行模式”的同学。他们将大部分时间倾注在社团活动上，就像飞机飞行，很难专注于某一个特定领域。这部分同学有的少则参加两三个社团，多的甚至成为五六个社团的骨干。可想而知，他们的学习时间被瓜分得四分五裂，很难有一个系统的学习时间，久而久之心就会变得浮躁。当他们每天都对着电脑写着各种活动策划，急匆匆地奔走于各个社团会议之间，在证明自己“能力”的同时，学习也终究会给你开一个“玩笑”——挂科。社团活动不在“多”而在“精”，只有学会专注才能收获。作为学生，学习依然是目前最主要的任务。让这种浮躁忙碌的生活尘埃落定，换一种接地气的生活会让这些同学走得更踏实。

三、关机模式

“关机模式”可以用“埋头苦干不望天，闭门造车终难成”来形容。当这类同学学习生活上遇到阻碍时，一味低头寻求自我解决的办法，使自己处于“关机状态”，忽视了周围同学、老师的帮助。

德国著名思想家歌德曾经说过：“不管努力的目标是什么，不管他干什么，他单枪匹马总是没有力量的。合群永远是一切善良思想的人的最高需要。”每个人都是需要完善的个体，在集体中碰撞智慧的火花，在合作中开阔视野，在团结中敞开胸怀，在交流中增长才干。倘若一直使自己处于“世外桃源”的关机模式，只会让自己陷入泥潭不能前行。

四、充电模式

面对学习生活，只有让自己开启“充电模式”，一路前行，才能够实现自己的梦想。只有这样，在大学里你才会逐渐发现学习的真谛，而学习成绩并不是唯一追求目标。

李开复曾经对考入哥伦比亚大学的女儿讲过：“教育的真谛就是当你忘记一切所学到的东西之后所剩下的东西。”可见，大学里面学习的是新事物和解决新问题的能力。在学习中，学会如何管理时间、提高自控能力、懂得团结协作，这些能力的培养对于今后的学习生活将有不可忽视的作用。

大学是一场修行，不去高调地张扬，也不去卑微地迷惘，做一位知识的苦行僧，只有始终如一，才能不卑不亢。

学生们确实会有各种各样的状态，尤其是学习成绩差的同学，总会有比较特殊的原因。他们的生活必然是存在一定问题的，这些问题除了影响学习，也必然会影响其他方面，希望关注一下。

还只是大一的学生，大学生活刚刚开始，出现一些问题没有关系，希望能好好改正，不要将问题积累下去，不然必定会影响整个大学阶段乃至整个人生。

我觉得“待机模式”的同学应该是最多的，通过我的观察发现这些同学不仅学习上缺乏主动性，在许多方面也没有热情，缺乏主动性会导致创造性的低下。

我们班的女生基本上都属于“充电模式”，希望用知识充实自己，学习上很刻苦，相比之下男生对学习就没有什么太大的热情，这也是专业课男生成绩普遍不如女生成绩好的原因吧。

其实划分不用这么明确，事实上也不会像划分的这样明确，因为正如一句话“每个学渣都有学霸的一面”，许多学生都会存在状态周期性的变化。这一阶段是“飞行模式”，也许下一状态就成了“关机模式”。

处在不同模式的同学都有各自的特点，老师应该根据这些特点对症下药，使学生走出困境，拥有正确的学习生活，在大学这一阶段维持健康的精神状态。

短缺学分的背后

作者：年永琪（生物与食品工程学院）

导读：我们一直在责怪社会中没有信仰，金钱至上、浮躁之风、功利主义盛行的风气。而我们是不是在默认这些风气干扰着学生发展？作为教育者的我们应当挡住这些风气，保护我们的学生，让他们成为脚踏实地、富有人生理想的青年人。

最近一直在和短缺学分严重的同学谈话，这些工科学生短缺学分较文科学生严重。其中原因有二：一是课程难度不同；二是文科学生与工科学生的思维差异。

在谈话中，发现大二是短缺学分的高峰。男生比例很大，多是自制力差、性格内向，同时伴随着对所学专业不满意的情况。对所学专业不满、没有学习兴趣首先发生在低年级，然后在大二年级时没有及时转变态度，导致大二时短缺学分较多，从而导致高年级时发生的连锁后果，自信心缺失，对以后的发展和出路迷茫，这时更容易一头扎入网络游戏等虚拟世界中寻找社会认同、自我心理的满足感和快乐的心情。我们需要一直关注这些学生，帮助他们转变学习兴趣、转正角色认可、提高社会认同、建立在同学中的自信感和与人信任的有效沟通。

我想进一步采取几条切实可行的措施来改变他们，而不是一味地指责他们，把他们从同学中异化。这些同学几乎都不是人品和人格问题，而是迷失自我，需要人去提醒和引导。孟母三迁，以此教育和相伴孩子的成长，我们为什么不去努力？

一、通过持续地关注而掌握有效的信息和具体情况。

二、通过其他的良好习惯来引导和转化不良的习惯。

三、学习上进行有效帮扶。帮扶需要长效化，成立年级和系部的教师和学生的帮扶小组。

四、因为我一直倡导学生多读书、读好书，我深知读书的益处，所以给他们开几本富含人生哲理、不畏人生困难的好书，让他们去阅读。只有他们对人生和学习充满期望和兴趣，才能从根本上转变。

很多人问我现在的大学生是不是越来越不行了，我一如既往地回答，他们都是很好的，只是极少数学生可能存在各种不同的问题。时代在变，我们的评价标准也要转变。我们是教育者，应该与他们为师为友，与他们多交流、多沟通。

就像文章里说，时代在变，我们对学生的评价也要变。现在的学生与以前的学生都是一样的，不能因为个别而说这个不如那个好。学生是一个独立的群体，是一个有思想的群体，需要老师与同学的关注与关心。

“短缺学分”这个现象越来越明显，难道是学生不爱学习了？还是学生厌倦了学习，只喜欢打游戏？其实每个学生都是爱学习的，他们缺乏一种关注，老师和同学都应该多多关注他们。

可以说每年都会有“短缺学分”的学生，可以看出男生相比女生更容易出现；反观一下，是不是我们的课程安排不合理？是不是我们应该安排一些同学们感兴趣的课程？还有很多值得思考……

学习可以说是一项枯燥的事情，但也是一件有趣的事情；每个人对待学习都有不同的态度。“短缺学分”现象可以看出学生对待学习的不认真，态度上的不端正以及实际行动的不尊重，老师要多关注学生的心理以及行为变化，尽量减少这样的不良现象。

大三的寒假

作者：李志强（电气与自动化工程学院）

导读：大三的寒假正如现在的你们，这是一个关口，一方面你们要面临来年仍然繁重的专业课，另一方面未来方向的抉择已经摆在你们面前。记住：机会永远是被有准备的人第一时间抓住，没有准备的话只有接受别人挑剩下的……

年末了，应该有不少人已经踏上或者正准备踏上归家的火车，坐在办公室里突然有种冲动——写一篇关于大三寒假的文字。大学里，你们会经历四个寒假，但是对于绝大多数同学而言，大三的寒假才是最重要的。大一的寒假，大家还带着初入大学的新鲜感，奔波于各个同学聚会、七姑八姨家；大二寒假的你们已经成了炸了半熟的"油条"，没有对毕业或者说未来的焦虑，没有"寒假作业"的假期是那么的惬意，当然你也发现在家里会越来越无聊，甚至有些期待早点回到学校；大三的寒假正如现在的你们，这是一个关口，一方面你们要面临来年仍然繁重的专业课，另一方面未来方向的抉择已经摆在你们面前，记住：机会永远是被有准备的人第一时间抓住，没有准备的话只有接受别人挑剩下的；大四的寒假，你们向往么？那个时候考研考得不错的同学享受一年辛苦后的放松和等待成绩的焦急，已经找到工作的同学更没有什么压力，呼朋唤友、吃喝玩乐，没有找到工作或者已经知道考研无望的同学则无疑是最焦虑的，"鸭梨"很大，一口吃不完啊。啰嗦了很多，想必小伙伴们已经意识到你们现在已经在一个关键期了，你们的这个假期准备怎么过？

下面进入正题，面临这样一个特殊的假期，给大家一些我的个人建议，要选择性吸收（记住：别人的总结永远不会百分之百适合自己）。

一、做好心理转换——学生到社会人

看到第一条大家都笑了，可能会说我已经是一个社会人了。但是，这仅仅是你自己给自己的假象。你们中的绝大多数都是年满18周岁的成年人了，但是你们的心理年龄有没有满足18岁呢？你们有没有基本的社会认识？你们会不会和社会上的各色人物打交道？你们能不能控制住青春的荷尔蒙？或者有的同学会说做学生挺好的啊，干嘛要转为社会人？人类就是一个社会化的动物，你们的未来注定要走入社会、进入人群，那个时候对你们来说才是真正面临一个又一个人生的挑战。所以说，你们现在就要开始做好社会人的心理转变。

二、了解未来选择——考研、工作或者保研、出国、选调生、考公务员、创业，等等

第二条的内容相信大家都很明白它的重要性，这都是你们要面临的选择，怎么选？选择的前提是建立在你对这个选项充分了解的基础上，否则就是盲目地撞大运。去了解这些选择的利弊，需要自己做什么样的努力，这个选择对自己未来的影响，自己的未来想要什么样的生活，自己所处的环境是否允许自己做这个选择等问题。给自己一个机会，了解自己，把握未来。

三、转变一个角色——从“孩子”到“大人”

再说说第三条，为什么把它放在最后？因为在我看来它是最重要的。这里面的“孩子”和“大人”都是相对我们父母而言的，不知道你们有没有发现每次回家父母的脸上又多了几条皱纹，白发也渐渐多了起来。从前我们都是父母的“孩子”，享受他们的温暖与叮咛，现在孩子长大了，我们是不是应该回馈给他们一些温暖与感恩呢？“子欲养而亲不待”，现在的你们可以给父母做些事情了，怎么做呢？自己想哦！提示一下——“投其所好”。

总结起来，寒假里面大家尝试做做这“五个一”：一本书、一个习惯、一个尝试、一项运动、一个规划。

一本书：“书中自有颜如玉，书中自有黄金屋，书中牛马多如簇”。你想了解的任何东西可以说都能从书中找到，还记得上面说的要了解考研、就业、出国等等，读书吧。什么历史文学、什么地理杂志、什么四大名著，你读过没？读不下去，别人也读不下去！大多数人做不到的事情，说明它是有挑战性的，也是可以实现自我突破和出成绩的地方，要走出心灵的舒适区！

一个习惯：想想吧，自己难免有些坏习惯，何不利用这个假期尝试改改自己的坏习惯呢？改变一个坏习惯，形成一个好习惯。

一个尝试：试试自己从未做过的事情，上街买菜、回家做饭、修理家电、志愿服务等等。何不丰富一下自己的假期？也为未来的生活做好准备。

一项运动：有多久没运动了？乒乓球、羽毛球、篮球，还记得曾经的旋风少年么？焕发自己的青春激情吧。

一个规划：短的规划怎么过寒假？长一点的下学期取得哪些成绩（学习、证书、社会实践，等等)，再长一点可以向国家一样给自己也来个五年规划。预则立，不预则废。

“少壮不努力，老大徒伤悲。”还不抓紧时间去看书啊，寒假快乐！

非常感谢这篇文章，让我意识到寒假的重要性，特别是大三的寒假！因为我们要开始对人生进行规划了！当然要有自己的思量以及对未来的准备，希望未来一切都好。

我们处在一个迷茫的阶段，面对未来不是每个人都已经准备好了的，在这个还不算晚的寒假里希望自己可以找到前进的方向，然后坚持下去，不让大学留下遗憾。

科学家说养成一个习惯需要21天左右的时间。趁现在离毕业还有时间，通过一段时间的坚持，养成爱读书爱锻炼的好习惯，真的是一生受益。

更早地为自己的未来打算，我觉得是对自己负责任，能够更早地认知问题然后去解决。不要盲从，更不要气馁，面对未来，我们要一直奋斗！奋斗！

上大学，你真的准备好了吗?

作者：范鹏飞（仪器科学与光电工程学院）

导读：金色八月，又是一年开学季。走过了黑色六月的莘莘学子整装待发，向自己心目中的高等学府大踏步前进。在这里，你们将从幼稚走向成熟，从依赖走向独立。可是，面对全新的大学生活，你真的准备好了吗?

作为一名大学辅导员，一名特殊身份的“学长”，在此给你们5个词语作为建议，也希望能够给你们带来一些帮助和启迪。

“学会做人”——大学同学来自五湖四海，在这里，每个人都是佼佼者。我们首先面临的问题就是如何处理好与同学间的关系。我希望同学们树立远大理想，树立正确的世界观、人生观和价值观，树立崇高的道德品质，学会宽容，对同学有爱心，多为他人考虑，做一名人见人爱的大学新生。

“学会学习”——大学的学习方式不同于高中，大学老师主要传授学习方法，引导学生进行分析、归纳、推导，而知识的获取更多的要靠自己去做。在这里，我希望同学们珍惜宝贵的学习机会，努力充实知识结构，不断提升知识水平，并希望每一位同学，千万不要染上网瘾，远离网络游戏。

“学会生活”——在大学，除了要处理好学业，还要处理生活中一些琐碎的小事。大学里有丰富多彩的社团活动，但是，我希望大家不要盲目随从，在加入社团时一定要想清楚自己喜欢什么，什么样的社团真的对自己的人生有帮助，然后有选择性地加入一个，最多两个。另外，我还希望大家每天坚持锻炼一小时，以拥有健康的体魄，要知道，身体是革命的“本钱”。

“学会合作”——大学生活是一个集体生活，很多事情是需要靠大家一起去完成的，我希望同学们互相帮助、互相关爱、互相体贴，也希望每一位同学为新集体做出自己应有的贡献。

“学会创新”——创新是一个民族的灵魂，培养创新人才也是学校高水平大学建设的崇高使命。为此，学校为同学们的发展提供了各种条件，培养同学们的创新能力，也希望同学们不断培养创新意识，积极参加各种创新活动，如院科技制作大赛、安徽省“双百”大赛，等等。

大学生活是美好的、丰富多彩的，同时也是十分短暂的，真心希望你过好大学的每一天，走出一条属于自己的成功之路！

作为大三学生，回想起当年的自己，可以说确实没有准备好，心理上体现的最为明显；经历三年的大学生活，才逐渐地适应了大学的生活。大学生活就像一个微小的、被保护的小社会，在这里会学到很多。

在大学，我们不仅仅是学习，还要学会做人、学会生活、学会创新；在这里，我们会有一个“奇葩”的寝室，他们来自全国各地，他们就是我们的室友。

大学生活，并不像我们憧憬的那样，它是一个现实版的。在这里，我们不能完全地“玩”，高中老师说的那句话是骗人的；在这里，我们学的是交流与创新。

大学生活是丰富多彩的，尽管参加了很多活动，自己也做过很多事情，但每次回想都还是有些许遗憾，多希望自己那时再努力一点、再拼一点；大学就是这样的一个地方，不管怎样，都觉得自己不够好。

虽然我们已经是大学生了，也已经成年了，但是要学习的东西还有很多，不能以为自己高考完，上了大学就能尽情“玩”了，在大学要想生活有意义，要学习的东西依然很多。

文章里的很多话，我在大一刚入学的时候，就听辅导员给我们讲过。现在我大三了，成绩还不错、朋友很多、生活也很有规律，和大学一入学的茫然无措完全不一样，谢谢辅导员的教导。

“做人、学习、生活、合作、创新”，辅导员把大学生涯用短短10个字概括了，但是却少有人能把这10个字做好。无非是外界没有引导，自身没有毅力导致的。辅导员的这篇文章，对我们是个很好的引导，我相信我一定会把剩下的大学生涯走好。

大一就快结束了，回过头看看自己的大一历程，才知自己做得并不好。学习成绩好，却没有创新，甚至害怕参加创新活动。自己生活算是有条理，却和室友的关系很一般，甚至时有摩擦。若不是辅导员这篇文章，我可能还没看到自己的不足，可能会在错误的路上渐行渐远。

这七个学分，你修了吗？

作者：闫志伟（数学学院）

导读：转眼间，曾经年少的我也被岁月抽走了一丝稚气，健忘的记忆时刻警示着我应当打着十二分的精神应对每一天的生活。很荣幸又一次站在讲台上给2013级的新生做入学教育，以微言明大义，以小理传博学，为他们在一个陌生的跑道上起个小小的助跑作用吧。

这里主要说说大学的“七项全能”，去帮助那些即将开启大学之门的小伙伴们。

【道德学分】

我不止一次地说过，原本刻在我们灵魂深处融化在内心的道德，如今却一次又一次地当作能力拿出来赤裸裸地给人看。我们的“原始道德”在哪里？遗失了、丢弃了，还是改变了？我觉得是被掩盖了。在这个信息传播、分享快速的时代下，种种压力仿佛一个个包袱一样包裹在我们的周围，于是那些原始的东西渐渐被隐藏了。网络上每一天传播的道德灾难，令我们的信仰凋零了。可是，我们依旧有“最美教师”张丽莉，我们依旧有“模范丈夫”廖丹等等，大学生应当重拾起仁、义、礼、智、信、温、良、恭、俭、让的和谐精髓，还原人初性善的道德高地。将蒙蔽内心的那些浮躁、迷茫、干扰一层一层地剥开，或许真的可以换一种姿态迎接生活。从今天起，微笑面对你的朋友，淡定看待每一个竞争，认真做好每一件事情。于是，请安静下来吧，多去欣赏美的东西，创造美的东西，还原道德一个华丽的盛装。

【适应学分】

陌生的事物暴露给大家总是那些新鲜刺激的东西，而掩盖的总是那些脱节的烦恼。刚来大学的同学用三分钟的热度体验着大学暴露的新鲜的事物，短暂过后，种种不适应接踵而至：气温太高，空调！食堂太远，骑车！军训太累，陪读……曾有家长国庆期间特地来给学生套被罩，也曾有学生一个小时找不到医院骨科，也曾有学生短短一天将《甄嬛传》全部看完，等等。对家长的依赖、社会经历的欠缺、时间管理的紊乱都成为适应新环境的瓶颈。所以，经济自由了，记着合理使用，它们是爸妈的；时间自由了，不要挥霍无度，它们是明天的；生活自由了，切勿忘乎所以，他们是你自己的。从今天起，做事情要三思，不懂多问，你是一个还在奋斗中的“无产者”，问到了，就赚到了，努力调整你的步调，当它和周遭的生活频率一致了，就是你真正适应的时候了。

【学习学分】

面试的时候，应聘者总说我的学习能力很强。这里的学习能力是对新事物的领悟能力，书本知识的学习是其中的重要一部分，此外是生活中的学习能力，比如有的同学参加学生社团短短的一个月并能够对所有人、所有业务和事件的规律熟悉起来，形成自己的方法论，搬凳子都能搬出乐趣来；有的同学能够将看过的视频、电影驾驭的非常好。如果我是演员我怎么演怎么说，如果我是导演我怎编排怎么设计，而大部分人都娱乐过去了，这就是学习能力。学习这个事情，有的是靠天赋的。如果没有这个天赋，那么每一天准备一支笔和一张纸记录你的每一寸灵感，当你不确定的思维逻辑有一天全被串联起来的时候，你就有了学习能力。在学习的基础上继续学习称为再学习能力，不要让高考用尽你的能力，不要让考研用尽你的能力，不要让工作用尽你的能力，只要你学习着，能力是用不完的，不要总是止步于现在，事物只要小小的改变、组合、删减都可以成为新的东西，需要你去学习。关谷神奇讲过：“学到老，活到老”。

【表达学分】

今天看到了一个词汇“中国表达”，很是吸引我，其实我们无时无刻不在表达。这里我想说的是三种表达：语言表达、书面表达、行为表达。纸上谈兵是一种能力，关键看你如何谈，谈的技巧、谈的方法；同样一句话有些人讲的起死回生，好好学习一下讲话技巧吧。说好普通话、英语的同时，寻找谈话艺术吧：幽默不失体面、荒诞不失经典、精彩不失内涵。记着，有时候说也比做强，说是可以转化为生产力的。书面表达，写一手漂亮的好字和好文章永远是会给你加分的，“写”可以延长你的记忆能力，你所有的喜怒哀乐荣辱兴衰都体现在“写”里。行为表达，有些人动作优雅，有些人技术高超，有些人用编程表达计算机能力，有些人用百米冲刺表达运动能力，有些人……用你的动作告诉别人，你能行，这本身就是一种表达。每一天我们都在表达着，你呢？

【管理学分】

小学的时候想当班长，中学的时候喜欢指手画脚，大学的时候想考管理的研究生，毕业的时候想当老板，很多事件告知我们管理是多么轻松幸福快乐的一件事情，其实不然，管人、管事并不容易，各有方法。那么怎么去管理？去管理自己和别人的学习、时间、生活，是要看个人魅力和能力的。有些人总是在事件中心，而有些人却向心力不够，无法让别人在自己周围做圆周运动。若不能兼济天下那么请独善其身。大学里，不要浪费每一次你出彩的机会，去尝试当一回管理者。不要小瞧班长，在有些行业里能够管理40多人是很了不起的中层干部，而且他们都是大学生，而且他们来自五湖四海。管理，管是权利，理是方法。做一名管理者，请做好顶层设计，如果你都没想好，那么如何去管理呢？做好细节把握，重视细节，有时候就差那么一点点。

【情感学分】

一档《非诚勿扰》的综艺节目近年来掀起了一番国民热，折射了这一代人甚至几代人的情感观念。其实一种稳定情感观的形成是基于一个人的成长环境、价值观念和人生追求上的。而大学生的成长基于他能够接触、理解、领悟时下最前端的文化思潮，情感波动一般较大，这里讲的不外乎亲情、友情、爱情。今年将“回家看看”法制化，就是在告诫“忙碌”在各个角落的人们，铭记亲情。越是亲近的人，越容易让你忽略，请对比此时此刻你和父母的生活状态，你会深深感触到这个世界上最无私的奉献便是父母之爱子。你长大了，请开始将爱反哺，不再是爸妈对你嘘寒问暖而应该是你对爸妈洗筷刷碗。大学的友情是你的“三观”成熟稳定期形成的，这段友情将会对整个社会关系的形成起到关键作用，圈子找准了，奋斗会加速的。你的室友、同学、网友、闺蜜等等，他们有时候是个依赖点、信任点、倾诉点，将你的感情收放得当地表露出来，以诚待人，可也要合理释放你的信任，不要让虚假的情感欺骗你的单纯。爱情，大学生的一门选修课，不明不白，不深不浅，却会萦绕你的青春若干。如何创造爱情、接纳爱情、经营爱情、拒绝爱情是个很深的问题。大学生可以爱的干脆，却要真挚；爱的可以肤浅，却要付出；爱的可以深邃，却要理性；爱的可以无谓，却要担当。不要毫无了解不加矜持地走到一起，而后矛盾不断，扭曲爱情观；也不要狠心拒绝过于敷衍而决绝分手，引发不良后果。爱要坦荡荡，爱的明朗、爱的清澈、爱的负责。失恋只是失去爱情，而不是失败爱情，有些人影响了生活而另一些人却影响了生命。在驾驭你情感的同时，去关心爸妈，去帮助朋友，去珍惜爱情吧！

【就业学分】

我过六级了，你呢？就业的资本是需要积累的，成绩、荣誉证书、资格证书都将会是你将来的就业砝码。给你一个支点，我相信你是能撬动地球，可是，请先跑到宇宙的尽头。会说，你可以去销售；会编程，可以去开发软件；会设计，可以去搞艺术；会运动，去搞体育；会机械电气，可以去搞汽车电网……会抬起手臂，可以去搬水泥！证明你的能力请做好准备工作，了解行业吗？了解产品吗？了解竞争吗？了解企业管理吗？自己会什么？在企业里能做什么？能否发挥自己作用？如果毕业了，这些问题都还一无所知，我弱弱问一句：你大学生了没？如果有一个和你相似的人，还能够在某个地方立足，那么请你也站在那里。筹措你的资本吧！从今天起，去了解自己的兴趣再加上你的努力，那么找不到好工作是那些80％的人的专属，而你脱颖而出了。

其实，不管我们周遭对大学是如何认识的，你只需倾听“好声音”，树立“好态度”。在这个快节奏的社会里，你若静止，我便前行，不要让差距将你拖入竞争的底端。如此七个学分，请分配给你的大学的八个学期，当这七个学分修满了，那么你可以毕业了。

大学的生活不单单是学习，我们要学习和适应的东西有很多。这也许是我们在校园的最后阶段，即将走上社会，我们要学的有很多，全面发展才能说真正完成大学阶段。

刚进入大学，对大学的生活还不适应，离开了父母，来到这里，意味着将来就要相对独立地生活了，除了学习，还要学的东西有很多，这篇文章给了我较为全面的解读。

看了这篇文章，才发现在大学我们要学的东西还有很多，远不止课本知识，这只是其中的一小部分，道德、适应、表达、管理……这些看似无关紧要，但却是我们更需要注意并容易忽略的细节。

我已经是一名大二的学生了，如今看到这篇文章依然让我受益匪浅，经过一年，我们已经能基本适应大学生活，在学习生活的过程中要注意的地方还有很多，要在大学期间为今后的社会生活做好准备。

大学的最初阶段，总觉得四年的时间很长，就业对自己来说还很远，但是真正到了大四，发现时间过得真快，在这个过程中我们要准备很多东西，如果不注意，会很吃亏，这篇文章很全面，对学弟学妹会很有帮助。

这篇文章对大学生活需要注意的地方做了一个概括，七个方面，很全面，将要进入大学，相信我能很好地适应大学生活，完成大学生活。

同学们，大学真不是梅园

作者：成建（化学与化工学院）

导读：同学们，请忘记“大学就是天堂”之类的话吧，要知道大学不是梅园，这里仍然需要辛勤耕耘。

课上，我对大一同学进行了调查，超过90%的同学在高中时听老师说过“大学就是天堂”“大学就是60分万岁”“大学很轻松”等描绘美好大学的话语。在高中地狱般的生活中，同学们每每听到或想起这些动人的话，早已疲惫不堪的身体又充满了力量。虽然大学并不是高中老师描述的那样美好，但这些夸张的描述却实实在在地帮助了很多同学挺过了艰苦疲惫的备战，最终考上了大学。这自然令人想到了曹操“望梅止渴”的故事。

现在，同学们真考上大学了，也应该清醒过来，要知道大学并不是“梅园”、不是“天堂”、不是60分万岁，也不是轻松地可以随意游玩。

“高中太累了，大学想放松下。”

“高中时间安排太紧了，好多的动漫、小说、电影、电视剧想看都没时间看，大学空闲时间多，可以好好看了。”

“高中老师、家长都不让玩游戏，大学管理松了很多，可以好好玩游戏了。”

“高中老师、家长怕耽误学习，不让谈恋爱，大学可以自由恋爱了。”……

大一的班会上，不少同学这么说道。

然而，表达这些想法比较强烈又如实去实施的同学，多数都在期末考试中挂科了，有的同学大一结束，挂科已经超过20个学分（包括挂科后又补考通过的学分），更有甚者，达到28个学分，将不能获得学士学位（重新通过的学分不算在内）。所以，这时这部分同学看到自己一年下来的短缺学分数开始紧张了，担心拿不到学位。有的同学也想过重修覆盖原成绩，但是每年同学们都有当年的学习任务，一旦重修，必然影响当年课程的学习，容易形成恶性循环，导致新的科目不及格。

挂科的同学虽然平时玩得比较多，但是假期他们最辛苦了，需要顶着严寒或酷暑，准备下学期初的补考。假期里，别的同学都与家人团聚，其乐融融。而挂科的同学，开始担心老师给家长打电话交流自己在校学习生活状况。在老师给家长打完电话后，必然会因为自己考试不及格和平时贪玩挨家长批评，假期又要被要求好好复习，不让玩了。更痛心的是，挂科的同学看着自己的家长因为自己挂科而失望、担心，心里也很懊恼自己的不争气。很难想象这样的一个假期，一家人是怎样度过的。

俗话说“学好三年，学坏三天”，养成刻苦学习的好习惯真的不容易，但是一旦沉迷了电脑游戏、小说、动漫等，是很难走出来的。一开始的放松，很可能影响大学四年的学习，影响自己的前程。所以，同学们，请忘记“大学就是天堂”之类的话吧，要知道大学不是“梅园”，这里仍然需要辛勤耕耘。

唉，我就是文章里说的那些假期里为补考而看书的学生，看到朋友们都开心地享受着假期，心里真不是滋味，下学期我一定会努力的，不再把考试过关作为自己的目标，加油！

大学真心不是一个该放纵自己的地方，看着周围的同学在荒废时间，作为他们的朋友，我真的感到心痛与惋惜，希望他们有一天能够醒悟吧，毕竟学生就是应该学习的。

我们都是小大人了，马上就要进入社会了，应该更多地对自己负责了，就像文章里说的，大学不是“天堂”，大学不是“梅园”，这只是我们人生中的一个小小的阶段，现在还不是该享乐的时候！

刚从高中熬过来，大学里放松一下子可以理解。但是，我觉得大学才是真正学习的地方。这里培养了我们自主学习的能力，而不是高中的压迫式学习，所以，不要再堕落了，加油吧，少年！

每到考试的时候，身边总有些同学抱着不挂就行的心态，我真的无法理解他们。学习是为自己的，而不应该是为了应付考试的，这是对自己学习成果的一次检验，所以，不要再抱有“60分万岁”的想法了！

我反而觉得大学更应该严以律己，未来活得好坏只和自己有关。要是大学都不对自己负责的话，以后进入社会怎么办。如果大学只顾着玩的话，以后凭什么能力进入企业工作。学校给我们提供了很好的学习环境，我们应该倍加珍惜，好好利用这些。知识是浩瀚的，大学只有四年，我们应该把握每一分每一秒，不要虚度了光阴！

读大学，究竟读什么？

作者：王锐琴（土木与水利工程学院）

导读：大学是什么？作为大学生，你的任务又是什么？其实，大学之所谓为大学，不在于校园之大、建筑之大，而是求知的累积，学习的求和，掌握方法的实战场，撷取知识的广阔天地。

在上大学之前的你们可能常常听说，大学是吃喝玩乐的天堂，你熬过高考的炼狱就能到达的天堂。然而，当你真正进入大学，发现大学并不是你想象的那么轻松和简单。大学不同于传统的教学方式，学习上少了老师无微不至地教导，你需要做的是自主性学习，在学习过程中独立思考，得到系统的思维训练和方法总结；你需要学习的不仅仅是课本上的知识，更需要探索求知课程的相关知识，培养你的兴趣行业的知识，帮助你成长的知识……大学是什么，学什么，你的任务是什么，是你现在就应该考虑的重要问题。

疑问一：大学怎么有那么多课，比高中还紧张？

大学的课程主要由校定必修课、公共选修课、专业必修课、专业选修课以及实践课程组成。之所以这么安排，是结合专业整体发展、知识体系、多年教学经验总结等方面。大学新生感受到课多，其实是面对科目多的一种错觉。大学课程安排不会像高中时那么紧凑，也不会只和高中一样学习语数英物化生，或者是政史地，那么单纯的几门课程。感受到紧张的本身就是一种适应大学学习的过程，可能就是因为你的高中学习方式跟不上大学学习的脚步了，这就需要你像开头提到的注意学习方法，懂得学习的途径，去解决学习紧张这一问题，你就提高了。

疑问二：有些课程安排与我们专业有什么关系，以后又用不着，学了是不是浪费时间？

上大学的目的不在于是否掌握一门专业技能。如果仅仅是为掌握一门技能，普通技校就可以做到。说到根本，我们仍要回归第一个问题。大学的学习是一种学习能力的训练。这种能力就是你在学习过程中培养出来的发现、质疑、分析、解决问题的能力，一种创新精神。从现实来看，是生存必备技能，而从根本来看，是成功必备法则。现在你在大学学习的东西，在你踏上工作岗位十几年、几十年，你忘得一干二净之后，剩下的东西就是大学的本质。也就是我们不断讲的学习能力。尽管确实存在一些课程设置不合理，但其实目前看起来没有用的东西可能以后就会觉得有用了。

疑问三：学习成绩和综合素质，哪个更重要？

假如学生是一种职业，那么学生的首要工作任务就是学习。大学生学习专业知识、学习适应社会、学习做人。从这一方面来说，学习成绩和综合素质就不是一个对立面。在顺利完成学习任务的基础上，抓住一切机会，提升自己、锻炼自己。另一方面，作为辅导员，我理解有时候学生活动可能会与学习时间产生冲突，牵扯学习精力。所以，很多大学生冠冕堂皇地说要培养自己的能力，要举办或者参加什么活动，耽误学习了。其实这明显是一种逃避学习任务的托词、借口。我希望真正想全方面提高自己的同学们，首先要合理掌握好时间，掌握好分寸，切忌在主观上因为忙于其他事情而把自己的学习给耽误了。

疑问四：我是被调剂过来的，我不喜欢现在这个学校（专业），不想学？

做自己喜欢的事，做忠于自己的事，是一件很快乐的事情。一些学生很幸福的可以自己做主，选择自己喜欢的学校（专业），在学习中一步步实现自己的目标。然而，还有更多的同学，高考填志愿，有的听从长辈的意思，有的是服从调剂过来的。我想告诉你的是，尽管非你所愿，但你也要为此选择负责，因为专业不喜欢不能成为你不去学习的理由。现实不是回避就可以解决问题。首先，你需要努力掌握好基础课程，在此基础上去花时间了解、熟悉、认识自己所学的专业，经过理性认识后，如果依旧不喜欢，可以考虑换专业。在大二初，学校对大一成绩优异的学生，有一次申请转专业的资格，你甚至可以找职业生涯规划老师提前做咨询。如果你无法换上自己喜欢的专业，那么你要学习喜欢它，因为它很有可能成为你以后要从事的工作方向，我们不能选择喜欢的工作，那么我们选择自己擅长的。

疑问五：我来学校就是混文凭的。我的主要任务就是结交朋友、积累人脉？

确实，我们生活的环境就是一个人与人之间密切联系的群体，群体中的生活，就要求人与人之间交往。俗话说，朋友多了路好走。有资料说，一个人的成功，人际关系占了70%。但是，同学们，请回答我一个问题：当你想把别人变成你的人脉时，你有没有考虑过，你用什么来把别人变成你的人脉？如果你不能成为别人的人脉，别人为什么要把你当成他的人脉？所以，首先你得自己强大。

大学是求知的殿堂。大学学习内容宽广，学习方式多样，我们可以在课堂上认真学习课本知识，和老师交流，我们可以在讲座中与大师思想对话，我们可以在图书馆中博览群书，我们还可以向同学、学长、校友学习。古人云“三人行，必有我师”。在这里，只要我们辛勤耕作，一定会收获良多；在这里，只要我们用心体验，一定会享受快乐，一定会有一个愉快的大学生活。

文章中问的问题，正是我当年刚入学时想问的，只不过当时什么都不懂，也不认识人，这些问题只能憋在心里，随着自己的学习慢慢找答案。辅导员的回答，我相信对新入学的学生，确定方向、摆正心态，绝对有很大帮助。

我现在大三，我就是被调剂到现在这个专业的，刚入学时，心中愤懑感觉各种不如意，但是现在我很喜欢我的专业，有时命运的安排也不错哦，就看当事人的心态是怎样的啦！

我现在大一，我就陷入了“学习”与“综合素质”的矛盾中，参加社团活动，不可避免地影响学习，而只顾学习，可能少了很多成长。看了辅导员的回答，我想这关键还是在我的计划上，只要计划好了，并且肯花时间，这两者，本就不是对立面。

大一时，我也认为我这个专业教了很多没有用的东西，但是等到了大三，我就不会这么觉得了，之前学的东西，都已经成了我的专业素质，我能看懂别人看不懂的文献，理解别人理解不了的公式。青春不正是在一堆无意义的事情的累积中才有意义的吗？

大学生需要思考的三个问题

作者：成建（化学与化工学院）

导读：新生开学一段时间，在课堂上、报告会现场，总能看到一些同学在昏昏欲睡，心不在焉。想问问同学们，你们晚上都几点睡觉？确实，天热了，晚上通宵供电，不少同学玩到很晚。

想想不久前的你们踏进大学校门，心中定当怀揣着学业有成、事业辉煌、造福百姓、报效祖国的个人梦、青春梦、大学梦、中国梦。但是，如果让大量的时间在游玩中、睡梦中度过，那些美好的梦想最终只能成为黄粱美梦。

大学总不会一帆风顺，也不是每个同学都过得风风光光。想问问同学们，在大学生活中，怎样去寻找成就感、自信心、自身的价值？一些同学高中时是班级的佼佼者、同学羡慕的对象、老师的宠儿。而到了大学，却发现自己是那么的平凡，甚至是班级的“落后生”，成绩和能力都不及同学。我知道，一些同学这时候就开始了自暴自弃，疯狂地玩游戏、看小说、看电视剧……从中找到快乐，找到惜别已久的胜利。希望同学们都做战场上的英雄，勇敢地接受挑战，而不是做逃兵，逃避现实、逃避竞争。

华东理工大学教务处长乐清华教授给大家做报告时，说到了化工专业学生在他们学校是最好就业的、是最抢手的。想问问同学们，你们是否有信心成为工大最受社会欢迎的学生，又应该怎样才能更加接近这个目标？当然，这个目标的实现需要学校、学院的努力，同学们在这个过程中却不是无事可做。一些同学反映，对《大学物理》《工程力学》《电工与电子技术》等课程不感兴趣，因为似乎与化工不相干。同学们，你们要知道，化工专业是渗透性非常强的专业，可以为很多行业做出贡献，如制药、汽车、生物、环境、石油等，而它自身的发展也需要其他多个专业的支持。

更有一些同学，对专业的基础知识都不愿意认真学习，而更多地去追求能力锻炼，做兼职“创收”。这实在有些本末倒置。作为化工人，如果不认真学习化工的检测方法，化学反应的可行性判定依据，化工装备设计的相关原则……怎样称得上一个合格的化工人？

一些同学不愿意听讲座，宁愿玩手机、睡觉，也不愿意“被”听讲座。同学们，我们真的都还年轻，都还很稚嫩，我们的见识还很窄，我们的学识还很浅薄。给我们做讲座的老师，都是相关领域的专家、学者，他们的阅历、学术造诣、人身感悟都比我们多很多。如果我们不认真听他们做讲座，不记下重要的信息，不回去查阅资料弄清没听懂的地方，我们怎么能了解最新的专业发展现状、社会发展现状？怎么能快速地扩充我们的知识面？

同学们，下面的话与大家共勉：让我们多一点静心，少一点浮躁；多一点谦虚，少一点自傲。

当初进入校门的时候，我就告诉自己要努力提高自己，为自己的理想而努力。但大学的生活，慢慢消磨我的棱角，渐渐的我忘记了当初的豪言壮语，现在想想真的比较后悔。

看到那些学霸们，总想着要向学霸看齐，然而发现学霸不是那么好当的，过一段时间，生活又回到了原样。希望能够不断寻找“刺激”，让自己一直努力下去，加油!!

成老师最后一句话让我感触颇深，“多一点静心，少一点浮躁；多一点谦虚，少一点自傲”。是的，现在的我们还“一无是处”，要虚心不断求教，努力提高自身的素质。

“我们真的都还年轻，都还很稚嫩，我们的见识还很窄，我们的学识还很浅薄。”世界那么大，我想出去走走，那需要我们不断地努力，不断提高自己、开拓眼界。

作为一个班长，有一点我可以感受得到，那就是小学期讲座，有很多同学不愿去参加，感觉没什么用，希望同学们能够看一下这篇文章，那些讲座能够给我们极大的启迪。

作为一名化院的学生，我能深刻体会到讲座的重要性，它能够极大地开阔我们的眼界，同时能够更好地了解世界的前沿发展状况，这对我们的就业、研究都有很大的帮助。

“W-H-W”，你做到了吗？

作者：刘萍（仪器科学与光电工程学院）

导读：十年寒窗伴风雨，蟾宫折桂应有时。历经题海书山，一年前，你们来到了这块梦想中的圣地——大学。时间飞逝，转眼间大一已过去。有多少人能够拍着胸脯说：“我对得起大一这一年”？想必是没有多少的。或许对此你们自己也感到十分遗憾并做了反思，但对于大二的你们来说，反思仅仅只是第一步，更重要的是付诸行动。

今天我们来分享一下，你如何行动才对得起这“大一”的青葱岁月？

看清“W-hat”！

对于大学生来说，身边的不可知因素实在太多。真假虚实、是非黑白，各种事物充斥着我们的双耳与双眼。对于你们，最具诱惑力的或许就是网络了。然而网络既是一个开放便捷的空间，也是一个鱼龙混杂、真假难辨的场所。网络上既可以及时发布、获取大量有价值的信息，同时也能很快地被各种谣言蛊惑。这些谣言不仅给整个社会制造了乌烟瘴气，也直接影响着一代人的价值观。谣言止于智者。在这个平台上，我们需要事实、冷静和理性，而不是谣言、中伤和炒作。我们应该学会练就一双慧眼，面对网上纷繁复杂的信息，理性辨别和看待。看清真假虚实。

在生活中，难免会遇到一些让自己评判不明的事。我们不能单单依据个人情感就去判断对错。透过现象看本质，不能黑白颠倒。我们都看到日月交替，一寒一暑，千百年来又可曾变过？黑就是黑，白就是白，同样如此。作为具有优秀素养的大学生必须发挥自己的正能量，为照亮社会的阴暗角落奉献一束光。

认识“H-ow”！

如何去做，意味着得有规划，大到大学四年的规划，小到平时一件事的规划。在你们的数学中叫“算法”，在计算机的C语言中叫作“程序”。

大学四年不该盲目地去过，我们来看看人才与废才的成长曲线，对于剩下的三年大学光阴来说，应该给自己做一个规划。列夫·托尔斯泰说：“要有生活目标，一辈子的目标，一段时期的目标，一个阶段的目标，一年的目标，一个月的目标，一个星期的目标，一天的目标，一个小时的目标，一分钟的目标。”我们可以把目标量化，利用一年、一个月、一天、一个小时等时间间隔为标准分批、分段完成，你会发现在实现这些目标的同时你也会收获很多，成就感与充实感会萦绕整个大学期间。

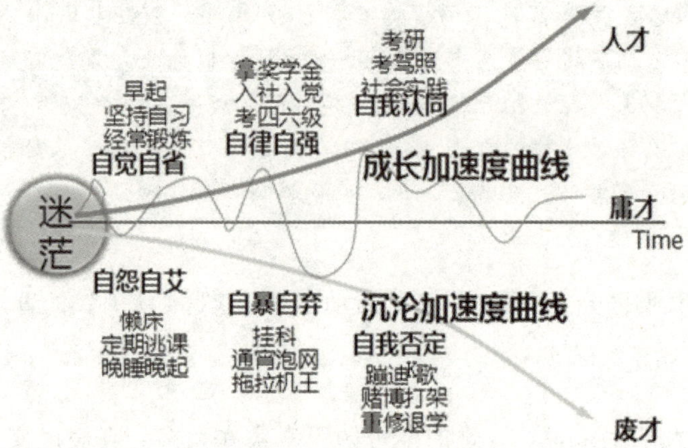

知道“W-hy”！

质疑，对于大学生来说是一种相当优秀的品质。我们能在质疑中收获很多东西。遇到不懂的事，多问为什么，而不该睁一只眼闭一只眼，对于生活、学习都是这样。我们说有成就的人有“学问”，既然是“学问”，那么就要既“学”且“问”。“问”从何来？从疑而来。只有多疑、善疑、质疑、探疑，才能获得渊博的学识，用之于人民的事业。所以，我们说“学贵质疑”。著名地质学家李四光曾对他的学生说：“不质疑就不能见真理！”所以，我也想对你们说一声“凡事多问些为什么？”

古话说“学问学问，一学二问！”孔子说：“不耻下问！子入庙堂每事问！”我想对你们说，“学问勤中得，不问则不获。”当你问了“为什么”之后，你才会有“原来是这样”的欣喜。

作为你们的辅导员，我对你们充满了希冀，我渴望看到你们成人成才。请记住，只有当你很努力的时候，才会让人感觉你毫不费力！

辅导员说得很对，刚上大学的我们对大学生活是陌生的，高中的学习方式、学习方法在大学也许并没有那么有效，面对崭新的学习环境，我们要把握住辅导员所说的才能在大学的学习生活中赢在起跑线上。

大学的学习生活，一直是我们向往的，但是并非像高中老师说的那样可以肆无忌惮地玩，在大学中要有辅导员说的精神与态度，才能在大学学习中找到正确的方法，提高学习效率。

在大学的学习生活中，我认为辅导员所说的目标是至关重要的。没有了目标，学习生活是空虚的、碌碌无为的，更是没有方向的。每天就不知道自己应该干些什么。所以，我特别感谢辅导员教会我在大学中最重要的事——有目标。

我认为在大学中，要有求知欲，要多问为什么，大学的学习不像我们在高中、初中，只记公式会做题就可以，还要知道它怎么推导出来的，这才是我们在大学真正要学习的。而这需要我们多问为什么。

数学，我想对你说

作者：任颖（数学学院）

导读：无论是你选择了数学，还是数学选择了你，你的未来都会有无数多种可能，那么就让我们瞄准方向，脚踏实地地去追逐梦想，就算前方布满荆棘，就算一路跌跌撞撞。

数学，我多想对你说：怎么爱你都不嫌多。

数学，我多想对你说：虽你虐我千百遍，我仍待你如初恋。

数学，我多想对你说：有你的出现，占据了我一切的视线。

镜头一：

时间：10月15日晚7：56　地点：数学学院学生工作办公室

“老师，我想退学回家复读。这一个多月来我一直尽力让自己喜欢上数学，但是我实在说服不了自己。我真正喜欢的是工科专业。请您相信我明年一定会发挥得更好。”这是一位2014级新生在开学48天后做出的决定。

镜头二：

时间：10月16日下午4：34　地点：数学学院学生工作办公室

“老师，我是从建筑与艺术学院转专业转来的新同学。数学是我最喜欢的专业，所以申请了转专业。老师您放心，大一一年我已经自学了很多数学专业课程，这学期我会更加努力的。”这是一位转专业的学生报到第一天告诉我的。

一位学生离开、一位学生加入，或许这便是数学的魅力吧，这便是教育本身的规律吧，这便是作为辅导员必须要面临的分别与相遇吧。

数学，作为一所工科大学的理科专业，每年面对大一新生，我都会回答许多学生和家长关于专业学习、专业发展、转专业方面的问题。根据问题的类型，大致可以把咨询对象分为两大群体——

一、我选择了数学——选我所爱，爱我所选

“老师，我们作为家长都希望他报工科，可是他却偏偏把志愿改成数学了。你们学校入学后还能转专业吗?”

“老师，我是自己第一志愿报考的数学。我以后想当数学老师可以吗?”

“老师，我高中数学一直特别棒，就是高考数学没发挥好，所以我报了数学专业，想再一次证明自己。”

在答疑过程中，每年会有这么一部分学生——自己在报志愿时选择了数学，因为兴趣、因为喜欢、因为未来的职业发展。

这一部分同学无疑是幸运的，因为他们学到了自己感兴趣的专业，就犹如选择了一份你爱的工作，你可以从每天的早晨八点到下午六点都是开心的。初入大学正是朝气蓬勃的年纪，正该是为了理想拼一把、搏一把的时候。所以，如果你选择了数学，那么就要慢慢爱上你选择的专业、渐渐走进你选择的专业，学着做一个有准备的学生，主动了解专业发展动态、掌握专业基础知识、探索专业学科特点。

即使前方布满“荆棘”，你也要自豪地说：“我选择了数学，我会爱我所选。”

二、数学选择了我——爱我所学，学我所爱

“老师，我们的孩子是被调剂到数学专业的。除了数学，其他课程高中都学得很好。你们学校的转专业条件是什么样的啊?”

“老师，我从小就不喜欢数学。我是压着工大的录取分数线进来的，所以只能调剂到数学专业了。”

“老师，数学以后就业没有行业支撑，我想转到车辆工程去。”

在答疑过程中，每年还会有这么一部分学生——因为服从、因为妥协，被调剂到了数学专业。

这一部分同学，在他们自己看来无疑没有受到上天的眷顾，被数学无情地选择了。他们在专业认知、专业学习初期，可能本能地会产生排斥感，会比他人更难以接受专业课学习。

然而，作为辅导员，我想说：爱我所学是一种对自己负责的态度。在今后我们的生活、学习中还会碰到很多被选择的情况，所以“爱我所学”是我们成长中应有的态度。弱者抱怨环境，强者改变环境。

每一个专业学科都有它独特的魅力。如果你还在抱怨数学专业，那么请你认真地审视一下自己，思考你究竟为自己负责了么？如此抱怨你是否会看见前方沿途美丽的风景？要知道，聪明的人永远不会坐在那里为他们的不幸而悲伤，相反，他们会用高兴的方式来弥补。

一年之后，当你们回首大一的青葱岁月时希望大家能够不再迷茫，不再为自己的幼稚而后悔。审视自己一年的专业学习，或许你会收获惊喜、收获快乐。这一年，你也许会对自己的专业更加了解，也许会渐渐爱上你的专业。进入大学，你们应该对自己的专业以及人生有更长远的规划，而不是一味地沉浸在专业的纠结中。

即使一路跌跌撞撞被数学选择，你也要骄傲地说：“数学选择了我，我就要爱我所学。”

无论是你选择了数学，还是数学选择了你，你的未来都会有无数多种可能，那么就让我们瞄准方向，脚踏实地地去追逐梦想，就算前方布满荆棘，就算一路跌跌撞撞。

数学专业是一门基础学科专业，也许有同学认为这个专业没用，因为毕业后很难找到对口的工作，也许有同学认为有用，因为作为一个基础学科，数学是许多其他专业的基础，十分重要，既然选择或者被选择，这条路好好走也是走，不好好走也是走，何不加把劲，人生处处有色彩。

我也是一名数学专业的学生，当时是我主动选择数学专业的，父母不太支持，因为觉得可能不太好找工作，但是我喜欢，所以坚持了，父母也没有反对，数学的世界很精彩，我从不后悔选择数学。.

当时被调剂到了数学专业，说实话，很纠结，因为知道会很难，一度希望想办法调专业，但是看到周围的同学在其中找到乐趣，我也选择坚持下来，我不知道我的选择对不对，至少不后悔。

“你所经历的一切都是最好的安排。”我当时被调剂到数学专业，没有排斥，没有喜悦。原来数学成绩一般，被数学选择，当经历几个小时，终于完成一个定理的证明时，这种成就感，我想是其他专业同学体会不到的。

我最初希望学金融，但是高考成绩不够，选择了数学，因为数学作为一门基础学科，在金融中十分重要，数学学习确实比较枯燥，但是，我想现在的耕耘会是将来很好的铺垫。

要想学好一个东西，兴趣很重要，也许最初并不喜欢，也许自我催眠，不断地给自己消极的心理暗示最终得到的结果一定不会太好，既然选择或者被选择，积极面对，坚持下来，会得到满意的结果。

写给面临编下的你

作者：刘萍（仪器科学与光电工程学院）

导读：我觉得人生美就美在她充满了无限的可能，面临编下的你学习上有不懂的要及时向老师同学请教，他们都是很乐意帮助你的。我期待新学期看到一个积极向上的你，希望看到你的进步。不忘初心，方得始终，我相信只要心中有梦，一切都还不晚。

亲爱的同学：

你好！

时光荏苒，还记得去年的九月，一张张充满朝气又略显稚嫩的脸出现在我们美丽的校园。你在新生中，也是一样满怀着憧憬与向往。我希望看到你们可以在我的陪伴下从稚嫩走向成熟。想到你们是国家和社会的希望，想到你们毕业后可能在世界各地成为有用之才，我就倍感责任重大。你们每个人的一点点进步和成长都会让我倍感欣慰，看到有人落后我也更是心急。今年看到你挂了这么多科，已经在编下的边缘，身为辅导员的我真是既生气又着急。

每一位大学生，都是饱经十年寒窗的艰苦过来的，都是怀揣着对未来的理想和对大学生活的向往来的，你说最初也想“好好学习，天天向上”，每一次在游戏和视频里虚度，在课堂上神游过后你也会内心无比自责。但每次下完决心，从明天开始认真学习，第二天又在温暖的被窝前放弃背单词的计划，又在课堂上玩游戏玩得不亦乐乎，浑浑噩噩一天后又是深深的自责，周而复始。如今看到周围的同学大一一年，都有努力学习、积累知识、锻炼能力，很多人还得到了奖学金，自己却在电视、游戏和小说中虚度了一年大好光阴，以至于站在编下的边缘，心里十分难过又茫然。作为一个过来人，我能够理解你但却不赞同你这样继续你的大学生活。在我看来，归根到底是你责任感不强、自制力不够、没有对自己大学生活做一个合理规划、缺少一个明确目标。上大学之前，你的老师、父母会不断提醒你该干什么，什么时候完成，但上大学之后，你有了时间的自主权，应该知道如何规划自己的大学生活。显然，你没有很好地完成高中与大学的这一过渡。

虽说有一个好的开始很重要，但并不是说在起点犯了错就难以挽回。毕竟如今才刚刚步入大二，所以我希望你千万不要对自己失掉信心，不要放弃。回想自己从小学到中学，再到大学，一路走来凝聚了多少人的心血。虽然因为你缺乏自制力而使自己荒废学业，让大好的大学时光虚度，确实令人惋惜。但只要你肯努力，还是可以弥补的。汉代刘向在《说苑·建本篇》中讲了这样一个故事，晋平公问师旷说："我今年已经七十岁了，现在学习恐怕是太晚了。"师旷说："少儿好学，如日出之阳；壮而好学，如日出之光；老而好学，如炳烛之明，孰与昧行呼？"所以，只要肯努力，现在就还不晚。

首先，我认为你要学会树立目标。学会根据自己的现状设立小目标、大目标、近期目标、长远目标。让目标成为自己学习的灯塔。有了目标，你才不容易随波逐流，放弃自己的方向；有了目标，你会有持之以恒的动力。你会在实现一个个小目标的过程中找到自信，在通过努力克服一个个困难后得到成就感。我相信一路下来，你一定会发现自己在建立目标、实现目标、建立新目标的循环中渐渐强大起来。

其次，你一定要端正学习的心态。我知道，由于你大一的基础比较薄弱，现在听专业课会有点吃力，会有力不从心的感觉，这很正常。但一定不要灰心，要知道学习不是一朝一夕的事情。俗话说"滴水穿石，不在于力，贵在锲而不舍"，做任何事，最怕的就是乘以时间，每天多学一点，一段时间下来就会有很大的进步。所以，一定要勤奋、专心、有恒心。另外，不要把学习看成一个苦差事，兴趣是最好的老师。看过一个笑话，一个学生问另一个学生说："为什么你每次写作业都要写那么久？"那个同学苦恼地说："唉，没办法啊，每次写作业时就会觉得，桌子好好玩，橡皮好好玩，铅笔好好玩，什么都好玩！"哈哈，这是不是也是你写作业时的想法呀？这样对学习毫无兴趣，效率是不会高的。所以，我希望你能学会调整心态，首先不要以一种厌烦的态度去学习，当然，我更希望看到你能慢慢在学习中找到乐趣，那样就更好啦。

第三，你还需要加强时间观念，大二课会比较多，你又要补大一的课，还要考四级、计算机二级，时间会比较紧，更要合理利用时间。欧阳修曾说："余平生所作文章，多在三上，乃马上、枕上、厕上也。"我这样说不是想让你取消一切课外活动，不眠不休地读书成为书呆子。我一直认为应当劳逸结合，身体是第一位的，能力也是不可偏废的。我想强调的是不要忽视零散的时间。学习是个积累的过程，一点一滴地积累，才能化量变为质变，实现质的飞越。不要养成拖延、懒惰的习惯，今日事争取今日毕，不然明日复明日的问题只会像滚雪球一样越滚越大，越滚越重。

最后，希望你能够积极乐观地面对困难。不要灰心更不要放弃，人生本来就是曲折前进的。我觉得人生美就美在她充满了无限的可能。学习上有不懂的要及时向老师同学请教，他们都是很乐意帮助你的。

很喜欢《钢铁是怎样炼成的》里面的一段话“人最宝贵的东西是生命，生命对人来说只有一次，因此，人的一生应当这样度过：当一个人回首往事时，不因虚度年华而悔恨，也不因碌碌无为而羞愧。”它告诫人们要珍爱人生，不要虚度光阴。大学是人生中美好的一段年华，责任和自由相持，机遇和挑战共存，倘若不能好好把握自己，须知四年转眼即逝，谁都不想在毕业时候，回首四年一无所获吧。把握现在，才能赢得未来，毕竟一万年太久，只争朝夕。我期待新学期看到一个积极向上的你，希望看到你的进步。不忘初心，方得始终，我相信只要心中有梦，一切都还不晚。

或许只是在学习的路上打了个盹，抑或是被贪玩拦住了脚步。编下何尝不是学校对学生的一种爱护？只要认识到自己的不足，重新振奋精神，未来一切皆有可能。

我们班就有一个同学是编下的，通过看他的状态，我认为他真的是需要心理疏导。作为旁观者的我，倒是能理解学校“编下”政策的良苦用心，但是他们那些“局中人”真的能看透吗？

看了辅导员的博文，我才意识到，平常大家对编下的同学关心太少了。因为是编下到新的班级，本来就和大家不熟，大家却还因为人家的成绩不和他们交流，留给他们的只有孤单与无助。我们应该反省自己，帮助他们重新树立信心。

辅导员的文章，讲述了帮助编下同学找回初心的办法，但是这仅仅靠辅导员的努力是不够的，我们才是每天和他们生活在一起的人，我们需要伸出双手，拉他们一把。

在学校里，辅导员就像是我们的亲人，平等地看待每一个人，从文章的字里行间就能看出辅导员的浓浓深情。编下不能说明什么，只要懂得努力，那么一切都不晚，大家一起加油。

“人生本就充满无限可能”，辅导员这句话总结得好好呀！我们有成功、有喜悦，同样也有失败、有泪水。面对失败，我们应该拿出成功时的那种心态来对待，只有这样我们才不会迷失自我，才能化失败为动力。

后 记

利用网络开展思想政治教育是新时期辅导员工作的必然要求和重要途径，合肥工业大学历来注重加强对辅导员博客、微博、微信等新媒体新技术的运用指导，紧随技术革新和学生需求，陆续建设辅导员博客、“斛兵导博”网站、微信专栏、APP等，建立全天候、动态式辅导员网络引导载体和话语表达窗口。本书汇集了合肥工业大学辅导员博客建设的精华，同时也是教育部人文社会科学研究专项任务项目（高校思想政治工作）“中国大学生在线校园网络通讯社建设实践与研究”（12JDSZ2127）、“高校网络评论员队伍培育与作用发挥机制研究”（JS2014JYRW0085）、“依托移动互联网创新大学生思想教育研究”（15JDSZ2080）的研究成果，对辅导员的网络素养和运用网络开展思想政治教育的能力提升深有裨益。

本书由合肥工业大学党委学生工作部组织编写，成立10余人的编委会，校党委副书记张效英任顾问，王峰、方留任主编，编委会下设七个编写组，曾多次召开座谈会和专题讨论会，统一编写思想，商榷排版风格，汇集各方意见，并按照“拟定大纲、统一布篇、分章编辑、形成初稿、反复修改、主编审定”的编写过程，数易其稿。按照章节顺序，编写者分别是范鹏飞、闫志伟、王锐琴、朱玲利、杨乾坤、汤雪银、侯景瑞，王峰、方留、汤雪银负责全书统稿。

本书在编写和出版的过程中，学校领导给予高度重视和大力支持，全体辅导员积极配合、精诚协作，编委会成员不辞辛苦、精益求精，在此，一并表示衷心感谢。

本书编委会

2015年11月